本书是国家社科基金项目"邻避风险的环境法治理研究"（15BFX152）结项成果

邻避风险的
环境法治理研究

杜健勋 ◎ 著

中国社会科学出版社

图书在版编目(CIP)数据

邻避风险的环境法治理研究 / 杜健勋著 . —北京：中国社会科学出版社，2022.5

ISBN 978-7-5227-0151-6

Ⅰ.①邻…　Ⅱ.①杜…　Ⅲ.①环境法学—研究—中国　Ⅳ.①D922.604

中国版本图书馆 CIP 数据核字(2022)第 075960 号

出 版 人	赵剑英
责任编辑	梁剑琴
责任校对	冯英爽
责任印制	郝美娜

出　　　版	中国社会科学出版社
社　　　址	北京鼓楼西大街甲 158 号
邮　　　编	100720
网　　　址	http://www.csspw.cn
发 行 部	010-84083685
门 市 部	010-84029450
经　　　销	新华书店及其他书店

印刷装订	北京君升印刷有限公司
版　　　次	2022 年 5 月第 1 版
印　　　次	2022 年 5 月第 1 次印刷

开　　　本	710×1000　1/16
印　　　张	14.25
插　　　页	2
字　　　数	241 千字
定　　　价	88.00 元

前　　言

改革开放 40 多年来，中国的社会结构发生剧烈变化，主要表现为经济快速增长带动人民的物质生活水平大幅提高，而社会层面的变化相对滞后，这种不平衡的社会变迁下的社会转型使得社会矛盾与社会风险快速上升。"我国社会主要矛盾已经转化为人民日益增长的美好生活需要和不平衡不充分的发展之间的矛盾。"这种不平衡不充分的发展涵盖了经济、社会、政治与文化等各个面向，但处于社会转型期的社会分配不平衡则是尤为重要的方面，伴随经济快速增长而来的环境污染、资源约束与生态系统退化的形势严峻。有观点认为，中国已进入风险社会，甚至是高风险社会，当下中国社会结构特征的关键词即是对风险的描述和分析。风险社会特征也是 20 世纪 80 年代以来西方社会的主流话语，是人们生活的一部分，更是现代性和全球化的产物，普遍的看法是极具功利性的工具主义和发展到极致的消费主义是风险的来源，在突破时间与空间的限制后，造就了全球性的风险社会。

风险社会的语境设定，使人类在现代化的发展中重新思考人类自身的生存与进步命题，并且要求对现实社会解释应当用风险社会的理论来完成。基于中国的情境与现实，从传统社会向现代社会，从农业社会向工业社会，从封闭性社会向开放性社会变迁的社会转型，在最基本的意义上，包含了社会结构、社会文化价值与社会运行机制的基本内容，内含着制度性风险的因子，这种风险与社会风险紧密结合。这是工业化与现代化裹挟之下的风险显现，形成风险的叠加和套嵌，对中国社会秩序构成威胁，是中国社会转型过程中面临传统风险与现代风险的双重挑战。制度化的风险尤为凸显，一方面来自制度缺失及抵牾引致的风险发生，另一方面来自制度能力不足而导致的风险溢出，这是制度之于社会转型不适应而致。因此，对于风险的识别与判断，应当以制度化的设置进行规范，这是现代国家与社会治理的基本准则。风险社会的治理意味着技术—工具理性的治理话语失势，意味着必须要在反思现代化的语境中重构社会治理模式。在风险治理中，治理机构面临的棘手难题——那些跨越部门之间界限并且只是通过单个机构难以解决的问题——会越来越多。制度形塑是应对风险与风险治理的核心关怀，并以此形成现代意义上多元主体多元共治的风险治理结构，多元共治是新公共管理运动的重要典范，其核心词汇是"多中心治理""善治""治理变革"等，通过市场化、分权化与分散化、放松规制来提升公共治理的合法性与有效性。通过制度重构多元共治，探索社会转型与民主治理的路径，提供基于风险社会的"风险与转型"的中国样本，这也可算作地方性知识对于人类之贡献。

社会转型过程中的风险社会治理置于现代性的框架是法治化的制度逻辑，国家权力的正当性基础是建立在法律之上，通过法律的体系建构，将国家权力转变为治理能力，同时国家权力又严格限制于法律的赋权。在此意义上，多元共治的社会治理格局其要义在于法治的实现，并以制度性安排作为最基础的实践过程。立于宪法的精义，通过法律主动、理性地回应社会需求，与其他社会控制手段一道致力于重整社会秩序，推动法治社会的建立，树立法律的权威，这便是回应型法的逻辑体系。社会压力乃至社会危机，都是法律反思自身功能和实现自我改革的现实契机，回应型法致力实现的价值目标即是法治社会和公平正义。在走向权利的时代，社会治理模式从控制型向回应型变革是必然之道，其理念为开放、平等、参与、理性和沟通，最终建立政府与公众之间的良性信任关系，这种信任关系是重要的社会资本。

环境的恶化及其衍生的政治、经济和社会问题是中国社会转型、风险社会及社会治理范式重构的重要关怀面向。特别是进入 21 世纪以来，各种环境问题凸显，环境与资源形势更加复杂和难以预期，环境风险增大，当前中国正处于突发环境事件高发期，对于公众健康、社会秩序与生态安全构成严重威胁。近年来频发的反对 PX 项目事件是中国社会转型下环境风险的一个缩影，基于研究便利性的考虑，本书将此类事件归入"邻避"的研究范畴。"邻避"是被视为个人或是社区反对某种设施或排斥土地某种使用所表现出来的态度，乃至形成的邻避症候群（NIMBY Syndrome）已构成对社会秩序的严重挑战，正在侵蚀社会管理的基础。学界对"邻避"的共识性认识包括：邻避是一种全面拒绝被认为有害于生存权和环境权的公共设施的态度，它是一种情绪性的反应，不一定需要有技术层面、经济层面和行政层面的理性知识，这种态度反映在邻避设施的修建上，应当以环境价值与生态安全作为唯一的考量基准。在某种意义上说，中国社会发展已经进入到了一个"邻避时代"。对制度的信任是我们服从该制度的心理基础，也是制度具有生命力的动力机制。缺乏社会信任的邻避设施修建，以及因之而形成的环境风险规制当然得不到受该设施影响群体的支持，得不到社会支持的风险规制又削弱了政府进行环境风险规制的能力，如此往返，恶性循环，除了地点和时间不一样之外，我国各地的邻避冲突都以相似的模式展开。

2007 年被称为中国"邻避事件"的元年，这一年发生在厦门的反对PX 项目事件揭开了长期隐藏在中国社会转型背后的环境诉求。以反对 PX项目为开端，各地通过各种途径开启了反对环境风险类项目的社会事件。这些群体性抗争行动被统称为"邻避事件"，是社区居民为保障自身健康权、环境权和财产权的需要对环境风险项目采取的反对态度，并在信息与知识的隔阂下采取的社会行动。邻避风险的发生及衍生的邻避事件是个体对邻避设施环境风险不确定性的担忧及对个体利益的维护，但其深层次的问题则是环境风险类项目或设施的性质以及土地的有限性，适宜人类生存的土地有限，邻避设施不可能远离所有人群。在这个意义上，邻避效应是一种结构性的矛盾，在当前的社会生产生活方式下，邻避事件是很难避免的。但发生在中国的邻避事件与西方国家略有不同，对于企业的不信任是主要的矛盾引发点，反映在具体项目上，设施修建的环境安全评估、项目运行中的风险控制、行政部门对于项目环境管理与监督是民众最为关心的问题。因此，信任危机是中国邻避事件的主要症结所在。面对群情抗议与维稳的双重压力，管理方往往选择妥协、放弃或转移项目，损害经济成长。另外，公民权利意识的提升以及因发展不平衡不充分而引发的社会信任危机，对传统决策提出了挑战，对于社会治理能力与治理模式提出了更高要求。

回应社会关切，促进发展绿色转型，规制邻避风险是生态文明时代社会治理的基本范畴。在创造包容性繁荣的同时维持生态环境系统的可持续性，实现经济发展模式与生活方式和观念的根本转变，进行系统性、前瞻性的国家治理体系重构与治理能力提升，包括国家科学民主制定政策的能力和政府政策执行能力，司法机构的司法能力，市场绿色创新能力，社会动员能力，以及个体的知识与信息能力等。在制度环境、激励体系、资源保障的基础上构建社会治理能力框架体系，以治理模式的转换与治理结构的重构为基本，并予以制度化的实现方式。以回应型法的视角观之，应当对邻避设施社区民众的利益提供有效回应，去除邻避事件"妖魔化""污名化"的标签，以真诚、开放的态度，平衡利益诉求，建立理性对话渠道，认真对待公民权利，接受公民的质疑和监督，重建信任体系。通过善治，促成经济增长并消弭社会差距，以环境与资源的可持续成长保证社会持续、健康的发展。

"生态文明"和"美丽中国"是当下民众普遍的愿望，然而，现实中仍然存在复杂、危险、不断恶化的环境与社会问题，中国的环境治理正处于关键时刻。"随着科技水平更高、更富有的群体对清洁的环境的要求提高，工业化和城市化持续向西发展。除非执行严格的环境保护政策，污染分配的不均只会有增无减。"有研究业已发现，"高能耗产业和污染产业将逐步向中、西部转移，严格的东部环境污染治理会加速这一过程"。但是，环境污染与生态破坏问题可能已经对社会秩序提出挑战，近年全国各地多发的邻避事件即是证明。原因之一即为普通公众没有获取环境公共决策的核心信息与公共决策参与的机会，公众与政府、公众与专家、公众与工商业集团之间鲜有真正的邻避风险交流，遑论环境协商的制度实践。

环境法承载着秩序重建的使命，在所谓的"环境国家"时刻，通过回应环境利益诉求进而对人类行为进行控制，置于特定的政治、经济、社会与文化的框架内，即特定的"对话"格局中，也就是中国社会转型背景下邻避风险规制结构场域内，通过影响国家政策制定、市场化运作方式以及法律制定和颁行等来实现环境法目的。随着风险社会的来临，环境问题关涉政府发展目标、企业经济利益、社会公共利益与公民权利的保障，邻避风险治理正是包括法律、公共机构、社会等使权力（利）具体化的决策过程，且以整合的方式，通过广泛的行动者和利害关系人处理各种环境项目。环境法的邻避风险治理逾越了传统单一领域或技术专家与行政的能力，因为传统管制手段所重视的是单一的公共性问题，压抑了具有争议的生态与社会理性，进而扩大了国家、科学家、产业与公众之间的鸿沟，有效的管制很难达成。这就意味着传统公部门在面对此类科技议题时优势逐渐丧失，无法有效完成环境风险带来的国家任务，因此，为了确保风险治理和决策的质量与正当性，公部门必须仰赖私部门，发展不同程度的公众或利益相关者参与，才能完整践行环境风险治理与决策。基此，公部门必须通过参与及合作，与私部门营造伙伴化的关系，以追求彼此的互利与双赢。公私协力可以结合公与私的力量达成任务，避免公、私部门各自在解决面对环境类科技议题时的困难，并利用各自的优势与力量来追求环境风险下的因应策略。在制度建构上，应当反省长期以来技术与行政的风险权威决策体系，在突破公私藩篱的基础上，推动科学民主化，以"生态现代化"为进路，就各种不同公私协力的类型区分形态来做不同的制度实践设计，进行风险交流，并且以此提升决策效能。其要旨在于，"多方主体间通过有效的风险沟通，对行政决策构成实质性参与，达成真正意义上的社会共识"。政府、产业和社会基于合作的参与，实现法律与政策目的。在健康成熟的市民社会、力量均衡的法权配置的基础上，形成治理模式与治理结构的改变，形塑合作共治的邻避风险治理框架，环境与健康诉求才可以通过组织化和理性化的方式来呈现，并且为中国环境治理与社会治理提供可资借鉴的经验。总之，在国家任务变迁的时代背景下，环境风险治理应当由传统的修补式、个别式的命令控制路线，转变成强调预防、整合、参与、协商与弹性的公私协力模式。

目　　录

第一章　中国社会转型与邻避风险的发生 ……………………………（1）

　第一节　我们正处于社会转型过程中 ………………………………（1）

　第二节　中国社会结构与增长中的环境风险 ………………………（6）

　　一　中国社会结构变迁 …………………………………………（6）

　　二　结构变迁中的环境风险 ……………………………………（8）

　第三节　邻避的意涵及特征 …………………………………………（11）

　　一　邻避的意涵 …………………………………………………（12）

　　二　邻避的属性 …………………………………………………（17）

　第四节　国家任务变迁与邻避风险治理 ……………………………（19）

第二章　邻避风险的影响因素与风险链演化规律 ……………………（26）

　第一节　邻避风险总体描述 …………………………………………（26）

　　一　邻避的发生与高环境污染相关，区域性强 ………………（27）

　　二　参与者形成共同认知，邻避效应传播迅速 ………………（28）

　　三　邻避诉求对象为地方政府 …………………………………（30）

　　四　理性维权与暴力抗争并存，组织化程度低 ………………（30）

　　五　网络信息传播推动现场抗议 ………………………………（31）

　　六　处置手段以策略性与临时性为主 …………………………（32）

　第二节　邻避风险的演化过程 ………………………………………（33）

　　一　封闭决策与冲突萌芽阶段 …………………………………（33）

　　二　信息泄露与冲突酝酿阶段 …………………………………（33）

　　三　信息迅速传播与冲突发生阶段 ……………………………（34）

　　四　部分信息公开与暂时缓和阶段 ……………………………（35）

　　五　信息扭曲与再度高涨阶段 …………………………………（35）

　　六　官方承诺与冲突平息阶段 ……………………………… (35)

　第三节　邻避风险的影响因素与形成原因 ………………………… (36)

　　一　政治因素与封闭决策系统 ……………………………… (36)

　　二　经济因素与环保利益关切 ……………………………… (40)

　　三　社会因素与意识形态变化 ……………………………… (41)

　　四　心理因素与风险认知差异 ……………………………… (42)

　第四节　邻避风险的生成与风险链 ………………………………… (45)

　　一　邻避设施实在风险：生产与分配 ……………………… (45)

　　二　邻避设施感知风险：社会建构 ………………………… (48)

　　三　邻避社会风险评估及阻断 ……………………………… (51)

第三章　环境法权：邻避风险治理的法理基础 …………………… (53)

　第一节　邻避风险治理的三重困境 ………………………………… (54)

　　一　社会分工、发展逻辑和信息异化 ……………………… (55)

　　二　知识鸿沟、风险感知与价值选择 ……………………… (58)

　　三　管制、信任合作与代议制民主 ………………………… (63)

　第二节　邻避风险治理的法律回应 ………………………………… (67)

　第三节　环境法权：邻避风险治理的正当性基础 ………………… (71)

　　一　法权概念的缘起 ………………………………………… (71)

　　二　法权的构成 ……………………………………………… (74)

　　三　环境法权的规范结构 …………………………………… (78)

　第四节　环境法权配置：邻避风险治理的法理与制度基础 ……… (81)

　　一　环境政治权利贫困与邻避发生 ………………………… (82)

　　二　环境政治权力改革与邻避风险治理 …………………… (84)

　　三　环境社会权力能力增强与邻避治理 …………………… (87)

第四章　邻避风险的治理模式 ……………………………………… (92)

　第一节　通过法治的邻避风险治理 ………………………………… (92)

　第二节　"命令—控制"型管控模式及其困境 …………………… (99)

　　一　"命令—控制"型管制模式下的行动主体角色 ………… (100)

　　二　"命令—控制"型管制模式的困境 …………………… (103)

　第三节　"命令—控制"型邻避风险管控面临的主要挑战 ……… (105)

一　在邻避风险议题形成方面 ……………………………（106）

二　在邻避风险安全标准制定方面 ………………………（107）

三　在邻避风险评估方面 …………………………………（107）

四　在邻避风险交流方面 …………………………………（108）

五　在邻避风险管理方面 …………………………………（110）

第四节　"参与—回应"型治理模式的理论基础与正当性 ……（110）

一　"参与—回应"型治理模式的理论基础 ……………（111）

二　"参与—回应"型治理模式的正当性 ………………（113）

第五节　"参与—回应"型治理模式的邻避治理实践 …………（115）

一　"参与—回应"型治理模式下的行动主体角色转换 ……（116）

二　"参与—回应"型治理模式寻求科学理性与社会

　　价值之间的平衡 ……………………………………（118）

三　"参与—回应"型治理对我国邻避风险规制的核心

　　问题回应 ……………………………………………（121）

第五章　邻避风险的治理结构 ………………………………（122）

第一节　当前中国邻避风险治理结构问题 ……………………（122）

一　邻避冲突中的暴力与权力 ……………………………（123）

二　当前中国邻避风险治理中行动主体关系分析 ………（124）

第二节　邻避风险治理结构重述 ………………………………（125）

一　传统的管制模式不能有效解决邻避风险难题 ………（127）

二　共治的邻避风险治理结构是对现代社会分权与

　　多样化社会的回应 …………………………………（128）

三　风险治理需要弥补福利国家和新自由主义的不足 ……（130）

第三节　公私协力的邻避风险治理结构转型 …………………（132）

一　基本要义与法理基础 …………………………………（132）

二　邻避风险治理结构转型与变革 ………………………（135）

三　权利要求与信息流通变革 ……………………………（138）

第四节　公私协力的治理结构模型 ……………………………（140）

一　国家立法主体和行政主体的政策制定与执行能力 ……（141）

二　市场主体将邻避风险成本内化与绿色创新的能力 ……（142）

三　社会主体参与邻避风险决策的知识与能力 …………（143）

第六章　邻避风险的治理制度 ·················· （146）

　第一节　公私协力邻避风险治理的制度框架 ·········· （147）

　　一　基本制度 ························· （147）

　　二　操作性制度 ······················ （149）

　第二节　基本制度之风险交流：跨越专业门槛的知识流动

　　　　　与信息共享 ···················· （150）

　　一　心理的、文化的、社会的风险交流 ·········· （151）

　　二　通过风险交流的知识流动和信息共享 ········· （154）

　　三　风险交流的制度过程 ················· （156）

　第三节　基本制度之环境协商：通过民主的信任重建与

　　　　　价值凝聚 ···················· （160）

　　一　环境协商：基于对代议制民主改进的邻避风险

　　　　决策基础 ····················· （160）

　　二　通过环境协商的信任重建和价值凝聚 ········· （163）

　　三　环境协商的可能模型 ················· （168）

　第四节　基本制度之邻避动议制度 ·············· （171）

　　一　邻避动议权的含义 ·················· （171）

　　二　邻避动议的制度过程 ················· （173）

　第五节　操作性制度之共识会议 ··············· （173）

参考文献 ························· （177）

后　记 ·························· （213）

第一章 中国社会转型与邻避风险的发生

改革开放以来，中国社会结构的根本变化是由总体性社会向分化性社会转变，其根本动因是体制变革，体制变革释放了社会生产力。基层群众微观的经济、政治行为得到凸显，社会结构渐进向开放方向演进，表现为政治结构向有限分权转变，经济结构由单一向灵活转变，社会阶层结构向复杂阶层转变，意识形态结构向多元价值转变等。"社会的分化程度不断加深，但新的结构整合机制发育缓慢，分化与整合的不同步构成了中国现阶段社会运行与社会发展的一对基本矛盾。"① 社会结构的深刻调整带来利益格局的巨大变化，急剧的社会变迁使得社会利益主体多元化，利益关系复杂化，不同利益主体对社会的发展预期提高，对自身利益的保护意识增强，对公共资源分享的诉求强烈。改革带来的社会转型基本表现为经济的跃升、产业形态的改变、社会组织方式的变化、社会阶级阶层的分化、法律制度及发展模式的改革，同样也表现为价值观的嬗变、生活态度的重塑等。在这样的社会生态下，社会结构中利益表达可能会比较无序，利益冲突也更加尖锐，利益的实现也变得更加困难。环境风险便是这诸多利益分配失衡中表现最为明显的可能会引发社会冲突乃至威胁社会秩序的社会议题之一。

第一节 我们正处于社会转型过程中

社会转型指的是社会从传统型向现代型的转变，即社会生活和社会

---

① 孙立平：《转型与断裂：改革以来中国社会结构的变迁》，清华大学出版社 2004 年版，第 9 页。

组织模式的转变过程，其方向是工业化、城镇化、开放与现代型的社会形态。社会转型其着力点强调社会结构的转型，意即向社会现代化变迁的整体转化，是现代性不断增长和理性不断提高的过程，"现代化是人类历史上最剧烈、最深远并且显然是无可避免的一场社会变革"①。而社会变迁是社会发展的基本方式，每一个社会，都有技术变迁、人口变迁、快速的生态变迁，以及由于内部失衡的经济、政治和意识形态冲突引发的变迁。

　　我国正处于一个特殊的社会转型、制度转轨、改革深化时期，社会结构调整和社会平衡不断被打破成为常态。基于我国的社会情形，社会转型指的是社会向以市场经济与民主法治为基础的多元社会结构变迁的过程，即向现代国家治理模式演进，② 是中国的社会实践结构不断从传统走向现代、走向更加现代的变迁过程，或者说从农业的、乡村的、半封闭的传统社会向工业的、城镇的、开放的现代社会转型的过程。③ 进入 21 世纪以来，在新技术革命特别是信息技术的发展与居民消费结构升级的带动下，我国的工业结构进一步升级，进而带动社会结构快速变迁，我国的发展战略与发展模式也进入调整期。在整个社会转型时期，结构转型作为一种无形的巨大力量，将以它特有的方式规定社会发展的趋势和资源配置的方向。快速的经济发展和社会转型面临多种挑战与风险。因为即使在市场机制已然成为整个社会的主导之后，资本在很大程度上仍是以一种高度不分化的总体性资本状态存在。"越是受计划体制影响较深的地区，在资源的配置方式上越偏重于权力，而不是市场。权力性资源配置在制度不健全的条件下，不可避免地会导致不规范的行动结构和寻租现象存在，有时会导致市场秩序混乱。"④ 有学者认为，我国的现代化过程不是线性的，而是复合型的，特别是自 20 世纪 90 年代以来的发展中积累了大量的社会问题，西方国家 300 多年发展过程中累积的问题，我国在 40 多年的改革发

---

① ［美］吉尔伯特·罗兹曼：《中国的现代化》，沈宗美译，江苏人民出版社 1988 年版，第 5 页。

② 刘燕、万欣荣：《中国社会转型的表现、特点与缺陷》，《社会主义研究》2011 年第 4 期。

③ 郑杭生：《改革开放三十年：社会发展理论和社会转型理论》，《中国社会科学》2009 年第 2 期。

④ 刘平：《新二元社会与中国社会转型研究》，《中国社会科学》2007 年第 1 期。

展中，特别是在近十余年里集中爆发。[①]

一方面，中国改革开放所取得的成就与进步巨大，社会各个领域都得到了不同程度的优化，另一方面，社会成本与代价也非常大，区域之间、城乡之间、群体之间的差距与鸿沟在不断加深，分配不公平引发了不公平感，甚至受益者也会因为受益程度不同而引发各自的问题，也会有程度不同的不公平感。[②] 20 世纪 90 年代中期以后，我国社会结构开始定型化，定型化的社会结构开始左右利益关系和利益格局的变动，不同社会阶层发育程度的不同，导致社会利益结构的严重失衡，[③] 我国开始进入利益或利益博弈的时代。[④] 社会结构定型化的过程，对社会生活与社会变革有重要的影响，对社会生活规则有重要的影响。有学者称我国已进入了黄金发展期，但"黄金发展期"同时也是"矛盾凸显期"。[⑤] 也就是说，中国社会在开始它的现代化和工业化的历程时就进入了西方社会谓之的风险社会，不仅包括"社会变迁或社会转型既是逻辑的，也是非逻辑的"之风险性，即工业化进程中发生的非预期性后果的风险，还包括生态与环境的风险。各种生态风险叠加，这就使得我国的改革不仅具有一般工业社会实验室的特点，而且要比西方工业社会的实验更具有风险性。[⑥]

从中国社会发展和变迁的具体现实出发，改革开放以来，社会结构最根本的变化是由"总体性社会向分化性社会转变"，"社会利益主体多元化，利益关系更趋复杂；不同利益主体对发展与变迁的社会预期普遍提高，对自身利益的保护意识日益增强，对公共资源分享的诉求日益强烈；利益冲突有时变得更加尖锐，利益表达有时变得更加无序，利益的实现有

① 仇立平、刘博、肖日葵、张军：《社会转型与风险控制：回到实践中的中国社会》，《江海学刊》2015 年第 1 期。

② 郑杭生：《改革开放三十年：社会发展理论和社会转型理论》，《中国社会科学》2009 年第 2 期。

③ 孙立平：《中国社会结构的变迁及其分析模式的转换》，《南京社会科学》2009 年第 5 期。

④ 孙立平：《利益关系形成与社会结构变迁》，《社会》2008 年第 3 期。

⑤ 刘国华、何思红：《应对矛盾凸显期的一把"金钥匙"》，《人民日报》2012 年 11 月 16 日第 22 版。

⑥ 仇立平、刘博、肖日葵、张军：《社会转型与风险控制：回到实践中的中国社会》，《江海学刊》2015 年第 1 期。

时也变得更加极端，利益的综合也因此变得更加困难"①。"无论在怎样一种现实的'公平分配'社会，社会的整体福利都不可能与所有社会成员保持均匀的关系，而一定是与部分占据着更有利的资源位置的成员保持着更紧密的关系。换句话说，伴随着整体福利的增长，一部分人的获益同时也会产生另一部分人的利益受损和相对的利益位置下降，帕累托式的'福利最大化'是一个可以靠近但不可能完全达到的目标。"② 在布迪厄的视域中，一个分化了的社会，"不是一个由各种系统功能、一套共享的文化、纵横交错的冲突或者一个君临四方的权威整合在一起的浑然一体的总体"。而应该是"各个相对自主的'游戏'领域的聚合，这种聚合不可能被压制在一种普遍的社会总体逻辑下"③。

社会转型使得社会分层结构发生了转变，社会资源配置出现严重失衡，行政权力、社会制度和国家政策合力促成社会阶层的分化与定型。阶层之间差距悬殊，而这又依赖于城乡等级差序格局和权力等级差序格局。当下社会利益关系高度失衡，贫富差距与两极分化严重，这与不同群体和不同阶层的社会能力相关，社会能力强者可以影响政策的执行，可以影响政策的制定，甚至可以影响立法过程。④ 韦伯认为："任何对机会、甚至是对统治（权力或获益）机会的占有，都会倾向于导致等级的形成，而任何等级的形成，都倾向于导致对统治权力的获益机会的垄断性占有。"⑤ "我国官本位思想和行政权力的非规范性使用在资源配置中的作用依然很明显，权力的大小影响着资源分配的多寡。"⑥ 另外，基于对社会资本的考量，个人拥有社会资本的多寡与个人的阶层定位和所能实现的向上流动有着密切的关联，由于强势群体与弱势群体对于社会资本的差距，他们的分层趋势更加明显。社会资本指的是在社会共同体内，

---

① 李汉林、魏钦恭、张彦：《社会变迁过程中的结构紧张》，《中国社会科学》2010 年第2 期。

② 李培林：《中国社会结构转型对资源配置方式的影响》，《中国社会科学》1995 年第1 期。

③ ［法］皮埃尔·布迪厄、［美］华康德：《实践与反思——反思社会学导引》，李猛、李康译，中央编译出版社 2004 年版，第 17 页。

④ 孙立平：《改革开放以来中国社会结构的变迁》，《中国浦东干部学院学报》2009 年第1 期。

⑤ ［德］马克斯·韦伯：《经济与社会》，林荣远译，商务印书馆 1997 年版，第 339 页。

⑥ 林光彬：《等级制度、市场经济与城乡收入差距扩大》，《管理世界》2004 年第 4 期。

各社会行动者通过长期交往形成的共同认知与价值体系，包括了历史传统、价值理念与行为规范等。这就导致了尤其是近十年来，各种社会性事件不断发生。①

改革开放对市场与社会的重新建构，中国社会阶层结构已发生了深刻的变化。采用韦伯的社会分层三重标准来看，即"经济标准——收入和财富；政治标准——权力；以及社会标准——声望"，中国正经历一场梅因意义上的"从身份到契约"的社会型构，"由农业社会向工业社会转型，由农村社会向城市社会转化，由传统社会向现代化社会转化"②。总体来说，"社会结构最根本的变化是由总体性社会向分化性社会的转变"③，中国在经济上逐渐适应全球化的规则并获得巨大的成功，④ 但国家在满足公众需求方面的"执行力"和"回应力"⑤ 仍有挑战。"建立和谐社会的一切难题来自我们选择了多元化的发展道路，而建立和谐社会的唯一可能性也在于我们能够形成一个多元化的社会。"⑥ 这深深影响到当下的中国社会治理与法治实践，中国的现代转型处于"紧迫时刻"⑦，与

① 仇立平、刘博、肖日葵、张军：《社会转型与风险控制：回到实践中的中国社会》，《江海学刊》2015 年第 1 期。

② 陆学艺：《当代中国社会结构》，社会科学文献出版社 2010 年版，第 14 页。

③ 孙立平：《转型与断裂：改革以来中国社会结构的变迁》，清华大学出版社 2004 年版，第 6 页。

④ 参见曹正汉《中国上下分治的治理体制及其稳定机制》，《社会学研究》2011 年第 1 期。这种权威治理是"以中央权威为核心，以地方政府的逐级任务分包和灵活变通为运行机制的权威型社会治理体制"。参见周雪光《权威体制与有效治理：当代中国国家治理的制度逻辑》，《开放时代》2011 年第 10 期；渠敬东、周飞舟、应星《从总体性支配到技术治理——基于中国 30 年改革经验的社会学分析》，《中国社会科学》2009 年第 6 期。

⑤ See Richard Baum, "The Limits of Authoritarian Resilience", *Journal of Democracy*, No. 1, 2003. 或者可称为"国家能力"，从中央集权政府的角度看，即"实施官方目标，尤其在克服强大社会集团实际或潜在的反对、或者面对反抗性社会经济环境时实施官方目标的方式"。参见 Theda Skocpol, "Cultural Idioms and Political Ideologies in the Revolutionary Reconstruction of State Power: A Rejoinder to Sewell", *The Journal of Modern History*, Vol. 57, No. 1. 1985。

⑥ 党国英：《利益主体多元化与中国未来走向》，《同舟共济》2007 年第 9 期。

⑦ 高全喜先生认为，中国法治的现代性之路，不仅尚未成功，甚至还处于转折的紧迫时刻；不仅要着眼长远，更要充分面对其中存在的复杂性。以法治之变迁来总结中国现代性的历程，还在于确立现代法治观念、健全法律体系、构建现代模式的法制框架等百年中国法治变革的一系列关键问题。参见高全喜《变法图强与保守的现代性》，《法学研究》2011 年第 5 期。

"合理与法治型"① 的国家治理体系尚有距离。

第二节   中国社会结构与增长中的环境风险

一   中国社会结构变迁

社会结构变迁，社会心态异化，需要有运转良好的社会制度与社会治理模式来调整社会秩序。持续不断的中国社会改革逐渐融入全球化的市场体系和规则框架，社会结构和利益结构发生了根本性的改变。② 而中国的社会治理是"以中央权威为核心，以地方政府的逐级任务分包和灵活变通为运行机制的权威型社会治理体制"③。政治结构、社会结构、经济结构等发展不匹配、不同步，造成中国社会发展的一系列问题，深深影响到当下的中国社会治理与法治实践，中国的现代转型仍是一个未完成的工作。

乌尔里希·贝克1986年提出"风险社会"的概念，虽然对于风险的认识与研究缺乏一个统一的理论框架，④ 但是基本上关于风险形成了制度（现实）主义和文化（建构）主义两种学派观点，制度（现实）主义认为风险为客观世界所固有，"科学发展和技术创新的阴暗面形成的技术和生态风险，风险是有组织不负责任的后果，有着深刻的制度成因"⑤。吉登斯则认为，现代社会制度结构转型必然带来现代性的社会风险。⑥ 文化（建构）主义认为社会风险是一种社会的建构，因此，风险认知是非常重

---

① See Max Weber, *Economy and Society*: *An Outline Interpretive Sociology*, trans. by E. Fischoff et al., Berkeley: University of California, 1978.

② 曹正汉：《中国上下分治的治理体制及其稳定机制》，《社会学研究》2011年第1期。

③ 参见周雪光《权威体制与有效治理：当代中国国家治理的制度逻辑》，《开放时代》2011年第10期；渠敬东、周飞舟、应星《从总体性支配到技术治理——基于中国30年改革经验的社会学分析》，《中国社会科学》2009年第6期。

④ 王京京：《国外社会风险理论研究的进展及启示》，《国外理论动态》2014年第9期。

⑤ Beck, U., *Risk Society*: *Towards a New Modernity*, London and New York: Sage Publications, 1992.

⑥ Giddens, A., *The Cousequences of Modernity*, Cambridge: Polity Press, 1990.

要的，即"作为一种文化的风险"①，"风险虽然有实质的客观依据，但必然是通过社会形成的……是集体的建构"②。前者关于风险的规制注重其评估、管理和控制，后者关于风险规制注重其风险沟通与公众参与。出于不同的立场，一般而言，政府及专家系统习惯于从制度（现实）主义来理解风险，而社会大众则习惯于从文化（建构）主义的视角来进行风险的建构，从而形成的结果便是公众的风险感知普遍会高于技术专家对于风险的评估。③ 这样，风险的发生增加了社会民众的焦虑，并且会增加情绪性的反应与冲突。④ 因此，应当结合制度（现实）主义与文化（建构）主义来理解风险，一方面，可以改变官方只关注技术的倾向，另一方面，可以促使公众更加理性地看待风险，提高风险规制的科学性与民主性，提高决策的正当性与合法性。⑤

群体性事件实际上是对当前发生在中国社会转型期的一系列新型的社会冲突外在表现形式的描述，是社会转型期的风险信号。⑥ 在当下中国发生的群体性事件中，和环境相关的群体性事件具有非常明显的特征与识别度。环境污染（或生态破坏）造成实然损害和可能造成实然损害的潜在危险都可能引发环境群体性事件。但是，潜在危险具有极高的不确定性，利益相关方有较多的博弈机会，环境事件可能就会发生。"让我们难以接受的，不是意识到这世上缺乏绝对的公正——几乎没有人会这样指望，而是意识到在我们的周围存在着一些明显可以纠正的不公正。……这些人并不是在追求实现一个绝对公正的社会，但他们的确更希望尽其所能地消除

---

① Lash, S., *Risk Culture*, *The Risk Society and Beyond*: *Critical Issues for Social Theory*, London and New York: Sage Publications, 2000.

② Thompson, M. & Wikdavsky, A., *A Proposal to Create a Cultural Theory of Risk*, *The Risk Analysis Controversy*, Berlin: Springer Berlin Heidelberg, 1982, pp. 145-161.

③ Slovit, P., "Perception of Risk", *Science*, Vol. 236, 1987, pp. 280-285.

④ Lam, K. C. & Woo, L. Y., "Public Perception of Locally Unwanted Facilities in Hong Kong: Implications for Conflict Resolution", *Local Environment*, Vol. 14, No. 9, 2009, pp. 851-869.

⑤ Fiorino D. J., "Technical and Democratic Values in Risk Analysisl", *Risk Analysis*, Vol. 9, No. 3, 1989, pp. 293-299. Jacquet, J. B. & Stedman, R. C. X., "The Risk of Social-psychological Disruption as an Impact of Energy Development and Environmental change", *Journal of Environmental Planning and Management*, Vol. 57, No. 9, 2014, pp. 1-20.

⑥ 参见朱力《中国社会风险解析——群体性事件的社会冲突性质》，《学海》2009 年第1 期。

那些显而易见的不公正。"就此而言，如果无视中国社会正在成长的多元利益诉求的事实，全盘统合社会决策与进行社会秩序维持，就会导致公民私权和程序正义受到侵犯与破坏。随着我国社会转型的加剧与社会的多元化进程，社会分层与利益分殊显现化，有学者预测，以社会冲突表现的群体性事件会越来越多，但也可能越来越趋向于理性、和平与有序，而究竟走向、过程与结果如何，关键看如何定位，怎样引导，做出什么样的应对。①

社会中的冲突是不可避免的，"在松散结构的团体和开放的社会里，冲突存在的目标在于消解对抗者之间的紧张，它可以具有稳定和整合的功能"②。"冲突扮演激发器的角色，激发新规范、规则和制度的建立，并且使得已经变化了的社会条件相对应的社会关系的调整成为可能。"③ 通过社会冲突，可以让民众将负面情绪释放出来，得到心理上的安慰。因此，不要试图剔除社会冲突，而是应当在冲突和协调之间建立一种微妙的社会平衡。这是维持社会稳定和发展，维护社会正常秩序与社会交往的关键。④

二 结构变迁中的环境风险

环境利益的表达与环境负担的分配是社会结构转型期中国诸多问题中比较特殊的一类。除了原生性的环境问题之外，社会结构内的环境问题更多表现为社会问题，⑤ 是与环境相关的利益与风险的分配与负担问题，也是关涉社会结构型构与社会秩序的议题，因此，它是一种风险，姑且称为环境风险。在以下两种情况下，如果不能通过体制内渠道获得权利保护或表达其利益诉求时，可能触发环境风险，进而对社会秩序构成威胁。一是已经造成生态恶化、健康受损等实然损害的环境污染；二是处于或然状态的、可能造成上述危害的潜在环境损害。前一种因为有实然的危害或损害

---

① 许章润：《多元社会利益的正当性与表达的合法化——关于"群体性事件"的一种宪政主义法权解决思路》，《清华大学学报》（哲学社会科学版）2008 年第 4 期。

② ［美］科塞：《社会冲突的功能》，孙立平等译，华夏出版社 1989 年版，第 137 页。

③ ［美］科塞：《社会冲突的功能》，孙立平等译，华夏出版社 1989 年版，第 114 页。

④ ［美］玛格丽特·波洛玛：《当代社会学理论》，孙立平译，华夏出版社 1989 年版，第 90 页。

⑤ 杜健勋：《从权利到利益：一个环境法基本概念的法律框架》，《上海交通大学学报》（哲学社会科学版）2012 年第 4 期。

发生，较易获得解决，而后一种因为对于风险的不确定性，涉事相关方则有较多的博弈机会，强势方善于运用政经的力量，而弱势方则往往采取并不那么理性甚至有时并不合法的环境抗争，一旦缺乏准确的判断，则有可能形成大规模的社会性事件。对于后一种环境风险，又可称为"邻避事件"（Not in my backyard, NIMBY），① 即"别建在我家后院"，指的是一地居民希望保护自身生活领域，避免受到对居住地域具有负面效应的公共或工业设施的干扰，将环境污染、生态破坏等一系列恶行从身边驱逐出去，对于可能对自己生活造成影响的环境问题或风险，表达强硬的拒斥态度，并为此付诸行动。"现代社会冲突其实是一种应得权利的供给、政治和经济、公民权利与经济增长的对抗。"② 很明显，邻避冲突与抗争正是在公民权利与国家权力的张力下作用并发生的，反映了现代社会公权力与私权利之间的紧张关系。

为使都市居民享有舒适、安全、便利与丰富的现代生活方式，都市应当配置一些服务设施以提供社会、经济、文化和政治等服务，这些设施或多或少都会产生邻避效应，这些设施可能会产生环境污染或生态破坏，并进而造成健康受损，如化工厂、垃圾焚烧厂（包括填埋场）、污水处理厂、核电站、液化气站、天然气管道、变电站、高压线等，以及污名化设施，如殡仪馆、监狱、精神病院、戒毒中心、收容所等，这些设施因设备装置复杂，可能使用不明物品种类繁多，潜在危险性甚高，经常可能被列为潜在危险性甚高之行业。这些设施都是"地方不愿意接受的"的设施，因此，邻避设施也称为"地方上排斥的土地使用"（Locally unwanted land uses, LULUs）。③

邻避事件发生的原因有两方面：一是来自政策专家对于公共问题的界定方式，二是以政府官员与科技专家作为最后决策权的模式。④ 在"弱社

---

① Wolsink, M. , "Entanglement of Interests and Motives：Assumptions behind the NIMBY - theory on Facility Siting", *Urban Studies*, Vol. 31, No. 6, 1994, pp. 851-866.

② Richard Hindmarsh & Catherine Matthews, " Deliberative Speak at the Turbine Face： Community Engagement, Wind Farms, and Renewable Energy Transitions, in Australia", *Journal of Environmental Policy & Planning*, No. 10, 2008, p. 217

③ Popper, F. J. , "Siting LULUs", *Planning*, Vol. 47, 1981, pp. 12-15.

④ 参见陈俊宏《邻避（NIMBY）症候群、专家政治与民主审议》，《东吴政治学报》1999年第10期。

会"的社会生态中，管理方单方面进行的邻避设施决策，常常以人民的福祉为理由让设施周边民众接受该设施，有时辅之以回馈等补偿措施。但是在生态环境污染损害常发，环保意识高涨，私权意识兴起，与对生活品质要求越来越高的当下，这些理由已难以为饱受"邻避情结"所苦的民众所接受。邻避设施的两个显著特征是：其一，会产生负的外部效应。包括空气和水质污染、生态影响、景观影响、噪声污染等，以及由此引发的健康问题。也有一些非环境的影响，包括经济和社会影响，如房地产价格下降和社区耻辱。其二，成本与效益不均衡分布。邻避设施通常对大多数人都有好处，但其环境和经济的成本则集中在特定人群，由此造成成本与效益不对等，并导致了不公平。由于这两个原因，居民往往会强烈反对邻避设施建造在自家附近（即后院）。在邻避情结的支配下，邻避设施兴建往往会引发邻避冲突，这是邻避事件的前曲。如果政府不加以教育引导，加上民众环境意识之觉醒，很容易发生激烈的反抗行动。[1] 现行法律与政策限定的"正当"途径救济无力时，便超出政府限定范围以抗争的方式公开表达，即"试图通过地方政府的正式干预来保障自身权利的预期必将落空，正式法律的运作效果也未必能弥补这一缺陷，必须求助于某种非正式的社会手段"[2]。这是"生态秩序"[3] 的失范，也有学者认为，邻避风险是"各方动用权力和资源，采取不同行为策略，从而将环境状况'问题化'，争取其进入政府议事日程以获得解决"[4]。非正式手段抗争的后果是两败俱伤，个体合法权益得不到制度与体制保障，同时，也造成公权力权威受损的社会印象和社会震荡的治理成本。

很显然，中国的环境问题，特别是与邻避设施相关的环境问题是与中

---

[1]　丘昌泰：《从"邻避情结"到"迎臂效应"：台湾地区环保抗争的问题与出路》，《政治科学论丛》2002 年第 17 期。

[2]　陈德敏、杜辉：《环境维权群体性行动的法制化探讨》，《清华法治论衡》2013 年第 3 期。

[3]　生态秩序关注自然本身以及人类集体的福祉，更强调人类社会、人类个体切实的生存与发展权利，追逐人类集体公共利益和个人利益的协调统一，其实质意义在于对后工业时代人与自然之间日趋激烈的对立冲突进行消解，维护人类的集体福祉进而实现人与自然的协调与可持续发展。参见董正爱《社会转型发展中生态秩序的法律构造》，《法学评论》2012 年第 5 期；[加]彼得·哈里斯-琼斯《"风险社会"传统、生态秩序与时空加速》，周战超编译，《马克思主义与现实》2005 年第 6 期。

[4]　龚文娟：《约制与建构：环境议题的呈现机制》，《社会》2013 年第 1 期。

国的社会转型密切相关的，"当代中国的社会结构、体制转轨和价值观念变化都对环境与生态恶化具有深远的负面影响，并且，这种影响具有叠加效应"①。纵观自 2007 年以来发生在中国的邻避事件，可以发现，社会弱势群体是最主要的参与者，他们掌握较少的公共资源与话语权，弱势群体既不能影响立法进程，也不能影响决策进程，其利益关切可能会遭受漠视。有学者指出："环境问题之所以难以解决，是人们往往把环境问题看成由工程师、物理学家以及其他自然科学的学者来处理的工程技术问题，但从本质来看，环境危机是不良行为造成的危机。"② 因此，寻求中国邻避事件的解决之道须以中国的社会转型为基础，才有可能发现邻避效应的自然与社会原因，进而寻找其解决的科学化与社会化方案。邻避事件是经济成长的附属品，邻避事件使得社会民众将经济发展过程中牺牲某些利益而形成的怨气发泄出来，同时，也能起到推动政府提升环保绩效，改变传统封闭与权威的环境决策模式的作用。在一定程度上可以创造官方与民间对话的空间与条件。"一定程度的不一致、内部分歧与外部争论，恰恰是最终将群体连接在一起的有机联系因素。""在明显存在社会各部分和各等级划分的结构中，对抗所具有的积极整合作用就表现出来了。"③ 显然，环境问题已不仅仅是一个专业或技术问题，还上升为政治和社会问题。④ 因此，环境问题的治理要突破路径依赖，联动社会结构来观照。

第三节　邻避的意涵及特征

自 2007 年厦门反对 PX 项目事件以来，"邻避"已为我国社会所熟知。此后，邻避性的环境事件迅速增长，2012 年四川什邡、江苏启东、

① 洪大用：《当代中国社会转型与环境问题——一个初步的分析框架》，《东南学术》2000年第 5 期。

② Maloney, M. P., Ward, M. P., "Ecology: Let's Hear from the People: An Objective Scale for the Measurement of Ecological Attitudes and Knowledge", *American Psychologist*, Vol. 28, No. 7, 1973, pp. 583-586.

③ ［美］L. A. 科塞：《社会冲突的功能》，孙立平等译，华夏出版社 1989 年版，第 17 页。

④ 史颖：《环境危机迫在眉睫》，http://finance.sina.com.cn/g20050527/15551631449.shtml，2017 年 3 月 10 日。

浙江宁波，2013 年上海松江、四川彭州、云南昆明，以及 2014 年浙江杭州、广东博罗、河南获嘉、湖南平江等地，都出现了不同程度的类似事件。在各类社会性事件中，邻避事件如同一条纽带，将乡土社会与政治国家、底层抗议与上层变革、集体行动与制度回应、权力结构与权能培育等诸多范畴连接起来。这是当下中国公权力与私权利互动关系的缩影，概括说来，是受邻避设施影响民众不认同当地对于邻避设施的"利益"和"风险"分配的结果。环境风险对处于社会结构转型期治理体制下的社会治理与法治秩序带来了严重挑战。

一　邻避的意涵

早在 20 世纪 70 年代，"邻避"（Not In My Backyard，NIMBY）（不要在我家后院）的概念就在西方学者研究社区反对某些基础设施建设的基础上提出来了，学者们从政治学、社会学、心理学以及法学等多学科的角度对这一问题进行了探讨。Michael O'Hare 首次提出了"邻避"的概念，来描述那些兴建能够带来整体性社会利益，但对周围居民产生负面影响的设施（unattractive facility）。[①] 随后，Dear 等人将其作为都市地区冲突的主要形式，进行了一系列的研究。[②] 20 世纪 80 年代，我国台湾地区也开始出现因反对垃圾填埋场、焚烧厂的选址建设的"邻避事件"，很多学者也开始对这一问题从多个学科进行研究，将这类社会行为称为"邻避冲突""邻避效应"或是"邻避症候群"等。及至 90 年代，我国台湾地区学者对邻避的研究多以个案方式进行，从心理上的居民认知，经济上的补偿现状及成效，社会政治过程以及法律治理等出发。随着我国大陆地区"邻避设施"日渐增多，邻避风险研究也开始进入学者的视野。

邻避设施是指社会认为有必要兴建，对全社会来说有益，但每个人都不希望建在自家附近的设施，对这类设施有一些不同的称谓和表述。[③]

---

① O'Hare M., "Not on My Block, You Don't-facilities Siting and the Stvategic Importance of Compensation", Massachusetts Institute of Technology of Architecture and planning, 1977.

② Dear, M., S. M. Taylor, Not on our street: Community Attitudes Toward Mental Health Care, London: Pion, 1982.

③ 王佃利：《邻避冲突的属性分析与治理之道——基于邻避研究综述的分析》，《中国行政管理》2012 年第 12 期。

表 1-1 邻避的不同表述与含义

英文表述	简称	中文翻译	核心指向
Not In My Backyard	NIMBY	不要在我家后院	邻避情结，人们因为环境污染而感到不公平，从而反对邻避设施布局，导致抗争活动的态度
Not In Our Backyard	NIOBY	不要在我们后院	邻避情结，群体认同，不要影响我所在群体与族群的生活与环境
Not In Anybody's Backyard	NIABY	不要在任何人家后院	强硬的排斥态度，不希望该设施影响任何人的生活
Not On Planet Backyard	NOPBY	不要在地球上	对邻避设施持完全的反对态度，不要进行任何修建
Locally Unwanted Land Used	LULU	地方不期望的土地利用	地方上排斥的土地使用方式，反映了人们对邻避设施布局的反对
Build Absolutely Nothing at All Near Anybody	BANANA	绝对不要靠近任何人建设	关注人类自身生活环境，以人类健康为首要考量
Better In Your Backyard Than In Mine	BIYBTIM	建在你家后院好过建在我家后院	一种自私自利的态度与行为投射
Not-In-My-Term-of-Office	NIMTOO	不要在我的办公室范围内	特别关注工作环境，认为工作环境是最重要的
Not on Our Street	NOOS	不要在我的街区	邻避设施离住区越远越好
Not-In-My-Bottom-Line	NIMBL	不要越过我的底线	对于邻避设施有一定的认识，不要危及健康与生活

随着对研究的不断深入，Not In My Backyard（NIMBY），即"邻避"渐成为学界的通用称法，Dear 认为，社区居民面对在他们社区附近拟建的不受欢迎的邻避设施时会采取策略与行动，这被称为邻避事件。[1] Vittes 认为邻避是工业或公共服务设施可能对社区的生活或环境造成危害，而社区居民为保护其权利所采取的消极抵制或反对的活动。[2] Lake 认为邻避设施所产生的收益为全社会共享，而负担却由设施周边民众所承担，邻避事件是由居民自私的本位主义所催生的，并以区域社会目标为目的而发生的冲突，这是一种不公平不合理的分配机制。[3] 这是一种"不公平感"和

---

[1] Michael Dear, "Understanding and Overcoming the NIMBY Syndrome", *Journal of the American Planning Association*, No.3, 1992, pp.288-300.

[2] M.Elliot Vittes, Philip H., Pollock Ⅲ, "Stuart A Lilie Factors Contributing to NIMBY Attitudes", *Waste Management*, Vol.13, 1993, pp.125-129.

[3] Lake R.W., "Rethinking NIMBY", *American Planning Association Journal*, Vol.59, No.1, 1993, pp.87-93.

"相对剥夺感",因为设施周边民众担心该设施可能带来人体健康或生命财产的严重损害,从而带着恐惧感进行的反对情绪和抗争行为。① 因此,这种设施会使公众,特别是设施周边民众的利益受损,如房地产价格回落等。② Shanoff Barry 认为,邻避设施的含义已经发生变化,20 世纪 70 年代仅仅是指垃圾填埋场和有害废弃物处理厂,随着经济发展,到了 20 世纪末时,邻避设施已经扩展为任何对周边民众安全和财产价值存在潜在威胁的设施,包括戒毒所、廉租房等都被定义为邻避设施,这是因为人们都为自己的利益打算,而非社会的利益。③ Patrick 通过对其他学者关于邻避的观点进行总结,认为地方反对不必要的设施的态度与行为即是邻避,其结果因公众的反对而使该设施推迟或取消,因为这些设施对于居民的住址有重要的影响,同时,他也指出,有人通过"由于个人层面的无知,非理性和自私"而采取的反对态度来解释邻避事件,假定人们在决定时缺乏充分的问题和技术的知识基础,这是一种"信息赤字"的问题认识视角。④ 基于这些因素,有学者认为邻避事件发生的主要原因在于公正、民主和公开政治行动,⑤ 采取成本收益的决策模式进行邻避设施选址是一种不公平的行径,这有悖环境正义的原则。⑥ 因而,邻避事件是一种充满价值和主观评价的人们实际目标和内心愿望之间的冲突,这是邻避事件的本质,是公民影响公共政策及追求公民自身权利的政治参与手段。邻避事件在欧美国家经历了从"不要在我家后院"到"不要在我们后院",再到"不要在任何人后院",最后到"不要在地球上"的发展过程,这种较激

---

① Morell D., "Siting and the politics of Equity", *Hazardous Waste*, Vol.4, No.1, 1984, pp: 555-571; Sellers Martin P., "NIMBY: A Case Study in Conflict Politics", *Public Administration Quarterly*, No.4, 1993, pp.460-477.

② Bacow Lawrence S., Milkey James R., "Overcoming Local Oppositon to Hazardous Waste Facilities, The Massachusetts Approach", *Harvard Environmental Law Review*, No.6, 1982, pp.265-305.

③ Shanoff Barry, Not In My Backyard, The Sequel, *Waste Age*, No.8, 2000, pp.25-31.

④ Patrick Devine-wright, "Rethinking NIMBYism: The Role of Place Attachment and Place ldentity in Explaining place—protective Action", *Journal of Community&Applied Social Psychology J. Community Appl.Soc.Psychol.*, Vol.19, 2009, pp.426-441.

⑤ Kuhn, R.G.&Ballard, K.R., "Canadian Innovation in Siting Hazardous Waste Management Facilities", *Environmental Management*, Vol.22, No.4, 1998, pp.533-545.

⑥ Hé lè ne Hermansson, "The Ethics of NIMBY Conflicts", *Ethical Theory and Moral Practice*, Vol.10, No.1, 2007, pp.23-34.

进的抗争行为唤起了人们的环保意识与对环境的关切，通过邻避事件与社会平衡，塑造"环境公共领域"，让受邻避设施影响的民众从所谓的"环境难民"成长为"环境公民"①，在这一过程中，催生诸多环保组织。

我国台湾地区自20世纪60年代工业化进入现代化与城市化进程，民众开始对中小型工业园区、垃圾焚化炉、石化核能产业等项目的兴建进行示威、抗争，以保护自身权利与利益。② 我国台湾地区学者对于邻避的研究也较深入，对邻避进行了本土化的定义，李永展认为邻避是"个人或社区反对某种设施或土地使用所表现出来的态度"③。陈俊宏认为邻避主要是地方民众的草根运动，主要针对环保议题中政府强制执行某些对社会整体有益且十分必要的政策时发起。④ 丘昌泰则将邻避归为一种自利、具有意识形态和政治倾向的行为，是一种非理性的行为，并认为邻避会对经济社会发展造成障碍。⑤ 谭鸿仁认为邻避设施因其自身的外部性扩散而引起周边民众的反对，这些邻避设施是集体消费的必要基础公共设施和非集体消费的工业生产设施，这是城市化进程中不可避免的。⑥

2000年以后，我国城市化进程加快，邻避事件也呈规模爆发之势，多学科学者也从各自的学科视野出发对邻避进行定义，冯仕政认为邻避是为了制止环境危害的继续发生或挽回环境危害所造成的损失，公开向造成环境危害的组织和个人，或向社会公共部门（包括国家机构、新闻媒体、民间组织等）做出的对抗性行为。⑦ 乔艳洁等则认为邻避设施的修建会造成公民心理上的阴影，不易被民众接受，因为邻避设施会形成利益分配结

---

① 谭爽：《邻避事件与环境公民社会建构——一项"后传式"的跨案例研究》，《公共管理学报》2017年第2期。

② 丘昌泰：《邻避情结与社区治理——台湾地区环保抗争的困局与出路》，韦伯文化国际出版有限公司2007年版。

③ 李永展：《邻避设施冲突管理之研究》，《台湾大学建筑与城乡研究学报》1998年第9期。

④ 陈俊宏：《邻避症候群、专家政治与民主审议》，《东吴政治学报》1999年第10期。

⑤ 丘昌泰：《从"邻避情结"到"迎臂效应"——台湾地区环保抗争的问题与出路》，《政治科学论丛》2002年第17期。

⑥ 谭鸿仁、王俊隆：《邻避与风险社会：新店安坑掩埋场设置的个案分析》，《地理研究》2005年第5期。

⑦ 冯仕政：《沉默的大多数：差序格局与环境抗争》，《中国人民大学学报》2007年第1期。

构失衡，由此导致抗争活动，这即是邻避效应。[1] 何艳玲认为邻避冲突是由于邻避设施的负外部性与成本/收益不均衡分布的结果，这往往会引发在地居民的反对。[2] 陶鹏、童星认为邻避其实是一种居民想要保护自身生活领域，维护生活品质所产生的抗拒心理和行动策略，即邻避情结。[3] 汤汇浩认为，邻避事件是一种高度情绪化的反对行为，这种反对是因为居民担心一些建设项目会对身体健康、周围环境和其财产价值带来负面影响。[4] 陈德敏、杜辉认为，邻避事件是某一群体在遭受环境侵害或有遭受环境侵害之虞时，向造成环境侵害或风险的企业、组织以及相关的政府部门做出的制度内的对抗性行动。[5] 因为邻避设施的受害者一般是缺乏常规性接近政府机构与公共资源的弱势群体，不但缺乏政治决策的影响力，更没有有效的体制内表达机会，邻避事件是一种谋求自身正当利益的社会化方式。而且，现在的研究认为，邻避事件的对象已不再只局限于具负外部性的公共设施，有环境风险的商业性设施项目也具有邻避的一般特征与属性。

基于邻避实践发展与学术研究，可以将邻避定义为一地居民希望保护自身生活领域，避免工业或公共服务设施可能对该地生活或环境造成危害与负面效应，为保护其权利对于可能对自身生活造成影响的环境问题或生态风险，表达强硬的拒斥态度，并付诸消极抵制或反对等行动。这种被视为个人或是社区反对某种设施或排斥土地某种使用所表现出来的态度，乃至形成的邻避症候群（NIMBY Syndrome）已构成对社会秩序的严重挑战，正在侵蚀社会管理的基础。愈演愈烈的邻避冲突凸显出环境风险规制已经陷入困境。缺乏社会信任的邻避设施修建，以及因之而形成的环境风险规制当然得不到受该设施影响群体的支持，得不到社会支持的风险规制又削弱了政府进行环境风险规制的能力，除了地点和时间不一样之外，各地的

---

[1] 乔艳洁等：《从公共政策角度探析邻避效应》，《郑州航空工业管理学院学报》（社会科学版）2007年第2期。

[2] 何艳玲：《"邻避冲突"及其解决：基于一次城市集体抗争的分析》，《公共管理研究》2006年。

[3] 陶鹏、童星：《邻避型群体事件及其治理》，《南京社会科学》2010年第8期。

[4] 汤汇浩：《邻避效应：公益性项目的补偿机制与公民参与》，《中国行政管理》2011年第7期。

[5] 陈德敏、杜辉：《环境维权群体性行动的法制化探讨》，《清华法治论衡》2013年第3期。

邻避冲突都以相似的模式展开。我国近 90 件邻避抗争类事件中，针对 PX 项目等工业营利设施的邻避冲突占到 41.9%，而针对公共设施的邻避冲突占 58.1%。

表 1-2　　　　　　　　　　　邻避事件类型百分比

邻避类型	频率	百分比
PX 项目等工业营利设施	36	41.9
公共设施	50	58.1
合计	86	100.0

二　邻避的属性

除了发生的城市与项目的某些具体内容不同之外，邻避事件进程几乎一模一样，即"社会中各种声音出现，传言某某项目要在本地落地——网络上各种版本的说法开始流行——有人通过各种管道要求解释——管理方态度暧昧——有人开始号召组织成员到某地——形成规模，散步游行——管理方出面解释——项目或迁或停或不了了之"。事件的重复性极高，一般围绕"PX 致不致癌，毒性多大""项目的建设是否存在官商的利益输送""建设程序是否合法""是否被公众误解"等固定话题展开，政府往往以"项目建设能增加 GDP、促进就业、改善民生""项目通过相关部门的审批""环保达标"等固定论据来解释。环境和民众的健康并不因为这些固定论据而不受危害，在危害事实面前，民众不会等到真正受害才去抗争索赔。一旦得知有邻避设施修建，借力现代传媒，社会性的抗争事件发生，有关 PX 等有环境风险的项目仿佛形成了一个循环，利益中各方主体秉持不同理念表达诉求。[①] 可以认为，邻避不再是孤立的个案，而是一个切实的社会问题。

虽然邻避实践发展路径不完全一致，学界对其名称、定义与诠释也有所不同，但综合考察，邻避风险大致有以下特征。第一，因邻避设施受益者众多，但其产生的外部效果与负面影响却由设施附近的民众承受，这在

---

① 参见杜健勋《环境利益：一个规范性的法律解释》，《中国人口·资源与环境》2013 年第 2 期。

补偿措施与制度不健全的地区更凸显不公平。① 第二，邻避设施往往具有潜在的危险性或污染性，一旦发生事故，对附近民众的财产或生命将造成重大的威胁。第三，邻避设施建设，不但是一项高度复杂的专业科技决策，也是一项关涉大众福祉的公共决策问题，因此，邻避设施的建设往往涉及专家科技知识与民众社会常识和价值的冲突。第四，民众对于邻避设施的接受程度存在差异，一般来说，距离设施越远的民众对其接受程度越高于距离设施近的民众。

根据西方学术界的相关研究，环境类事件的研究常被置于社会运动与集体行动的理论体系之中，认为环境抗争源于社会结构不公正，处于社会不同层级的群体未能公平一致地享受环境权利，是环境不正义的结果。② 通过我国近年典型性的邻避冲突可以看出，一般都是以政府宣布项目缓建或停建结束。这似乎说明民意获得了重视，民众的环境维权取得胜利。但是置于中国社会转型与社会结构的大背景之下，我们会发现，西方学术界所运用的"社会运动""集体行动""环境运动"，甚至"环境正义"都不能准确概括发生在中国的邻避冲突。③ 在当前的治理生态下，基于维持社会秩序的思维，地方首先是控制环境类事件的发生，如果事态并未按设定的方向发展，超出其预期，则进行所谓的"按民意行事"，在压力下宣布暂缓或停建项目。这很显然不能用"侵权—维权"的结构来解释，在"弱社会"的治理生态下，环境非政府组织（ENGOs）也不能起到西方实践中环境抗争的中坚作用，摒弃权利的迷思与"抗争—维权"的理论框架，我们回到邻避冲突的现场，从所涉主体的角色来研究邻避风险规制的模式转换，因为"人们的社会角色会对他们的决策产生特定的影响"④。邻避冲突所涉主体一般有行政机关、项目建设方、受项目影响的民众和技术专家等。

---

① 李永展、陈柏廷：《从环境认知的观点探讨邻避设施的再利用》，《台湾大学建筑与城乡研究学报》1996 年第 8 期。

② 关于"环境正义"的相关论述，参见杜健勋《环境正义：环境法学的范式转移》，《北方法学》2012 年第 6 期；张金俊《国外环境抗争研究述评》，《学术界》2011 年第 9 期；王全权、陈相雨《网络赋权与环境抗争》，《学海》2013 年第 4 期。

③ 参见肖唐镖《当代中国的"群体性事件"：概念、类型与性质辨析》，《人文杂志》2012 年第 4 期。

④ ［美］凯斯·R. 孙斯坦：《风险与理性——安全、法律与环境》，师帅译，中国政法大学出版社 2005 年版，第 45 页。

　　邻避事件所展现出来的精神，主要在于社区民众为自身利益，保护其家园的安宁与健康，也包括对于行政的不信任与决策方式的不满意。邻避设施往往涉及在环境问题上的科学不确定性与科技的复杂性，决策政府以科学与专业的理由阻止民众的参与及作用发挥，这正是邻避所反对的主要诉求。邻避的现代社会特征不仅涉及经济、社会、文化领域的国家行政干预，同时与消费社会、文化产业所带来的日常生活的同质化结合，是对资本工商业集团的一种反对，是对官僚化与同质化的反对。

　　全球气候变化、生物多样性减少、土壤沙化、各种化学物质的影响等环境风险问题已是当今人类社会面临的最大问题。环境风险对人类的生活方式、社会的运作形态造成很大的冲击。对于此等未来具有重大影响之虞的环境风险，在影响的规模及盖然性、结果及机制等都不确定的情况下，人们必须作出选择并具体地以行动加以因应。国家任务的观念，就是代表统治机构的行政，承担市民社会所不能完成的公共事务与责任，而当环境风险来袭，面对不确定性与巨型损害，在国家行政的运作上，都应有不同以往的考量。① 这不但考验国家行政的能力，更考验法律的权利义务与责任设计是否能够因应环境风险的挑战。近年来，我国许多因为环境类项目引发的邻避事件显示传统的决策过程，即环境决策由专家评估与行政官僚决定，再告知民众的方式，不能根本性地改变民众反对的心态。这种阻却双方协商与沟通，采取的经济诱因等补偿的做法，反而加深了对立，无法为邻避事件提供有效的解决方案。传统环境管制模式正遭遇风险时代的挑战，基于风险治理的行政权正当性基础、参与模式为环境风险治理转型提供法理与制度支撑，以公私协力作为实现的基本方式。

第四节　国家任务变迁与邻避风险治理

　　环境风险是指由于人类的活动加诸负荷于环境之上，以环境为媒介，在某种条件下对健康及生态具有影响的可能性，即人类行为对生态环境造成妨碍或通过对生态环境的妨碍而影响到人类生存与生活的不确定性问

---

① See J.D.Ruhl & James Salzman，"Climate Change，Dead Zones，and Massive Problems in the Administrative State：A Guide for Whittling Away"，*Cal.L.Rev.*，Vol.70，2010，pp.103-106.

题。由于人类知识与经验的局限，在环境风险中，不论损害是否发生、损害发生的原因、损害的范围与结果，或因应损害的对策等，都具有相当大的不确定性。针对不确定性环境风险的因应对国家任务提出了新的要求。就环境问题与国家联动的关系来看，经历了三次环境风险对于国家任务带来的变迁。第一次是开发建设造成的污染问题而使国家必须思考如何面对此等危及环境的行为，这是我们通常所称的污染防治；第二次是将对于环境的关心以公害污染为焦点转向兼顾自然资源的保护，即生态与自然资源的保护；第三次则是面对环境风险的不确定性而寻求因应对策的国家任务要求。在一般的意义上，环境风险的发生与环境事件体现的是阶段性变迁着的社会与国家关系。①

　　第一次环境问题对国家造成的冲击源于工业革命带来的环境污染问题，必须反思环境问题究竟应由谁来解决。当时所面对的问题是企业所排放的有害物质导致生命与身体的重大损害。在国家垄断一切社会生活之时代背景下，国家理所当然地将环境问题处理纳入国家议程之中，"主张防御并维持环境公共善乃是国家的任务，并认为环境公共善是无法通过市场力量来维护的。在执行的主体上，由较小及较低层级的主体来运作将可以更有效率"②。在此情形下，公部门理所当然地扮演了污染管制的主角，也因此可以认为以处理公害问题为起点形塑环境法制并进行环境治理。第二次环境问题对国家任务的冲击体现在对自然资源的保护上。日本在1993 年环境基本法中，将环境政策明确为综合防止公害及自然保育的体系，除了沿用传统管制工具之外，基于自然资源保护与地域空间的概念，采取了包括划定特定水域、野生动植物保护区，自然保留区、国家公园等。北美及欧洲国家也差不多于这个时期在环境保护基本法的框架下制定

---

① 这方面尤其值得关注的是德国学者布乔恩·阿尔佩曼（Bjorn Alpermann）依据"社会中的国家"（state-in-society）方法对中国环保组织近年来发展状况的理论阐释。在他看来，单纯的"以社会为中心"方法和"以国家为中心"方法都不能充分解释当代中国的环境行动主义。参见 Bjorn Alpermann, "State and Society in China's Environmental Politics", Kassiola J. J., Su Jian Guo, *China's Environmental Crisis: Domestic and Global Political Impacts and Responses*, New York: Palgrave Macmillan, 2010, pp.123-151; Maadam D., Tarrow S., Tilly C., *Dynamics of Contention*, Cambridge: Cambridge University Press, 2001; Tarrow S., *Power in Movement: Social Movements and Contentious Politics*, Cambridge: Cambridge University Press, 1998.

② See David E. DeCosse, "Beyond Law and Economics: Theological Ethics and the Regulatory Takings Debate", *B.C.Envtl.Aff.L.Rev.*, Vol.23, 1996, pp.844-845.

了相关的针对自然资源保护的法律与政策。第三次环境问题对国家任务带来挑战是环境风险的发生。环境风险带给我们生活诸多的不确定性，环境风险最为有效的因应措施是在不过度管制的总体要求之下，避免许多已知和未知的风险。[①] 这就要求应对风险的决策主体应当多元化，除了公部门可以伸展权力触角之外，私部门也可以在社会领域中从事许多经济与非经济性的事务，不管是对于公共事务的关怀，还是单纯个人的营利行为，这让社会领域呈现出既公且私的情形，开启了国家与社会进行沟通的大门。[②] 在立宪主义国家，国家任务的发生与进展必须在合法性及合宪性的控制之下，此等控制的场域主要在于议会或民主投票之中，此程序正是强制要求国家与社会进行对话的机制。吉登斯认为，"风险的积极与消极的两个方面在现代工业社会的早期就已经出现了，风险是一个致力于变化的社会的推动力"[③]。环境风险对于国家任务也提出了更高的要求与新的价值追求，要求国家在风险社会之下因势而为，将环境风险规制视为其正当性的权力范围。在"对传统社会发展模式、制度规范、社会伦理和文化心理结构彻底反思的基础上"[④]，重新谋划经济社会发展蓝图，以国家任务的逻辑规制环境风险，推进环境风险治理转型，保障环境安全和公民的环境权利。

环境治理的目标是达致生态文明，治理主体有国家公共机构、市场等私人机构，通过使相互冲突的不同利益得以协调并采取联合行动而进行生态环境保护政策的制定和执行的良性互动。[⑤] 基于我国体制性的特点，我国当前的环境治理实施的是政策动员型的环境政策。[⑥] 具体来说，是"中央政府动员型环境治理模式"，以中央政府为主导，地方政府迫于压力提供协助，其核心为"危机应对"和"政府直控"，环境治理的法律与政策

[①] Rob Courtney, "Evolving Hazardous Waste Policy for the Digital Era", *Stan. Envtl. L. J.*, Vol. 25, 2006.

[②] 康晓光、韩恒：《分类控制：当前中国大陆国家与社会关系研究》，《社会学研究》2005年第6期。

[③] ［英］安东尼·吉登斯：《失控的世界——全球化如何重塑我们的生活》，周红云译，江西人民出版社2001年版，第20页。

[④] ［德］乌尔里希·贝克：《风险社会》，何博闻译，译林出版社2004年版，第15—57页。

[⑤] 王树义、蔡文灿：《论我国环境治理的权力结构》，《法制与社会发展》2016年第3期。

[⑥] 参见荀丽丽、包智明《政府动员型环境政策及其地方实践——关于内蒙古S旗生态移民的社会学分析》，《中国社会科学》2007年第5期。

工具依靠自上而下的行政管理体系并调动财政资源，相关社会群体配合政府行动而采取社会动员机制。① 这一治理模式是在中国现代化进程中发生的，并且与中国传统的治理权力模式相适应。在一定程度上被称为积极性国家任务，国家信奉或致力于一种美好生活的理念，政府在社会中以实现其所信奉的价值或计划为目标，政府负有改造、引导社会的任务与功能，是父爱型的表现。如果按照韦伯的支配性基础，则属于传统型统治模式，而非法理型的统治理性。根据社会行动理论，持续不断的行动构成社会结构，同时，这种行动又被结构所重塑，社会结构有制约和促成人类行动的双重功能。人们生活于其中的生活知识、文化背景、社会规范等对环境行动具有十分重要的作用，我国社会转型并基于国家任务变迁的制度结构，构筑了我国社会中环境行为的模式，亦即社会行为所体现和表征的是阶段性变迁着的社会与国家间的关系。② 法理型的统治理性是以社会合作为基础的，以权利义务为基础的社会关系是统治的基础，社会个体为自己的利益而奋斗，并且把社会的组织力量制度化，把民众的利益诉求内化为制度性参与。

国家任务的变迁与社会运作有很强的关联，市场与市民社会扮演着极为重要的角色，影响国家任务的因素包括对自由主义的信奉力度、时代潮流、社会文化及政府体制等。同时，政治决策体系与社会系统间的对话不再仅仅是国家与社会间线状的方式，而是呈现出网络式的交互方式。在自由主义国家与福利主义国家时期，行政法治的原理建立在国家与社会分立的基础之上，公共行政完全由公部门行使，没有私人参与的空间。风险社会的来临，风险治理的难题与挑战促使多数国家开始打破公部门对于行政与社会事务的垄断，出现了国家公共行政任务社会化的趋势，"现代的行政扩张模糊和淡化了把国家作为一种单一的、无区别的公共权力的概念"③，

---

① 王树义、蔡文灿：《论我国环境治理的权力结构》，《法制与社会发展》2016 年第 3 期。

② Bjorn Alpermann, "State and Society in China's Environmental Politics", Kassiola J. J., Su Jian Guo, *China's Environmental Crisis: Domestic and Global Political Impacts and Responses*, New York: Palgrave Macmillan, 2010, pp.123–151; Maadam D., Tarrow S., TillY C., *Dynamics of Contention*, Cambridge: Cambridge University Press, 2001; Tarrow S., *Power in Movement: Social Movements and Contentious Politics*, Cambridge: Cambridge University Press, 1998.

③ ［美］P.诺内特、P.塞尔兹尼克：《转变中的法律与社会：迈向回应型法》，张志铭译，中国政法大学出版社 2002 年版，第 115 页。

即国家将部分公共行政事务交由私人或社会组织来行使。① 当国家面对环境风险时，在决策上要面对的问题包括：采取预防措施来避免损害、为了正当化一些可以接受的风险设计一些负担条款于具体风险之上、处理污染源、促进科技进步来处理环境问题、在诸多选择方案中进行成本效益分析、污染者对其所造成的损害负责、严肃地看待环境正义并考量未来等。② "人民对于风险的恐惧和对安全的需求与日俱增，自然期待国家能采取相关行动，政府的行动也逐渐转向以风险预防为主。"③ 从具体的执行面向来看，预防环境风险包括的范围相当广泛，国家的管制任务除了损害的事后恢复及填补外，还包括损害的事前预防。因此，当国家面对环境风险问题时，所处理的国家任务既多且杂。在环境与科技发展议题上，邻避抗争以及越来越多的草根行动正挑战政府的治理能力以及对公民身份与民主的理解，治理涉及参与主体与范围的扩大，以及让利害关系人能共同对公共事务的管理负责，不仅包含国家角色，同时能容纳私部门与公民社会于决策过程之中。政府不再是国家唯一的权威中心，各种公共和私人的机构只要其行使的权力得到了公众的认可，就都可能成为各个不同层面上的权威中心。④ 环境风险治理是具有多重面向并涉及多元行动者的风险过程，是合作、网络、伙伴、协商的权力向度过程，必须考量制度设计、政治文化、社会经验与不同风险认知等相关因素。

纵观环境立法的历史，从污染防治推进到生态保育与自然资源保护，在面对诸多不确定性的环境风险时，可以预期，民众对于国家任务提出新的要求，公部门必须妥善地处理此等风险问题。传统的环境规制是以禁止、命令、许可等行政权力为主要方式与手段，即"危险（损害）排除"范式，这是基于污染者负担原则的规制根据，具有正当与合理性基础。面对环境问题，在种种因素影响下，如果公部门执行法规达不到预期目的，

---

① 杨登峰：《国家任务社会化背景下的行政法主题》，《法学研究》2012 年第 4 期。

② Joseph H.Guth, "Cumulative Impacts: Death-Knell for Cost-Benefit Analysis in Environmental Decisions", *Barry L.Rev.*, Vol.23, 2008, pp.23-24.

③ ［德］哈贝马斯：《在事实与规范之间》，童世骏译，生活·读书·新知三联书店 2003 年版，第 535 页。

④ 陈家刚：《协商民主与国家治理：中国深化改革的新路向新解读》，中央编译出版社 2014 年版，第 276—277 页。

致使社会权力受挫时，民众会通过社会运动促使公部门重视环境问题。① 当环境风险随着科技进步和"知识的不确定性"而带来对经济社会生活的困扰时，国家的任务则从自由秩序的"守夜人"和公共福利的提供者转变为加载了风险规制功能的复合体。② 这也是合作的国家理念对于现代法律体系，特别是环境法律体系提出的新调整要求。从环境法的角度来看，近年关于环境风险治理的讨论集中于行政法制的公共性，并以此为基础推动行政组织的改革，在具体运作方向上，则是以自由市场补充甚至取代公部门的管制及给付。基于这样的发展，环境风险将形成环境领域中国家任务的第三次变迁，这一次变迁对社会的影响层面之广，对不同专业部门的联动之强，所牵涉的领域横跨公部门与私部门，都显示出国家任务在环境风险的背景下将大幅扩张，"进而对行政主体、管制模式、具体行政行为方式的变迁产生了深刻影响"③。

改革开放以来，中央将大量权力下放在很大程度上推动了中国的快速发展，促使地区政府之间展开了经济竞争。然而，这种方式的后果之一就是生态的逐底竞争，"中国虽然基本建立了社会主义市场经济体制，但这个体制没有体现生态文明理念和原则"④，在发展至上的原则下，"大量的环境法被有意或无意'悬置'起来变成'一纸空文'"⑤。经济规模的扩张带来环境压力的增大，深受其害的民众直接向邻避设施下达"驱逐令"，而矛头则直接指向地方管理方，要求其履行环境监管义务。⑥ 在邻避中，厂商的逐利行为、环境维权者的集体行动、政府与技术专家的态度，拷问着社会的伦理底线。"邻避最重要的影响是扩张了中国人的环境意识，促使人们重新审视经济增长的代价，也唤醒了中国的地方意识和抗

---

① 杜健勋：《邻避事件中的法权配置与风险治理研究》，《法制与社会发展》2014 年第 4 期。

② ［德］汉斯·J.沃尔夫、奥托·巴霍夫、罗尔夫·施托贝尔：《行政法》（第 3 卷），高家伟译，商务印书馆 2007 年版，中文版前言。

③ 张桐锐：《合作国家》，载翁岳生教授祝寿论文编辑委员会编《当代公法新论（中）——翁岳生教授七秩诞辰祝寿论文集》，元照出版公司 2002 年版，第 577、578 页。

④ 吕忠梅：《论生态文明建设的综合决策法律机制》，《中国法学》2014 年第 3 期。

⑤ 杜辉：《论制度逻辑框架下环境治理模式之转换》，《法商研究》2013 年第 1 期。

⑥ "无处安放的民意"，往往会由最初的"反技术因素"，升级到"反官商勾结""反专家政治"等多种情绪并存的抗争格局。参见吴畅畅《去邻避化、素朴的自由主义与中产阶级的"表演式书写"》，《新闻学研究》2012 年第 112 期。

议精神，苏醒的地方意识可能改变利益分配格局，让地方政府和投资者不得不把部分收益用于补偿当地的环境损失。"① 人们也将在抗议中学习，在抗议中对话，直到达成公平的妥协。

---

① 夏佑至：《邻避事件给中国带来了什么?》，《中外对话》，https：//chinadialogue.net/zh/7/42367/，2017 年 10 月 26 日。

第二章　邻避风险的影响因素与风险链演化规律

　　自 2007 年以来，中国发生的环境类事件已超过 2000 起，按照目的性抽样的原则，即案例事件经历了明显的酝酿、萌发、发展和消亡的阶段，在这一过程中，风险被明显揭示出来，引发社会强烈关注。从大量的媒体与数据库资源检索中，选取本研究意义上的邻避风险事件，通过核心信息比对、筛选和甄别，最终选取了 86 件案例，构成本书的研究对象。对这些典型性案例进行整理、编码、统计、分析，得到我国 2007—2019 年来邻避风险事件的基本框架，包括其参与主体、基本特征、地域分布、演化过程、影响因素等主要方面。频频发生的邻避事件，是对我国社会信任体系的冲击，而且威胁到行政的权威与效率。缺乏社会信任的邻避设施修建，以及因之而形成的环境风险规制当然得不到受该设施影响群体的支持，得不到社会支持的风险规制又削弱了行政环境风险规制的能力。

　　需要说明的是，地方一般都将邻避作为敏感事件对待，邻避事件的信息也比较封闭。信息获取的渠道包括传统媒体报道、有关数据库、网络信息来源、科研论文，以及对一些重大事件的田野调查等。丰富多元化的信息来源是研究的基础。同时，通过对文献内容客观、系统、量化的科学研究，以数字与数值来呈现特征与规律的把握，并以此反映邻避事件的本质。

第一节　邻避风险总体描述

　　环境群体性事件、环境抗争事件、环境抗议事件、邻避冲突、环境自力救济等都是描述该类事件的常用用语。邻避风险是权力、资本对于社会空间挤压、利益侵夺与风险转移的结果，为了对抗此种权力，傅柯认为，

"必须在地抗争，以击退对市民社会特定处所的干预"①。通过典型案例分析可以勾勒出我国邻避事件的总体框架。有学者认为中国邻避事件的总体特点是，"成本或收益高度集中化、高度动员性和不确定性以及跨区域性。其有别于其他国家的特点是邻避抗议层级呈螺旋式提升、邻避事件的议题难以拓展、以及邻避冲突双方无法达成妥协"②。以及，城乡邻避冲突存在差异，途径主要包括非暴力和暴力手段，除此之外，还会通过网络舆论来最大限度地争取自己的利益。③

一　邻避的发生与高环境污染相关，区域性强

2007—2019 年，邻避性事件逐年增长，且规模呈扩大化趋势，邻避的发生与经济理性独大和高环境污染直接相关，这从实证数据中可以得到证实，相关研究者也得出了较为相似的结论。④ 可以较为地明显发现，在不同年份发生邻避事件与经济发展、工业废气排放量、雾霾天气、工业固废排放量等存在正相关关系，也就是说，当年雾霾天气增多，废气排放量增多，当年的邻避事件也会相应地增多。与经济发展和污染相关的是区域性强，我国东部地区经济最为发达，邻避事件发生的占比也最高，中部次之，西部最少。进一步分析，发现华东、华南地区占全国邻避事件的1/3强，其中江苏、浙江、福建、广东等地是邻避事件的多发地。

东部地区邻避事件高发与经济发展和重污染相关，同时，由于东部地区经济发达，维权意识也较西部强烈，附之信息传播速度快等优势，这使东部地区的群体性事件具有极强的动员能力，由厦门反对 PX 事件开始，江苏启东反对排污事件、浙江宁波反对垃圾焚烧厂事件、上海金山反对PX 事件、广东反对垃圾焚烧厂事件、大连反对 PX 事件等都是具有代表性的事件。东部地区的邻避抗争占全国邻避抗争的 72.1%。

---

① Frank Fischer, *Reframing Public Policy*, Oxford：Oxford University Press，2003，pp.39-40.

② 何艳玲：《"邻避冲突"及其解决：基于一次城市集体抗争的分析》，《公共管理研究》2006 年。

③ 张向和、彭绪亚：《基于邻避效应的垃圾处理场选址博弈研究》，《统计与决策》2010 年第 20 期。

④ 荣婷、谢耘耕：《环境群体性事件的发生、传播与应对——基于 2003—2014 年 150 起中国重大环境群体事件的实证分析》，《新闻记者》2015 年第 6 期；朱海忠：《污染危险认知与农民环境抗争——苏北 N 村铅中毒事件的个案分析》，《中国农村观察》2012 年第 4 期。

表 2-1　　　　　　　　邻避事件分地区发生百分比

地区	频率	百分比
东部	62	72.1
中部	9	10.5
西部	15	17.4
合计	86	100.0

这其中，华东与华南占全国邻避抗争超过 70%，而华东与华南也正是我国经济最为发达的地区，所以，邻避抗争与经济发展存在一定的正相关。

表 2-2　　　　　　邻避事件分地区（细分）发生百分比

地区	频率	百分比
华东	34	39.5
华南	27	31.4
华北	7	8.1
华中	7	8.1
西北	3	3.5
西南	7	8.1
东北	1	1.2
合计	86	100.0

二　参与者形成共同认知，邻避效应传播迅速

对于邻避风险，参与者极易形成集体认知，由此便构成集体行动的基础。这也验证了"接近性假说"，即距离邻避设施越近的民众对于邻避设施的反对态度越坚决，"微观的居民社会经济特征与宏观的社会经济政治相互作用，对居民的态度进行复杂的重构，决定居民最终的邻避态度"①。面对环境污染高发，邻避设施的建造容易形成高度的不确定性与风险认知，这就使得地理空间相近与处境相同的社会主体形成命运共同体，即具

---

① 杨槿、朱竑:《"邻避主义"的特征及影响因素研究——以番禺垃圾焚烧发电厂为例》，《世界地理研究》2013 年第 1 期。

有地理位置上的"共同特质"。民众参与的热情与参与程序高，因为"在一些共识性危机中，社会成员感受到社会体系所受的外力威胁，并且认识到问题需要得到尽快解决，会产生同仇敌忾的情绪"[①]。同时，辅以行动成本和人际关系地理上的重合，民众很容易被调动起来，是一种"集体磨合、集体兴奋和社会感染的循环反应过程"[②]。

　　事件起初，风险敏感者和信息灵通者进行信息发布与传播，随着信息扩散，事件得到发酵，形成特定群体的"情境规范"影响，集体认知便会形成，群体心理与情绪会受感染，以保卫健康、保卫家园、拒绝污染等口号带动，集体行动就在所难免。以 PX 项目为例，大多数民众认为 PX 是剧毒致癌物，并且关于 PX 的认识主要来源于网络。更为重要的是，环境保护与身体健康议题不仅承载了道德和正义，也符合国家政策方向，因而，环保抗争是"政治安全"的。[③] 这也是以"散步"等形式的邻避抗争往往成功的重要原因。通过分析发现，在邻避类项目建造前发生抗争的占到 64%，而邻避类项目建造后发生抗争的占 36%，这充分说明邻避抗争是基于认识与通过传播而发生的。一般情况下，借助媒体曝光，形成社会舆论与压力，在此条路径不获支持的情况下，则会扩大规模，采取比较激烈的方式，"小闹小解决、大闹大解决、不闹不解决"，"闹解"似乎已成为最基本的路径。[④] 邻避风险的认知是社会建构过程，并不是真实的风险受害。

表 2-3　　　　　　　　　　项目建设前后发生邻避事件的百分比

	频率	百分比
建造前	55	64.0
建造后	31	36.0
合计	86	100.0

　　① 何艳玲：《"邻避冲突"及其解决：基于一次城市集体抗争的分析》，《公共管理研究》2006 年。

　　② 娄胜华、姜姗姗：《邻避事件在澳门的兴起及其治理——以美沙酮服务站选址争议为个案》，《中国行政管理》2012 年第 4 期。

　　③ 曾繁旭：《国家控制下的 NGO 议题建构——以中国议题为例》，《传播与社会学刊》2009 年 8 期。

　　④ 唐庆鹏：《邻避冲突治理：价值契合与路径优化》，《学习与实践》2017 年第 1 期。

三　邻避诉求对象为地方政府

一般来说，邻避事件是基于邻避设施建造而引发，针对邻避设施与建造企业就成为常规选择，而我国的邻避事件诉求则是针对管理方。这与我国管理方在社会管理与社会行动中的角色直接相关。我国的邻避设施通常都是地方政府的重点招商引资项目，如厦门 PX 项目，"此间化工厂预计年产 80 万吨。一旦完工投产，将为厦门市新增 800 亿元人民币的 GDP"。四川什邡钼铜项目是什邡市经济复兴的一个重点项目，也是什邡市首个百亿级投资项目。该工厂计划建成世界上最大的冶炼厂之一，其建设旨在通过创造数以千计的就业机会来刺激经济增长。原环境保护部表示，这家耗资 17 亿美元建造的工厂每年将提炼出 4 万吨钼和 40 万吨铜。所有工业设施的建造都如出一辙，对被地方政府看重的经济发展具有极为重要的拉动作用，因此，地方政府对于设施建造具有决定性的作用，且在当下我国的社会情景中，有些人认为，这种项目中肯定存在管理方与企业相互勾结的情况，对于项目的环境影响评价审批上不作为，环境执法不力，各种"潜规则"盛行，监管失职，"为污染企业开绿灯，一些污染企业和工业园区在没有进行充分环境评估的情况下匆忙上马，许多地方政府还给予其种种优惠政策，有的地方政府为项目跑腿拉关系，甚至在环评上作假"①。如此，地方政府通过引进污染企业得到了 GDP、财政收入和劳动就业，一些官员凭借"政绩"获得晋升而企业则获得廉价土地、基础设施及其他优惠政策，赚取高额利润，两者结成了牢固的利益同盟。② 邻避抗议群体常以法律与中央政策作为抗议的筹码，以环境保护为唯一诉求，不涉及政治性的部分。诉求的目标是让项目终止或是求得损害赔偿，其策略性的部分是与国家话语保持一致，也希望获得体制的资源支持。

四　理性维权与暴力抗争并存，组织化程度低

我国邻避事件的发展一般是政府内部决策信息泄露小道传播，这是萌芽阶段；然后媒体曝光网络传播，进入缓慢发展阶段；最后快速传播，形

---

① 王玉明：《暴力环境群体性事件的成因分析——基于对十起典型环境冲突事件的研究》，《四川行政学院学报》2012 年第 3 期。

② 聂辉华：《斩断政企合谋的利益链条》，http://finance.sina.com.cn/roll/20091111/00026947639.shtml，2016 年 11 月 11 日。

成抗议阶段。越来越多的利益攸关者了解有关信息，选择通过集会等方式进一步扩大事件的影响力，希望得到外界更多的关注；暂时缓和，尖锐对峙，事态超出政府控制范围，尝试与民众沟通；再度升级，政府策略性的沟通行为可能导致沟通失败，民众便会选择更为激烈的冲突方式，附之以其他因素，特别是环境保护之外的其他诉求，推动冲突升级；处理化解等，政府会防止事态滑向崩溃，做出某些妥协，如邻避设施易址、重新环评、赔偿费计算等。从这样的发展轨迹可以看出，在事件开始，都是采用较温和的理性方式，要求信息公开与决策参与，但当诉求不获重视时，会迅速演变为激烈的对抗，甚至还会造成更严重的事件。通过梳理发现，邻避事件中参与者基本是底层民众，受教育程度与视野有限，环境知识与法律知识匮乏，又缺乏精英人士的关注与支持，这使得抗争的组织化程度较低，且成本较高，容易失控，将合理的维权行动转化为冲突事件。统计显示，理性和平抗争的占 72.1%，而冲突占 27.9%，由此可以看出，社区民众都是优先选择理性与和平的方式，只有当其诉求不被重视时，才升级为冲突的方式。

表 2-4　　　　　　　　　　　邻避事件的表现形式百分比

	频率	百分比
理性和平	62	72.1
冲突	24	27.9
合计	86	100.0

五　网络信息传播推动现场抗议

网络信息传播已成为邻避事件发生的重要工具，从 2007 年厦门反对 PX 事件以来，几乎所有的邻避事件都离不开网络的信息传播，由网络信息传播推动邻避现场抗议的形成。民众通过 QQ、微博、微信、论坛新媒体等了解邻避设施信息，并且通过网络提交诉愿，更重要的是，通过网络进行抗议动员，形成强大的舆论压力。这种压力不但是给管理方的，而且是给可能受此影响的"命运共同体"的。潜在的受影响群体经过网络信息传播与推动，产生情绪上的共鸣与道义上的压力，最终推动现场抗议行动。"公众在环境群体性事件中处于弱势地位，为引起政府重视，唤起社会悲情与愤怒，常常借助未经证实的消息进行传播，作为弱者抗争的武器，争取舆论的支持与同情，给政府形成压力。"① 新媒体的信息传播也与传统媒体对于邻避设施与抗议的失语有关，但传统媒体在邻避抗议发生后，也会选择性地进行报道，这些报道大多在深度、广度与侧写方面较新媒体具有优势。通过分析邻避抗争的发生，其模式基本上可作如下概括：始于邻避情结，以风险规避的心理感受要求进行利益补偿，但地方政府则以强硬姿态回应，简单处置方式导致冲突的生成，在网络等的催化作用下，由"在地冲突"演变为"全域对抗"。在这一过程中，网络舆论对于邻避抗争的扩大化起到了非常重要的作用，因此，有论者认为"应吸纳邻避效应的合理成分，理解利益补偿与舆情预警在防控环境群体性事件中的重要性，充分发挥疏导网络媒体、意见领袖与网民的议题设置在抑制网络负面舆论方面的中坚作用"②。

六　处置手段以策略性与临时性为主

对于邻避冲突的处置方法，对民众是引导疏散，对于未建造的邻避设施一般要求重新进行环评，或是重新选址，对于已建邻避设施则是要求企业停产整改。这些处理结果都是临时性的，做出了妥协性的处理决定，表面上，民众的邻避抗争似乎取得了胜利，其权利与诉求似乎得到了保障，但这不是程序性的制度保障。厦门 PX 项目最终迁往漳州建设，广州番禺垃圾焚烧厂也择址建设，大连 PX 厂从未停产，这些足以说明当时的承诺只是一种策略性的行为选择。③ 基本上，在所有的邻避冲突中，地方政府都是使用妥协的方式来处置邻避冲突。要么就像大连反对 PX 事件中，先是暂停建设，以退为进；要么通过给好处的方式，进行局部处理。④ 并未寻制度与机制上的解决之道，事件对于环境政策与法律没有显著影响。

---

① ［美］谢茨施耐德：《半主权的人民》，任军锋译，天津人民出版社 2000 年版，第 17 页。

② 彭小兵、邹晓韵：《邻避效应向环境群体性事件演化的网络舆情传播机制——基于宁波镇海反 PX 事件的研究》，《情报杂志》2017 年第 4 期。

③ 杜健勋：《论我国邻避风险规制的模式及制度框架》，《现代法学》2016 年第 6 期。

④ 刘能：《怨恨解释、动员结构和理性选择——有关中国都市地区集体行动发生可能性的分析》，《开放时代》2004 年第 4 期。

第二节　邻避风险的演化过程

在现代传媒的催化下，邻避事件一般沿循"网络线上活动"—"线下"组织—小规模反对—大规模行为的演化过程。当前，地方政府多以邻避设施信息作隐匿处理，因此，网络信息传播可能会带有较多失真的部分，甚至谣言都有存在的空间，经过不断的发酵与情绪宣泄，慢慢酝酿成邻避事件。需要说明的是，一般来说，体制内的救济方式是民众的首选，如信访、申诉等，这些体制内的救济通道受阻时，有可能引发反对与冲突行动。

一　封闭决策与冲突萌芽阶段

邻避设施一般由地方政府主导建设，地方政府规划某邻避设施，其决策一般由政府内部决定，通过内部渠道公开信息，这些信息一般不为公众所知晓，民众很难参与到决策环节，此时也就无从了解邻避设施。在茂名PX项目事件中，决策议题形成中看不到民众的参与。自2014年2月，茂名市政府开始宣传PX项目，官方媒体多次刊文介绍PX，举办多场学习会。《茂名日报》2014年2月27日刊登了"茂名石化绿色高端产品走进千家万户"一文，详尽介绍了茂名石化公司的优点与品质。[①] 2014年3月17日，茂名市委宣传部副部长向当地主要网站、三大通信运营商负责人，就相关舆论、信息管理方面工作进行具体部署，加强网络舆情监控和引导。与此同时，要求石化系统、教育系统的工作人员以及一些学校的学生签署《支持芳烃项目承诺书》。[②] 民众处于议题之外，所以，在这种情形下，公民对邻避设施的认识有限，也不了解其具体风险，甚至完全未引起关注，此时邻避冲突属于潜伏阶段。

二　信息泄露与冲突酝酿阶段

当邻避设施建造的信息通过网络等渠道泄露出来时，公众开始了解相

---

① 周清树：《茂名事件：反PX诉求如何"跑偏"》，http://www.bjnews.com.cn/note/2014/04/11/312650.html，2016年11月10日。

② 沈彬：《面对"PX恐慌"为何总无良策》，《东方早报》2014年4月1日第A4版。

关的邻避信息。由于邻避设施的科学与技术专业性质，没有受到科学训练的公众对其风险与危害并没有认识，社会公益热心人士会对其潜在的风险提出怀疑，并联合其他的力量表达信息公开与权威解释的诉求。如厦门反对PX项目事件，经手机短信与厦门本地论坛消息传播后，以中国科学院院士赵玉芬为代表的105位全国政协委员向全国政协联署了"关于厦门海沧PX项目迁址建议的议案"，认为距离居民区仅1.5千米的PX项目存在泄漏或爆炸隐患，厦门百万居民面临危险，呼吁厦门PX项目立即停工并迁址，但该议案并未通过。其他六名院士也曾试图阻拦该项目，也未获成功。公众获知其风险后，开始要求公布相关信息。在这一阶段，消息传播以网络、自媒体等新媒体为主，管理方既不对邻避设施的信息进行公开，也不对此事进行权威解释。管理方的态度忽视了民众的情绪与诉求，没有提到议事日程中来。在真实信息被隐匿时，邻避设施周边民众获取不到真实的风险信息，其对邻避设施风险的担忧就无法避免。因为"风险认知是所有参与者的信息、意见和价值互动的复杂过程，并需要利益主体间的相互尊重与信任"①。有学者认为，这种有意忽视环境生态利益是地方政府释放压力的理性且无奈的行为。②

三　信息迅速传播与冲突发生阶段

公众理性的诉求没有得到重视，各种信息包括真实的信息与夸大其危害的一些不实信息都有被接受的空间。当危害被放大到危及自身健康与后代的生存环境时，反对就在所难免。这时，传播的信息不仅有关于邻避设施危害的信息，更有采取社会行动的信息，人们相约表达诉求，以引起管理方重视。动员策略便是邻避设施本身的危害性与每一个身处其中的人息息相关，更为重要的是"小闹小解决、大闹大解决、不闹不解决"。集体行动成功便会引起社会的极大关注，其影响已超出本地区域，公众希望影响越大越好。借助新媒体的优势，这种集体行动一般都会成功，选择地点要么是管理方驻地，要么是城市繁华街道或交通要道，要么是邻避设施建造地。

---

① 马奔、王昕程、卢慧梅：《当代中国邻避冲突治理的策略选择——基于对几起典型邻避冲突案例的分析》，《山东大学学报》（哲学社会科学版）2014年第3期。

② 周飞舟：《锦标赛体制》，《社会学研究》2009年第3期。

四　部分信息公开与暂时缓和阶段

当冲突发生后，管理方基于秩序的考虑，会尝试与民众进行沟通，会以现场办公等方式宣布邻避设施的择址考虑、项目缓建停建、重新规划、重新环评等策略性对策。事件处于中期，管理方采取防守的策略，其目的是防止事态进一步扩大，影响地方形象。如在大连反对 PX 项目事件中，管理方于民众游行的当日下午做出决定，福佳大化 PX 项目立即停产并正式决定该项目将尽快搬迁，这些对策以安抚民意为基本考量。大连 PX 事件中，"该工厂在示威当天仍在正常运行"。2012 年 12 月 24 日《新京报》报道，大连福佳集团一高管证实，该公司 PX 项目已复产，没有搬迁消息，并称"生产就从没停过"；公司一位工作人员说，福佳大化已恢复 PX 生产近一年，而且 PX 在公司内部是禁忌话题，并严禁员工泄露复产消息。而在记者获得的大连金州新区管委会发给大连海关的"申请协助福佳大化集团办理相关业务"的函件上，相关管理方的意见为："在积极推进搬迁工作的同时，在安全隐患彻底消除之后，同意恢复生产。"外界在此报道前无法得知此复产消息。① 对于部分的信息公开与政府策略性的回应，事件一般会得到暂时的缓和。

五　信息扭曲与再度高涨阶段

部分的信息公开与策略性的回应并不能彻底解决邻避冲突，当民众发现信息隐匿与扭曲时，可能会再次出现比前面更大范围的反对。如在江苏启东反对排污事件中，在事发当日中午宣布永久不建后，现场人渐渐散去。但是这时吕四民众来了，因为交通封锁，管理方无人出面沟通。在沟通不良下，冲突更加激化。在四川什邡反对钼铜项目事件中，类似的情况与经过同样发生了。

六　官方承诺与冲突平息阶段

在上海金山反对 PX 项目事件中，发布《告市民书》称：上海化工区规划环评不涉及 PX 项目，将来上海规划的化工区也不会有 PX 项目。之后，上海市政府经研究要求上海化工区管委会终止本次规划（修编）环

---

① 黄玉浩：《"PX 项目"群体过敏症》，《新京报》2012 年 12 月 24 日第 A17 版。

评工作，金山区政府就规划环评发布《告市民书》（二）。时任领导来到上海市金山区召开座谈会，会议上要求"认真负责地响应金山广大干部群众合理要求，切实加大环境保护和污染治理力度。这项工作当前尤为重要，是凝聚人心、凝聚共识的关键举措"。政府作出承诺满足或部分满足民众的要求，对邻避设施的规划选址再议，项目停止建设，如果作出的承诺能得到民众的信任，因邻避设施引发的冲突会暂时画上句号。

第三节　邻避风险的影响因素与形成原因

分析我国的邻避事件的影响因素与形成原因，会发现在邻避事件中，其诉求不仅涉及环境保护问题，更涉及经济发展、社会正义、法律制度等诸问题。对于邻避风险成因的解释，学界有行为主义、结构主义和折中主义等研究路径，行为主义将研究的重点放在各行为主体的角色与相互关系方面。结构主义则强调风险产生的社会、经济与文化背景，特别是制度因素对于行为主体的行为塑造。折中主义则试图结合行为主义和结构主义来论述。总体说来，封闭的环境风险决策模式，并以此造成信息的扭曲和异化，其结果是公众参与不能，邻避决策得不到公众的理解和支持。综合来看，有学者归纳为直接原因和社会深层次原因。[1] 邻避设施自身的负外部性对于公众的社会风险感知形成不确定性，包括环境污染、房产贬值、社区形象等是邻避抗争的直接原因，社会观念与意识形态变化，公民自主性增强，基层权威削弱与司法救济不畅，社会整合机制滞后等则是其深层次的原因。以下从政治、经济、社会与心理四个影响因素层面分析邻避冲突发生中的风险认知差异、利益分配不均、信息传播异化等。

一　政治因素与封闭决策系统

政治因素是邻避事件发生与解决的决定性因素。在治理现代化国家中，邻避事件中行动主体成为重要的政治力量，而通过政治方式进入邻避风险议题的决策。在权威主义的治理模式中，政府的封闭决策天然地被认为具有合法与正当性，一旦邻避发生，则视为"一小撮""别有用心"

---

① 管在高：《邻避型群体性事件产生的原因及预防对策》，《管理学刊》2011 年第 6 期。

"不明真相"等。① 抗争民众狭隘的地方主义与自私自利的标签总脱不了身，不顾全大局与社会公益的道德绑架，这使得管理方将因自身决策的问题成功引向民众的自身利益问题，为其决策提供正当性基础。决策困境是引致环境维权类群体性事件的根本动因。就其邻避本质来说，邻避事件应当是民众与资本企业对于环境污染的社会对抗，以及地区与政府间的涉及公益行为的冲突，而现实的表现则是管理方经常与企业、专家机构形成的所谓"铁三角"结构。② 以公益之名实现的邻避设施修建理所当然地要求少数民众作出牺牲，其决策模式便是"内部决定—公开宣布—受到质疑后再辩护"，即"政府运用专家辅助决策的合法性不足"，③ 有学者通过研究美国的邻避抗争认为美国政府的决策体制和机制不健全导致邻避冲突。④

　　公众的政治参与需求不获重视，公众要求知的权利和决策进程参与的权利受到抑制，公众的环保与健康诉求被排除在决策过程之外。⑤ 更进一步加深了管理方、专家和企业联合的猜疑。这种政治性的操作与权利剥夺造成严重的猜疑和不确定性想象。概括来说，这种封闭行政决策就是将邻避设施地公众排除在决策之外，由技术官僚通过技术专家决定选址于何处建造邻避设施，在地民众对此决策提出质疑，官僚机构借专家证明对民众无影响，以科学合理否定民众的诉求，直至激起邻避事件。很显然，权利意识和政治开放性增强提升了邻避冲突的意愿和能力。因此，弱势的行动主体将矛头直接指向当地管理方及其部门，而非涉事工商业资本集团。⑥ 其问题在于，决策形成之前，没有和民众进行沟通，决策形成之后，民众被动接受，并指出民众的质疑不理性，是自私的表现，对反对者

---

　　① 杜健勋：《邻避事件中的法权配置与风险治理研究》，《法制与社会发展》2014 年第4 期。

　　② ［美］乔尔·赫尔曼等：《转轨国家的政府俘获、腐败以及企业影响力》，周军华译，《经济社会体制比较》2009 年第 1 期。

　　③ Fisher F. , Hazardous Waste Policy, *Community Movements and the Politics of NIMBY*: *Participatory Risk Assessment in the USA and Canada*, London: Palgrave Macmillan, 1995.

　　④ Mcavooy G. E. , *Controlling Technology*: *Citizen Rationality and the NIMBY Syndrome*, Washington, D. C. : George Town University Press, 1999.

　　⑤ 汤汇浩：《邻避效应：公益性项目的补偿机制与公民参与》，《中国行政管理》2011 年第7 期。

　　⑥ 单光鼐、蒋兆勇：《县级群体性事件的特点及矛盾对立》，《领导者》2009 年第 29 期。

污名化是常用的处理手法。正如有学者论述的，"中国目前的政治系统体现了松散和流动性，地方多样性和自主空间很大，地方政府优先发展经济的压力巨大。因此，环境法律法规的执行非常有限，环保部门处于以短期经济发展而非长期可持续发展为目标的地方政府的领导之下"①。"对上级政府来说，保持经济增长是国家战略、政治任务；对地方政府来说，实现经济增长，才能在与其他地方竞争中保持领先优势；对于当地民众来说，保护经济增长与他们的就业和生活水平的改善有着直接关系，因此，经济增长成为一种社会共识。所以，尽管需要解决经济增长带来的各种问题，但经济不能停滞，必须保持增长。"② 也即环境法律与政策在很大程度上与地方政府的考核体系相冲突。

　　封闭行政决策常常伴随的是信息的不透明。邻避设施选址的信息不公开，邻避设施建造的决策过程不公开，邻避设施运行及其影响的信息也不公开。公众最为关心的邻避设施环境影响评价过程与结果往往作隐匿处理后进行部分公开。公众对于邻避设施的信息缺乏了解，因此对其风险也无从了解。在四川什邡反对钼铜项目事件、江苏启东反对排污项目事件以及其他反对 PX 项目事件中，在立项时都没有把环评作为决定项目是否建设的根据。环评中一个重要的方面是公众参与的程度。什邡事件信息公示："本次公众参与的范围主要为四川宏达钼铜有限公司钼铜多金属资源深加工综合利用项目所在地的和与本项目有直接或间接关系的企事业单位和个人。"有媒体报道："除了当地居民反对之外，一些在当地投资建厂的企业，比如蓝剑集团以及长城雪茄卷烟厂对此也很有意见，甚至政府内部对此也有不同的声音。"③ 秦皇岛西部生活垃圾焚烧发电项目虽然没有酿成邻避冲突，但环评造假却是触目惊心，环评报告中写道："通过建设项目环评信息公告、发放调查表、召开公众参与等形式，调查结果表明，100%公众支持本项目的建设和选址。"报告后还附上了 100 份公众意见调查表，这些调查表的"填写者"全都表达了赞同的意见。但维权村民核实发现，100 名被调查者中，有 15 人"查无此人"；有 1 人在填写调查表时已死亡；有 14 人常年在外；有 1 人因故意伤害他人已潜逃 8 年；有 1

---

　　① Lieberthal, K., *China's Governing System and Its Impact on Environmental Policy Implementation China Environment Series*, Washington, D.C.：Woodrow Wilson, 1997.

　　② 杨雪冬：《压力型体制：一个概念的简明史》，《社会科学》2012 年第 11 期。

　　③ 崔文官：《什邡：百亿钼铜项目夭折真相》，《中国经营报》2012 年 7 月 9 日第 A9 版。

人重复填写两份调查表；有 1 人在镇政府工作，有 1 人未找到，有 2 人未核实。其他 64 份调查表虽然与村民名字相符，但均表示："此前未见过该调查表，调查表不是本人所写，且不同意在该地建设垃圾焚烧项目。"① 有学者研究发现，邻避设施决策公众参与比科学规划和严密的技术标准更重要，也就是说不能用合理的科学规划与技术标准代替公众参与。② 如果"项目决策过程完全保密、决策者不与当地居民进行任何协商或考虑地方居民的想法和需求，居民抵制一定会发生"③。在众多的反对 PX 项目事件中，环评程序推延，公众参与环节推迟，民主领域的供需失衡，引发民众对邻避设施选址决策的正确性产生怀疑，直至邻避冲突发生。④

　　因此，在项目选址、环评和审批等环节的信息隐匿就成为常态，当民众要求知情的权利时，采用一种渐次"透露"的策略，如此形成一种"漏斗"机制，即"告诉你所不想知道的，隐瞒你所想知道的"⑤。管理方封闭行政决策往往声称是基于公共利益的考量与大多数人的利益，"多数决策原则意味着多数人能够代表全体作出决策，但是这种决策往往与少数人的利益是相悖的"⑥。"公众参与长期处于一种被动、局限、单一和'事后'状态，造成公众知情权、表达权和参与权虚化，是导致环境风险演化成社会风险的根本原因。"⑦ 感知风险放大成社会风险之后，风险沟通的缺乏与能力贫困，即管理方与民间互动的方式单一、单向与匮乏，进

① 杨柳：《秦皇岛西部垃圾焚烧厂项目环评失实——环评机构竟这样造假》，《人民日报》2013 年 1 月 29 日第 4 版。

② Kuhn, R. G. & Ballard, K. R., "Canadian Innovation in Siting Hazardous Waste Management Facilities", *Environmental Management*, Vol. 22, No. 4, 1998, pp. 533-545.

③ Sue Cowan, "NIMBY Syndrome and Public Consultation Policy: the Implications of a Discourse analysis of Local Responses to the Establishment of a Community Mental Health Facility", *Health and Social Care in the Community*, Vol. 11, No. 5, 2003, pp. 379-386.

④ 周亚越、周鹏飞、俞海山：《邻避设施选址决策中的供需分析》，《浙江社会科学》2016 年第 6 期。

⑤ 王新才、聂云霞：《信息剩余与信息短缺：政府信息公开中的悖论解析》，《情报科学》2014 年第 1 期。

⑥ ［美］文森特·奥斯特罗姆、罗伯特·比什、埃莉诺·奥斯特罗姆：《美国地方政府》，井敏、陈幽泓译，北京大学出版社 2004 年版。

⑦ 朱德米、平辉艳：《环境风险转变社会风险的演化机制及其应对》，《南京社会科学》2013 年第 7 期。

一步强化了感知风险和不信任。

二　经济因素与环保利益关切

在这个风险链条生成过程中，公众被视为自私自利的无知者，不同的利益主体都为私益进行精打细算。邻避设施周边的民众自会认为该设施为公共福祉负责或是为某些企业的私人利益，而自己同其他受该设施影响的人比较起来，自己获得的利益较少，却要负担相当的环境与健康成本，这是不公平的。同时，对民众而言，进行邻避行为至少能满足帕累托改进，环境与健康的诉求不涉及政治问题，风险较少，若抗争成功便可以将环境风险降低，即使抗争失败也是维持现状而已。这是"经济人"理性思维的惯性。其一，邻避设施具有负外部性与不确定性，且寻"最小抵抗路径"建造。大多邻避设施都与污染排放有关，在健康越来越成为人们关注的现代社会，这种对环境与健康的损害，以及其可能带来的未来损害的不确定性，作为理性经济人不会容许其发生，"当居民生活环境受到邻避设施负外部性的威胁时，居民会本能地产生情绪化的反应，进而导致冲突发生"①。其二，邻避设施带来的收益与成本和风险分配的不均衡。即使以公共利益为名建造的某些邻避设施，如垃圾焚烧厂等，设施周边民众和其他民众收获同等的社会利益，却付出了比他人多得多的健康与环保成本。邻避设施建设可能会影响了所在地的经济发展，导致房价下跌、投资减少，冲突也就不可避免，② 这会造成民众心理上的相对剥夺感。有学者认为可以通过嵌入式市场理论解释中国的邻避事件，即这是因为忽略环境保护的经济发展模式所致，作为企业，谋取最大经济利益是其根本，但同时，应当兼顾社会利益与公共需求，工商业资本集团不顾社会的需要和期待，这就使得本处于弱势地位的社会更加孤立无援，导致邻避事件经常发生。③

环保与健康利益关切，但利益诉求渠道不畅，利益表达受挫。其一，

① Bachrach K. M., Zautra A J., "Coping with a Community Stressor: The Threat of a Hazardous Waste Facility", *Journal of Health and Social Behavior*, 1985, pp. 127–141.

② Bacow. Lawrence S, Milkey. James R., "Overcoming Local Oppositon to Hazardous Waste Facilities, The Massachusetts Approach", *Harvard Environmental Law Review*, No. 6, 1982, pp. 265–305.

③ 熊易寒：《市场"脱嵌"与环境冲突》，《读书》2007年第9期。

合法理性的利益诉求表达渠道利用不够。其二，邻避设施建造涉及规划部门、国土部门、环保部门等多部门，政府各职能部门可能相互推诿，致使利益表达困难。其三，司法救济社会正义防线受到多因素制约。利益表达不畅带来参与不能，或是参与时机滞后，参与方式单一，利益攸关者对于涉及自身利益的邻避设施不知情，利益无法获得保障，"讨说法"，抗议成了直接反应。"民意如水，总要有奔泻的方式和渠道。"①　于是，在可能与可行的情形下，以弱者的武器进行弱者的抗争就具有了社会与经济基础，群体性反对便产生了。

三　社会因素与意识形态变化

邻避事件是环境正义理论在社会层面的展开。②　"最小抵抗路径"是学者经常援引的说明环境不正义的原因，即将废弃物丢弃在没有立即受害者或社会成本低的偏远地区，是种族歧视的环境政策所致，是一种"制度性的种族歧视"，③　甚至有学者称这已构成一种"生态殖民主义"。④　环境正义的核心关怀是环境损益的分配。环境正义研究提供环境损益分配的根据，唯有解决环境损益的正义分配从而减轻对自然环境的压力才能使环境恶化问题得到有效的改善，达致社会秩序的稳定和谐与人际同构的秩序实现。⑤　如此看来，邻避设施多选址于社会经济弱势者地区，这是一种环境歧视的政策导向，是一种带有强烈主观行为的制度性歧视（institutional

---

① 颜添增、戴凡：《公众参与在公共治理中的角色与实际运用——来自"厦门 PX 事件"的启示》，《经济研究导刊》，2009 年总第 30 期。

② See Robert D. Bullard, *Dumping in Dixie：Race, Class, and Environmental Quality*, Boulder：Westview, 1990；Robert D. Bullard, *Confronting Environmental Racism：Voices from the Grassroots*, Boston：South End Press, 1993；Capek Stella M., "The Environmental Justice Frame：A Conceptual Discussion and an Application", *Social Problems*, Vol. 40, No. 1, 1993, pp. 5 – 24；Hofrichter Richard, *Toxic Struggles：The Theory and Practice of Environmental Justice*, Philadelphia：New Society Publishers, 1993；Bryant Bunyan, *Environmental Justice：Issues, Policies, and Solutions*, Washington, D. C. ：Island Press, 1995.

③ Robert D. Bullard, *Confronting Environmental Racism：Voices from the Grassroots*, Boston：South End Press, 1993；Robert D. Bullard, *Dumping in Dixie：Race, Class, and Environmental Quality*, Boulder：Westview Press, 1990, p. 3.

④ 钟丁茂、徐雪丽：《"生态殖民主义"VS 第三世界的"环境正义"》，《台湾人文生态研究》2008 年第 11 卷第 1 期。

⑤ 杜健勋：《环境正义：环境法学的范式转移》，《北方法学》2012 年第 6 期。

discrimination)。基于某些邻避设施的社会公益性,我们得考虑,这种不公平的社会与环境成本分配方式是否具有正当性,某一群体是否有义务承担借公益之名或其他较大社会群体产生的社会与环境成本。如果这样的回答是否定的,则对于邻避事件的性质就应当重新定位。

我国正处于社会转型过程中,这一转型以工业化、城市化、市场化为主要特征,对社会观念与社会意识形态构成巨大冲击,工业化经济发展与环境恶化之间具有一种持续的互动关系,这是中国邻避事件的社会大背景与中国环境问题具有特定的社会特征。① 有学者通过对英国废弃物管理政策的研究,得出结论为邻避事件不一定是以个人私利追求为结果的。② 而在污名化的标签下,邻避被视为社区居民只顾自身,而不考虑整体社会的自利行为。如果只聚焦于少数人的反对,而不观照社会结构与背景,无法植入普遍性的权利概念,也无法对于邻避事件作全面的梳理与解释。这样看来,基于公共机构与私人之间的信任与沟通在邻避风险产生与规避中发挥着重要的作用,邻避冲突"从无到有"的变化并不只是"利益—风险"分配不公的结果,政府信任和风险沟通在一定程度上影响其变化逻辑。③ 环境正义的革新与公民环保意识的增强相关,在公共话语空间不断扩大的影响下,邻避冲突便从小范围的分歧发展为大规模的抗议行为。

四 心理因素与风险认知差异

邻避风险的专业壁垒导致了专家与公众在风险认知与风险评估中的巨大差异。也就是说,公众的风险认知远比专家复杂,不能认为公众是无知的、非理性的和感情用事的,比起单纯的计算、统计、分析,人们更愿意相信经验的因果关系分析,对于邻避风险判断,"这是一个经验性的主观处理外在信息的过程,并非客观世界的镜像反映"④。即"公众对风险的

---

① 洪大用:《西方环境社会学研究》,《社会学研究》1999 年第 2 期。

② Masashi Y., Yuichiro Y., "Does the NIMBY Strategy Really Promote a Self-Interest?: Evidence from England's Waste Management Policy", *National Graduate Institute for Policy Studies*, No. 10, 2012, pp. 1-17.

③ 朱正威、王琼、吴佳:《邻避冲突的产生与演变逻辑探析》,《南京社会科学》2017 年第 3 期。

④ Torbjørn Rundmo, "Associations between Affect and Risk Perception", *Journal of Risk Research*, No. 2, 2002, pp. 119-135.

认知并不取决于现实中具体发生了什么，它与人们的记忆、情感等潜意识相关，反映的是现实事件的个人主观印象"[①]。"如果受众有着强烈的关切或者负面的印象，那么在给他们新的信息之前首先聆听，这是至关重要的。""人们除了想被告知实情之外，还想得到尊重。"[②] 因为"风险认知是所有参与者的信息、意见和价值互动的复杂过程，并需要利益主体间的相互尊重与信任"[③]。"只有当人们认为他们的关切受到重视，他们才愿意接受新信息或者其他观点。"[④] 公众对于决策与工商业集团的利益行为不信任是邻避产生的心理基础，环境污染、健康威胁、未来预期不确定、丧失对自己生活的控制能力等这种心理感受都会经由实在风险到感知风险的社会放大。也就是说，公众是基于个人主观价值来建构风险过程，并通过对于风险信息的沟通建立信任来维系对风险的界定和认知。一般将这种认知称为邻避情结，"邻避情结的产生不需要任何经济面、技术面、行政面的理性认识，仅仅是一种情绪性的反应"[⑤]。有论者认为当地民众感知到的邻避设施可能给本区域带来的利益和风险大小是影响其对邻避设施接受态度的主要原因。[⑥] 也就是说，如果民众认为邻避设施给当地带来的潜在风险高于潜在利益时，便会产生抵抗行为，反之，则会有较为温和的态度和行为。对于公众来说，邻避风险是一种心理感受，是一种通过以往的风险经验，感觉、联想的反应，与社会价值和文化相关，这不同于技术专家的风险评估，通过放大的邻避社会风险对于公众来说刺激不小，为邻避效应的发生提供了心理基础，进而加大了邻避事件发生的可能性。

　　基于这样的判断，公众对于邻避设施可能带来的环境与健康风险高度

---

① Claret, Twigger-Ross and Glynis M. Brea Kwell., "Relating Risk Experience, Venture Some Ness and Risk Perception", *Journal of Risk Research*, Vol. 2, No. 1, 1999, pp. 73-83.

② Fischhoff, B., "Risk Perception and Communication Unplugged: Twenty Years of Process", *Risk Analysis*, Vol. 15, No. 2, 1995, pp. 137-145.

③ 马奔、王昕程、卢慧梅：《当代中国邻避冲突治理的策略选择——基于对几起典型邻避冲突案例的分析》，《山东大学学报》（哲学社会科学版）2014 年第 3 期。

④ V. M. Bier, "On the State of the Art: Risk Communication to the Public", *Reliability Engineering and System Safety*, Vol. 71, 2001, pp. 139-150.

⑤ Vittes M. E., Pollock P. H., Lilie S. A., "Factors Contributing to NIMBY Attitude", *Waste management*, No. 2, 1993, pp. 125-129.

⑥ 朱正威、王琼、吴佳：《邻避冲突的产生与演变逻辑探析》，《南京社会科学》2017 年第 3 期。

敏感，因此，"宁可信其有，不可信其无"，在关乎污染的风险感知中，社会价值判断常常会超越科学理性判断。公众会将邻避风险放大，而政府会将公众的邻避反对放大，"每个人都有某种价值期望，而社会则有某种价值能力。当社会变迁导致社会的价值能力小于个人的价值期望时，人们就会产生相对剥夺感……"[1] 而且程序的不公正比结果本身更能激怒人们。[2] 焦虑等群体成员的心理特点以及成员之间的情绪感染和模仿会在短期内影响此类事件的发生和发展，"恐惧、公平、不信任以及对社区环境和资产价值的方面的担心是居民反抗行为的诱因"[3]，通过情绪感染和模仿，借助现代网络传媒，在情境、态度、社会价值、社会地位等相似的条件下，[4] 便有了集体行动。[5] 因此，风险认知伴随着风险交流的每个步骤，是一个动态的过程。具有差异性的个人的风险知识判断体系决定了人们的风险认知。[6] 因此，应当打破专家的风险话语垄断，不能通过艰涩的专业术语和复杂的数据来阻止公众的参与。[7]

由此可以看出，邻避事件产生的原因往往不只是单一的因素，常常牵涉其他相关的议题，是由多个因素影响的综合结果。[8] 经济科技理性独大和政经一体化的发展机制是最重要的影响因素。同时，公众对于政府及工商业集团的信任程度，对于邻避设施风险的了解，以及公众在事件中的情绪性反应等都是重要的因素性作用。另外，公众对于环境保护利益表达的

---

① 赵鼎新：《社会与政治运动讲义》，社会科学文献出版社 2006 年版，第 78 页。

② Van Zomeren, M., T. Postmes, and R. Spears, "Toward an Integrative Social Identity Model of Collective Action: A Quantitative Research Synthesis of Three Sociopsychological Perspectives", *Psychological Bulletin*, Vol. 134, 2008, pp. 504-535.

③ Morell D., "Siting and the politics of Equity", *Hazardous Waste*, Vol. 4, No. 1, 1984, pp. 555-571.

④ 董嘉明：《群体性事件社会心理机制探析及对策建议》，《决策咨询通讯》2008 年第 6 期。

⑤ Tarrow, Sidney G., *Power in Movement: Social Movement and Contentious Politics*, Cambridge: Cambridge University Press, 2011, pp. 22-28.

⑥ Misse Wester-Herber and Lars-Erik Warg, "Gender and Regional Differences in Risk Perception: Results from Implementing the SevesoII Directive in Sweden", *Journal of Risk Research*, Vol. 5, No. 1, 2002, pp. 69-81.

⑦ 杜健勋：《交流与协商：邻避风险治理的规范性选择》，《法学评论》2016 年第 1 期。

⑧ Kraft M. E., Clary B. B., "Citizen Participation and the NIMBY Syndrome: Public Response to Radioactive Waste Disposal", *The Western Political Quarterly*, 1991, pp. 299-328.

障碍，还包括政绩考核对地方政府的压力，还有地方环保部门的非独立性等。[1]

第四节　邻避风险的生成与风险链

当前对于邻避风险的形成机理与影响因素的研究，特别是对于邻避设施引发的社会稳定风险的演化逻辑缺乏系统化的研究。有研究将邻避风险归因于邻避设施实在风险，即由设施自身技术风险而引发的经济和环境风险，也有研究将邻避风险归因于公众的风险感知。[2] 还有研究认为公众的焦虑心理是邻避风险的重要原因，形成"焦虑心理产生和蔓延—风险行为促发与强化—社会稳定风险产生或扩散"循环链条。[3] 因邻避设施建造引发邻避风险，进而形成邻避抗争，这源于邻避设施自身的实在风险在社会群体中分配的不公平，更重要的是，利益群体对于风险的感知有不同的体认，在风险形态、风险规模、风险演化等方面建构社会认识。因此，邻避事件生成基于邻避设施的实在风险与感知风险，实在风险是随着邻避设施的选址而分配的，并且通过感知风险得以传播与强化，以此形成邻避的社会风险，这是一个邻避风险链的生成模型，即"实在风险—感知风险—邻避社会风险"的风险模型。邻避风险生成与演化规律的讨论能为邻避冲突及其演化提供新的解释论基础。

一　邻避设施实在风险：生产与分配

风险伴随着经济与财富的成长而产生，这是一种实在风险，是社会进步过程必然带来的负产品，邻避设施实在风险是研究邻避风险的逻辑起点。邻避设施因其工程与产品属性，排放污染物质是一种客观情形。这种客观的风险生产与所在地区民众发生实在关联，其中技术风险是决定性因素，通过技术风险进而形成环境风险和经济风险等。技术风险指"邻避

---

①　罗亚娟：《乡村工业污染中的环境抗争——东井村个案研究》，《学海》2010 年第 2 期。

②　陈晓正、胡象明：《重大工程项目社会稳定风险评估研究——基于社会预期的视角》，《北京航空航天大学学报》（社会科学版）2013 年第 2 期。

③　谭爽、胡象明：《邻避型社会稳定风险中风险认知的预测作用及其调控——以核电站为例》，《武汉大学学报》（哲学社会科学版）2013 年第 5 期。

设施建造与运行过程中因为技术的运用、转移和创新等过程中具有的或生发的风险"①。技术风险由邻避设施工程属性决定。

以垃圾焚烧厂邻避设施为例,垃圾焚烧本身是一个相对环保的垃圾处理方式。但是未经分类的城市固体垃圾焚烧会产生大量的戴奥辛和呋喃,生活垃圾中含大量的氯化钠、氯化钾等化学物质,而当这些垃圾中的有机物质在含有氯的环境下燃烧,就会产生二噁英。二噁英是一种无色无味的有毒物质,它很难被监测,也很难被分离出来,但却是一级致癌物。世界卫生组织将其列为"十二大危害物"的其中一种,它会导致生殖和发育问题、损害免疫系统、干扰激素、诱发癌症。这是一种实在风险,导致垃圾焚烧厂成了不受欢迎的邻避设施。很多垃圾焚烧厂宣称引进了国外的先进技术,但是在实在运行中不仅没有达到设计的运行标准,甚至还降低了标准,如通常的焚烧温度要求控制在850℃以上,可以有效地降低二噁英的产生,因为二噁英的产生温度一般在360℃—820℃。因此,如果焚烧炉内温度大于850℃并控制烟气在炉内停留2秒以上,就可以使二噁英得到有效的分解,这样的焚烧过程控制是合格焚烧厂的基础。广州李坑垃圾焚烧发电厂声称它们的锅炉温度高达979℃,能将二噁英完全消除。但《中国新闻周刊》的调查记者在这个焚烧厂的炉渣里看到了"残留的绳子、布条、红色塑料袋,甚至还有没烧尽的球鞋",证明锅炉温度连行业标准的850℃都没有达到。② 另外,垃圾焚烧后的灰烬包括垃圾燃烧殆尽后剩余的底灰与飞灰,每100吨垃圾会产生20吨的底灰和3吨的飞灰。灰烬本身也是有毒物质,在《国家危险废物名录》中,"编号HW18"指焚烧处置残渣,灰烬位于其中第一项。它除了含有二噁英,还有其他许多重金属和有毒物质,会对环境和周边居民造成极大的伤害。中国的许多垃圾焚烧厂为了节省成本,往往把灰烬随意处置。有些把它们和炉渣混合,倒入普通的生活垃圾填埋场,导致灰烬渗漏污染土壤和水源;有些把完全未经处理过的灰烬直接卖给建材公司,让它们做成砖块等建筑材料。还有,渗滤液是垃圾中渗透出来的液体,它在垃圾的整个焚烧过程中都在不断产生,并继续存在于焚烧结束后的残留物中。一些焚烧厂既不预先处理渗滤液,也不将其输送至污水处理厂,而是直接排出到附近的自然水域中,或

---

① 何江波:《论工程风险的原因及其规避机制》,《自然辩证法研究》2010年第2期。

② http://view.163.com/special/resound/incinerationinchina20160628.html,2017年1月3日。

者挖个大坑等渗滤液自己稀释到土壤里。这些做法都会严重污染土壤、地表水和地下水。

这种邻避设施的技术风险体现于对生态环境的影响和对社区生活的影响，即邻避设施技术风险表现为环境风险和经济风险。环境风险是指该设施造成的环境污染与生态损害，经济风险是指由于设施建造而给社区带来的房产贬值、社区声誉负评价等。

邻避设施的实在风险存在风险分配的问题，这也是环境正义的核心关怀。[①] 基于邻避事件的社会背景，环境正义的理论及经验性研究丰富。[②] 将废弃物丢弃在没有立即受害者或社会成本低的偏远地区是环境不正义的主要原因。"垃圾场选址环境风险分配在一定程度上，遵循着社会经济地位逻辑，农村和城市边缘区居民比城市居民承担更多的环境风险。"[③] 美国的研究业已发现，这是种族歧视的环境政策所致，是一种"制度性的种族歧视"，[④] 甚至有学者称这已构成一种"生态殖民主义"。[⑤] 即财富和风险向不同的方向分配，社会弱势族群与贫困人口常常不成比例地承担了社会的公共风险。而财富的拥有可以获得更多安全与豁免风险的权利，通过财富拥有形成经济权力，通过经济权力形成政治权力等话语权力主导，无论在关乎环境风险的政策制定中，还是在环境损害赔偿中都会获得优等的对待。多数研究业已证明，邻避设施多建造于弱势族

① 杜健勋：《环境正义：环境法学的范式转移》，《北方法学》2012 年第 6 期。

② 参见 Robert D. Bullard, *Dumping in Dixie：Race, Class, and Environmental Quality*, Boulder：Westview, 1990; Robert D. Bullard, *Confronting Environmental Racism：Voices from the Grassroots*, Boston：South End Press, 1993; Capek Stella M, "The Environmental Justice, Frame：A Conceptual Discussion and an Application", *Social Problems*, Vol. 40, No. 1, 1993, pp. 5 - 24; Hofrichter Richard, *Toxic Struggles：The Theory and Practice of Environmental Justice*, Philadelphia：New Society Publishers, 1993; Bryant Bunyan, *Environmental Justice：Issues, Policies, and Solutions*, Washington, D. C. ：Island Press, 1995.

③ 聂伟：《社会经济地位与环境风险分配——基于厦门垃圾处理的实证研究》，《中国地质大学学报》（社会科学版）2013 年第 4 期；龚文娟：《环境风险在人群中的社会空间分配》，《厦门大学学报》（哲学社会科学版）2014 年第 3 期。

④ Robert D. Bullard, *Confronting Environmental Racism：Voices from the Grassroots*, Boston：South End Press, 1993; Robert D. Bullard, *Dumping in Dixie：Race, Class, and Environmental Quality*, Boulder：Westview Press, 1990, p. 3.

⑤ 钟丁茂、徐雪丽：《"生态殖民主义" VS 第三世界的"环境正义"》，《台湾人文生态研究》2008 年第 11 卷第 1 期。

群与社区，环境风险是一种不公平的分配与承担。① 如果公众认为风险的分配是公平的，人们对于风险的接受与容忍程度将会更容易一些。这即是财富与风险的分配反向重叠性。弱势社区与族群拿起弱者的武器进行社会抗争就成了他们最后的选择。另外，由于对科学事实与社会价值的不同体认，对于风险有不同的定义与体现。实在风险具有不可计算性，也引发了分配的难题。② 在行政经济理性独大的发展思维下，将邻避风险的定义与评估交给科技专家，而科技专家以科技理性独断思维开展风险评估工作，即以科学计算进行风险的解释与说明。其结论往往是"可接受的水平""平均量以下"等，这使得风险被传统数学公式和方法论争执的魔术帽子变得不可见了。③ 在达成可持续发展的理想中，追求经济社会与环境的可持续协调发展，就需要摒弃因邻避设施建造而引发的环境不正义。环境不正义已经触及人性中最脆弱的部分，已经对人性构成严重的压抑与扭曲，人们不愿意在这样一个环境利益与风险分配不公平的社会中合作，最终会导致环境社会秩序的破裂。

二　邻避设施感知风险：社会建构

感知风险是指邻避设施的实在风险通过社会分配而使得设施所在地的社区或公众感受到的风险。有学者认为感知利益风险、感知案例风险、感知环境风险和感知声誉风险一起构成风险认知。④ 侧重邻避设施实在风险的评估、管控，忽视感知风险的研究是不明智的，也不能把握风险的演化

---

①　See US GAO（U. S. General Accounting Office），*Siting of Hazardous Waste Landfills and Their Correlation with Racial and Economic Status of Surrounding Communities*，Washington，D. C.，U. S. General Accounting Office，1983；Bullard，R.，*Dumping in Dixie：Race，Class，and Environmental Quality*，Boulder：Westview，1990；Bullard，R.，*Anatomy of Environmental Racism. In Toxic Struggles：The Theory and Practice of Environmental Justice. edited by richard Hofrichter*，Philadelphia：New Society Publishers，1993；Gedicks，et al.，"International Native Resistance to The New Resource Wars"，In *The Ecological Resistance Movements：The Global Emergence of Radical and Popular Environmentalism*，edited by Raymond Taylor，Albany：Suny Press，1995.

②　张铃：《工程的风险分配及其正义刍论》，《马克思主义与现实》2014 年第 2 期。

③　艾志强、沈元军：《风险与技术风险概念界定的关系研究》，《科技管理研究》2013 年第 12 期。

④　侯光辉、王元地：《邻避危机何以愈演愈烈——一个整合性归因模型》，《公共管理学报》2014 年第 3 期。

规律。"风险性是现代社会的普遍特征，风险不仅是客观实在的，也是人们从不同文化背景和特定场域出发建构的产物。"① 对于感知风险的研究是邻避风险治理的核心议题，形成了以斯洛维奇和舍贝里为代表的心理测量派，以道格拉斯和维达斯基为代表的文化学派。② 政府、媒体、专家等对公众感知风险的程度和规模有很大的影响。③ 在邻避风险的社会学意义上，风险是由社会建构的，以社会建构的视角来看，当代社会的风险是由社会文化和个体心理的相互作用与共同建构的结果，因为公众对于风险的察觉和认知程度增加了。④ 感知风险对于分析公众的邻避心理意义重大，同其他心理变量一起决定公众对于邻避设施的接受态度。⑤ 也就是说，公众是基于个人主观价值来建构风险过程，并通过对于风险信息的沟通建立信任来维系对风险的界定和认知。⑥ 具有差异性的个人的风险知识判断体系决定了人们的风险认知。汉尼根认为，环境风险要经由"环境主张的集成—环境主张的表达—竞争环境主张"的环境问题之社会建构过程。⑦ 因此，风险的社会性扮演着非常重要的角色，"虽然知识的争议是

---

① Beck，U.，*Risk Society：Towards a New Modernity*，London：Sage Publications，1992；Giddens，A.，*The Cousequences of Modernity*，Cambridge，UK：Polity，1990；Lash，S.，*Risk Culture，the Risk Society and Beyond：Critical Issues for Social Theory*，London：Sage Publications，2000.

② 刘泽照、朱正威：《公共管理视域下风险及治理研究图谱与主题脉系——基于国际 SSCI 的计量分析（1965—2013）》，《公共管理学报》2014 年第 3 期。

③ 谭爽、胡象明：《邻避型社会稳定风险中风险认知的预测作用及其调控——以核电站为例》，《武汉大学学报》（哲学社会科学版）2013 年第 5 期。

④ 刘岩：《"风险社会"三论及其应用价值》，《浙江社会科学》2009 年第 3 期。

⑤ Lober，D. J & Green，D. P.，"NIMBY or NIABY：A Logit Model of Opposition to Solid - Waste - disposal Facility Siting"，*Journal of Environmental Management*，Vol. 40，No. 1，1994，pp. 33-50；Lam，K. C. & Woo，L. Y.，"Public Perception of Locally Unwanted Facilities in Hong Kong：Implications for Conflict Resolution"，*Local Environment*，Vol. 14，No. 9，2009，pp. 851-869；胡象明、王锋：《一个新的社会稳定风险评估分析框架：风险感知的视角》，《中国行政管理》2014 年第 4 期。

⑥ See Misse Wester-Herber and Lars-Erik Warg，"Gender and Regional Differences in Risk Perception：Results from Implementing the SevesoII Directive in Sweden"，*Journal of Risk Research*，Vol. 5，No. 1，2002，pp. 69-81.

⑦ 参见［加］约翰·汉尼根《环境社会学》（第二版），洪大用等译，中国人民大学出版社 2009 年版，第 71—79 页。

科学不确定性的源头，但通常很快会转变成社会价值的争议"①。需要强调公众的风险感知，注意不同设施以及设施所在地区经济特征对引起的公众风险感知的差异。② 专家对邻避风险的科学解释无论多么专业，也不能和社会切割开来，必须将其置于整个社会结构与社会环境中来看待。公众的风险感知是和自身的处境、知识、经验与心理等密切相关的，是邻避设施实在风险的社会投影，是社会化的风险表达，这与邻避设施的实在风险有差异，甚至有很大的差异。所有的邻避事件都如出一辙，如厦门反对 PX 项目事件中，民众的风险感知如此表达："翔鹭集团合资企业已在海沧区动工投资（苯）项目，国际组织规定这类项目要在距离城市一百公里以外开发……我们厦门距此项目才十六公里啊！……"而与此同时，管理方与企业则尽量将邻避设施的风险塑造为微弱的，《厦门晚报》刊登署名为厦门市环保局负责人的《海沧 PX 项目已按国家法定程序批准在建》文章，该文就"海沧 PX 项目"回答了记者提问，长达数万字。文中强调了该项目是合法、经过环保审批的项目，对该项目的环保措施进行了叙述，并且把该项目与国外化工厂对比，试图说明厦门 PX 项目是环保的。如此鲜明的风险态度对照，更加深了公众与管理方之间的不信任。这也证明了"公众对行政信任度越高，环境安全感越高，支持群体事件的可能性就越低，社会中常发的风险事件降低了公众的风险感知和对技术的接受度"③。

通过社会建构的邻避风险感知与政府和设施建造企业密切相关，地方政府对于风险感知的影响贯穿于邻避事件的全过程，它通过调节抗议者内在心理机制影响危机走向。④ 设施所在社区公众对于设施的参与深刻影响着风险感知的程度。⑤ 通过实证研究可知，"关门主义"式的选址程序，

---

① See Schwarz, M. and Thompson, M., *Divided We Stand: Redefining Politics, Technology, and Social Choice*, Philadelphia: University of Pennsylvania Press, 1990.

② Schively, C., "Understanding the NIMBY and LULU phenomena, Reassessing Our Knowledge Base and Informing Future Research", *Journal of Planning Literature*, Vol. 21, No. 3, 2007, pp. 255-266.

③ 王凯民、檀榕基：《环境安全感、政府信任与风险治理——从"邻避效应"的角度分析》，《行政与法》2014 年第 2 期。

④ Hank, C., Carlol, L&Matthew, C., "Overcoming NIMBY: Partisanship, Ideology, and Change in Risk Perception", *Midwestern Political Science Association*, Vol. 23, No. 3, 2009, pp. 1-42.

⑤ 朱德米、平辉艳：《环境风险转变社会风险的演化机制及其应对》，《南京社会科学》2013 年第 7 期。

则严重加重公众的风险感知。[①] 公众真实地参与决策过程，程序公开、透明，这有助于消除疑问，弱化风险感知。在邻避危机发生后，政府的态度与行为对于邻避风险感知也至关重要，如果是基于治理思维与非管理思维进行危机应对，主动、积极沟通，资讯公开，充分地与公众协商、讨论，也会降低公众对于风险的焦虑与风险感知的程度。反之，被动、消极、封闭、鸵鸟式的应对策略，管理机制的缺失等，[②] 则会增加设施地民众的风险感知，并加剧管理方的信任危机，导致事态的进一步恶化。[③]

三 邻避社会风险评估及阻断

邻避风险链是由邻避设施实在风险引发设施所在地公众的感知风险，进而外化为社会风险的风险演化过程。实在风险来源于邻避设施的技术与工程属性，感知风险是实在风险的公众心理反应，而社会风险则是在一定场域和特定事件下实在风险与感知风险的社会表现，这是一个由客观到主观再到外化的发展逻辑，社会风险是最后的表现形式。

实证研究发现，邻避设施的建造基本是被公众偶然发现，基于对技术风险的恐惧而让感知风险迅速积累与无限放大，形成社会稳定风险。这一形成过程呈现出高度的复杂性和不稳定性，是各方利益博弈的结果。管理方、邻避设施建造企业与专家常常因为共同的政治经济利益，垄断社会资源，占据社会脉络核心，成为利益同盟，在"压缩式"的社会转型与现代化的发展逻辑下，[④] 行政决策中忽视民意与拒绝公众参与就是常有之事。当公众发现不受尊重、被欺骗，该设施极有可能带来环境与健康的严重风险时，在社会信任基础不在的背景下，风险的放大效应尤为明显，即风险传播过程中对于风险的描述、其规模与范围等都存在极速扩大的情形。特别是在邻避抗争发生之后，如果政府仍采取临时的应对之策，继续

---

① 娄胜华、姜姗姗：《"邻避事件"在澳门的兴起及其治理——以美沙酮服务站选址争议为个案》，《中国行政管理》2012 年第 4 期。

② 侯光辉、王元地：《邻避危机何以愈演愈烈——一个整合性归因模型》，《公共管理学报》2014 年第 3 期。

③ 刘德海：《群体性突发事件中政府机会主义行为的演化博弈分析》，《中国管理科学》2010 年第 2 期。

④ 包双叶：《社会转型、时空压缩与生态文明建设》，《华东师范大学学报》（哲学社会科学版）2014 年第 4 期。

通过信息隐匿来回避问题，公众遭遇类似的制度性壁垒之后，放大效应会诱发极为剧烈的非理性行为。

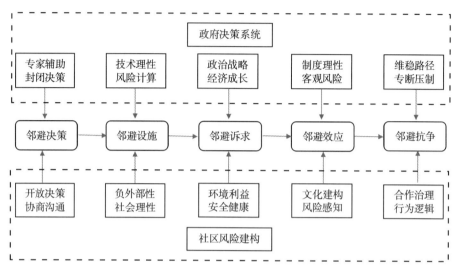

图 2-1　邻避风险演化与风险链生成

开发主义导向的价值理念催生邻避设施的建造，但对于地方居民来讲，环境安全与健康是基本关怀，邻避议题中各行动主体的利益争夺构成邻避风险的基本主题。邻避反对源于权力、资本对于社区公众的风险转移，叠加了"财富分配向风险分配转向"的社会表征。权力、资本以其强势社经地位向社区民众进行价值转化、利益剥夺和风险转移，地方居民有相对剥夺感，空间挤压和主观感知风险放大，不断叠加的结果促成邻避社会风险的发生。邻避风险链的提出及推理，初步厘清了邻避社会风险的演化轨迹和邻避设施各阶段的影响因素。封闭的行政决策、信息的隐匿与扭曲和刚性的管理策略是风险形成与扩大的主要因素。这为理解邻避风险与其治理提供一个基本的框架，邻避风险链揭示了邻避风险演化的全过程，能够为阻断风险提供理论前提与指导。风险阻断最重要的是把技术风险控制在社会可接受的范围内，将相关的信息公开透明，让利益攸关者参与决策与执行全过程，这样才能分散公众的风险感知，从而阻断邻避社会风险的形成。如此看来，风险交流与环境协商是邻避风险化解的最重要的制度与机制，加上法律体系的健全，行政执法与司法救济的完善有效，才能将邻避社会风险消弭于无形。

第三章　环境法权：邻避风险
治理的法理基础

我国近年多发的邻避冲突，反映了我国社会利益的多元化及利益冲突的激烈性，特别是社会民众出于自身环境与健康权益的关切而激发的权利意识的觉醒。经过 40 多年的改革开放，社会生产力得到了极大的释放，也正因此而形成了多元社会利益共存的格局。"多元利益主体的存在和多元利益意识的发育，造成了各种利益之间分庭抗礼的格局，并愈益趋向于采取公开博弈方式，以至于出现了诉诸公民集体行动的态势。"① 在社会利益多元、市场经济、民主政治与法治国家的框架下，这种以公民集体行动逻辑表现出来的邻避冲突本应是一种常态现象，彰显社会活力，是社会进步的表现。通过这种机制为社会主体利益表达与实现提供了一种通道，从而也拓展了利益实现的可能空间，也是社会公平正义实现的可行机制。基于环境利益之上的环境权力和环境权利结构对于规避邻避风险具有重要有启示意义与价值，环境权力与环境权利概括为环境法的法权结构，体现为公共机构与私人机构对于环境风险治理的合作与制衡，这是现代社会多元合作治理的基本制度基础。

2014 年 4 月 24 日修订通过的《环境保护法》规定，对于规划和建设项目应当依法进行环境影响评价，并设专章规定"信息公开和公众参与"。《环境影响评价法》规定，"鼓励有关单位、专家和公众以适当方式参与环境影响评价"。"编制机关应当认真考虑有关单位、专家和公众对环境影响报告书草案的意见"，同时，还规定了环境影响报告书的专家审查制度。可见，专家和公众参与已成为邻避设施建造前置程序的环境影响

---

① 许章润：《从政策博弈到立法博弈——关于当代中国立法民主化进程的省察》，《政治与法律》2008 年第 3 期。

评价的法定制度，在规范的意义上，邻避设施的环境影响评价不再是以环境行政主管部门、环评报告编制单位为代表的专家理性的封闭模式与场地，公众的偏好与利益诉求将有可能通过法定程序与制度通道进入环评报告，并最终影响邻避设施的建造决策，完成"环评决策模式从基于技术理性的专家型治理向融合技术理性与大众逻辑的混合型治理转变，实现附着其上的预期环境民主目标"①。"有经验证明，由下而上的参与决策过程和加强对话将有助于邻避冲突的化解。"② 但是，外部监督对环评的介入增大了邻避设施建造决策被否决的概率，而邻避设施无论对于管理方，还是建设单位来说都是政绩与利益的双重考量，因此，利益方很可能会寻求各种途径绕开公众参与。选择一种明显的方式——比如不进行环评，或是环评中没有公众的出现——在信息社会与对公权力约束渐严的今天是不明智的，一旦被揭露出来，付出的成本可能会很高，如此，环评义务单位可能会以更为隐蔽的方式让环评中的公众在事实上不出场。

第一节　邻避风险治理的三重困境

近年各种具有邻避性质设施的建设与全球气候变化、科技进步等带来的环境风险威胁，促使社会公众逐渐要求此类环境决策与行政程序的民主参与与交流。一方面基于经济与科技理性独大化的逻辑，"把自然与非人类生命当作环境资源，用工具性术语来进行解释，经济在榨取环境中增长，导致当下的生态危机"③。另一方面公众的风险感知对专家知识提出质疑，使得风险决策程序的正当性面临改革需求。在这两方面的影响之下，附之以公部门在管制能力上的不足与社会信任压力，传统的邻避风险治理思维与管制模式正遭遇前所未有的挑战，环境风险治理的困境对社会治理思维与治理方式的变革提出了新要求。

---

① 吴元元：《环境影响评价公众参与制度中的信息异化》，《学海》2007年第3期。
② Barry G. Rabe, *Beyond NIMBY: Hazardous Waste Siting in Canada and the United States*, Washington, D. C.: Brookings, 1994.
③ 王若宇、冯颜利：《从经济理性到生态理性：生态文明建设的理念创新》，《自然辩证法研究》2011年第7期。

一　社会分工、发展逻辑和信息异化

起源于重商主义与殖民主义思维的当代西方工业社会所形成的工业现代化是风险社会的根源。工业现代化进程中所蕴含的工具理性逻辑、开发主义意识形态在全球化经济竞争中更显恶化，使得风险规模与不确定性在今日远超出控制思维发展的工业革命时期，"资本的逻辑不仅导致了以国内和国家间严重经济不平等和财富集中为特点的经济不平衡发展，而且对环境造成了大规模破坏，这种破坏超过了现代以前全部人类历史对环境带来的破坏"①。此等资本与市场的权力也造成经济与科技理性独大化，令政治决策机制排除社会中理性多元的文化、伦理与生态等理性的评估。② 相较于西方发达国家，我国工业化进程在短短数十年内完成，生产要素的大量投入带动了资源能源的消费，③ 以致在经济发展与科技理性的驱动之下，政治、经济力量在社会决策体制上呈现独大化，而其他多元理性——诸如生态环境理性则处于被压抑的局面。强势的经济与科技理性进一步造成风险治理与沟通的困境，这就使得具有重大环境影响之项目建设的环评制度与程序不断受到扭曲与干涉。

具备环境风险特质的设施或土地使用，常会形成邻避设施，或地区性不受欢迎的土地使用。虽然专家或技术官僚认为这些建设项目或土地使用方式在技术与社会政策上没有问题，但却受到居民强烈反对或抗争。④ 这些环境风险设施除了具有可见性的环境污染或生态破坏外，还常常伴随着不可见的环境损害不确定性，即环境风险的形成，并由此而引发邻避反对。人身权和财产权是人的生存和发展所必需的基本需要和条件，邻避设施的运行可能会使周边民众的人身权和财产权受到损害，有论者指出，这是政府的"嵌入式决策"在寻求短期效果的同时阻碍了制度化治理的实

---

① 秦鹏：《环境公民身份：形成逻辑、理论意蕴与法治价值》，《法学评论》2012 年第3 期。

② 周桂田：《全球化下风险挑战下发展型国家之治理创新——以台湾地区公民知识监督决策为分析》，《政治与社会哲学评论》2013 年总第 44 期。

③ 林伯强、邹楚沅：《发展阶段变迁与中国环境政策选择》，《中国社会科学》2014 年第5 期。

④ 邱大昕、罗淑霞：《邻避与被邻避：身心障碍机构与设施抗争处理经验之研究》，《社会政策与社会工作学刊》2011 年第 1 期。

现，进而损害了公民对政府的信任，也即环境法律规则（环境影响评价、信息公开、公众参与）"悬置"于行政决策之外，政府权力运作的短期性和随意性，形成并日益强化"信权不信法"的认知。① 一旦科技与行政官僚或开发者没有与项目所在地区居民作好风险交流，附之对风险知识的理解与接受不同，并且基于社会价值的选择偏好，很容易导致邻避事件发生。邻避项目的建设引发了政府与公众的激烈对立与不信任，包括垃圾焚烧厂、垃圾掩埋厂、焚化厂、核电厂、输电线路、变电所、PX 等工业项目的建设等引发的邻避事件，显示我国环境风险治理正面临挑战。

邻避设施环评信息公开是环评义务单位的法定义务，修订的《环境保护法》设专章规定，凸显了信息公开的重要性。环评信息属于专业信息，即"具有自己独特的范畴、定义、方法，对其正确解码必须具备达致临界点的知识存量和相关参照系、共享程序较低"②。一般只限于特定群体掌握，具有非常浓厚的环境技术与专业色彩。针对土壤、大气、水等环境要素，需要综合水文、地理、生态、气象等，运用专门环评工具、专用的符号及环评指南进行抽样、分析、试验与预测，评估污染产生、扩散、转移等技术及事实问题。公众很难解码环评信息的关键内容，显然处于掌握环评信息的劣势。现代社会分工日益精细，"每个人知道越来越多关于越来越小的事情"③，机会成本增大使普通公众很难有足够的激励把日益稀缺的时间资源分配到对环评信息解码的学习中去。如此，环评信息发布方和信息接收方基于专业的差异决定了环评信息的不同真实。信息优势方，也就是环评义务单位可以通过专业术语，控制信息数量、质量与传播方向等。"通过信息的裁剪、筛选或包装，使拟议对象内含的环境风险得到难以为外部人所体察的巧妙屏蔽。"④ 比如通过"数字游戏"，故意模糊邻避风险致病率与死亡率；通过模拟技术，即在邻避设施规划图纸与沙

---

① 陈海嵩：《绿色发展中的环境法实施问题：基于 PX 事件的微观分析》，《中国法学》2016 年第 1 期。

② ［美］伯·霍尔茨纳：《知识社会学》，傅正元、蒋琦译，湖北人民出版社 1984 年版，第 29—35 页。

③ Becker, Gary S., and Kevin M. Murphy, "The Division of Labor, Coordination Costs and Knowledge", *Quarterly Journal of Economics*, Vol. 107, No. 4, 1992, pp. 1137–1160. 参见［德］韦伯《支配社会学》，康乐、简惠美译，广西师范大学出版社 2004 年版，第 114 页。

④ 吴元元：《环境影响评价公众参与制度中的信息异化》，《学海》2007 年第 3 期。

盘上"故意增加一些浮化的汽车和穿着讲究的人群，以此来表现一个富有魅力的外观，并利用太阳光和蓝天来突出视觉的清晰和舒适"等手法，"描述许多项目所精心设计且花费较高的透视图往往显示项目最大优点，而把它对周围的环境影响最小化"①。

环评信息真实、准确、及时是邻避设施获致各方理解的基本前提，在机会主义与信息成本差异化情形下，环评义务单位通过专家"采取一种微妙、狡猾的欺骗形式，机会主义是与信息不完全、披露的曲解有关，尤其是与误导、使人模糊或制造混乱等故意行为有关"②。包装在专业术语、公式推导、数量计算外衣下的邻避设施环评信息对处于信息劣势方的公众来说是极为不公平的，形成了环评中事实上的专家支配模式。问题是，专家并不是"以自身的专业活动只作为既定公共目的的实现手段存在，不以私人目的替换公共目的"，有学者认为："专家们或者被利益集团所雇佣而参与决策过程，成为'被管制者'用以'捕获'管制者的工具；也有可能被政府所雇佣，提供'政府定制的专家意见'，成为'论证政府所欲求的决策方案的工具'。"③在公众话语缺失，参与平台不够，有公信力的环保团体不甚发达，媒体监督乏力的社会现实下，专家极有可能会被环评义务单位"俘获"而失去本来应该运用知识具有的公共性，成为实现私利的代理人。④

在这种信息结构里的环评信息经常失灵，环评义务单位可以很便利地把邻避风险信息过滤掉，而只发布满足当前民众偏好的信息。在我国社会转型期，普通民众对于基本物品的需求远远超过较高层次的优良环境物品的需求。环评义务方可以借助信息优势地位发布邻避设施所承载的、可以满足基本物品偏好的维度，引导民众将注意焦点集中到对自身利益上来，

---

①　[美]伦纳德·奥托兰诺：《环境管理与影响评价》，郭怀成译，化学工业出版社2004年版，第423—424页。

②　Williamson，O. E.，*The Economic Institutions of Capitalism*，New York：Free Press，1985，p. 47.

③　王锡锌：《我国公共决策专家咨询制度的悖论及其克服——以〈美国联邦咨询委员会法〉为借鉴》，《法商研究》2007年第2期。

④　See James M. Landis，*The Administrative Process*，New Haven：Yale University Press，1938，p. 75.

形成信息异化。比如，邻避设施建造可以提供数千个乃至数万个就业岗位。① 通过说明邻避设施可能带来较大的商机等，在工作需求的推动下，公众很容易在情感和利益判断上不自觉地向信息发布方靠拢。以此弱化公众对邻避风险的警惕意识和甄别能力，有可能还会提高对邻避设施的认可程度，这将大大弱化公众价值正当性的考量。

二　知识鸿沟、风险感知与价值选择

面对越来越繁复的社会事务，政治家通常是掌握管制权的技术官僚，且通过专业治理掌控国家机器。基于不同的立场，政府及技术专家与民众对于风险有不同的理解，前者更多的是从制度的层面来定义，而后者更多的是从文化与社会结构层面来"建构"风险，也有学者把这两种风险认知模式归纳为"理性/规则"模式和"经验/直觉"模式。② 民众的经验/直觉风险感知是"基于时间和空间的联想与类比而发挥作用，通过相似的经历、联想、图像、情感等对风险的最糟糕情景进行认知，从而将环境中的不确定和威胁性因素转化成情感性的反应（恐慌、担心和害怕），并在情感性反应的支配下采取行动"③。因为"社会科学领域对风险认知和风险传播的大量研究是由外行人士和专家的风险评估之间的悬殊差别引起的。有关风险的争论往往是和公众对官方认为影响很小的风险的'过度反应'相联系的"④。我国发生的多起邻避事件显示，由于社会、文化与政治的因素，公众的风险感知普遍高于技术专家与公部门对于风险的定义。⑤ 针对邻避设施的风险，专家理性与公众逻辑可谓泾渭分明，分属不同的话语领地。专家受过系统的专业知识训练，这种专业知识是目标/工

---

① 代玉启：《群众工作思维与邻避型群体事件治理》，《学习时报》2013 年 5 月 27 日第 3 版。也可参见邱大昕、罗淑霞《邻避与被邻避：身心障碍机构与设施抗争处理经验之研究》，《社会政策与社会工作学刊》2011 年第 1 期。

② 参见戚建刚《风险认知模式及其行政法制之意蕴》，《法学研究》2009 年第 5 期。

③ 杨小敏、戚建刚：《风险最糟糕情景认知模式及行政法制之改革》，《法律科学》2012 年第 2 期。

④ ［英］汤姆·霍利克-琼斯等：《环境风险认知的社会动力学：对风险传播研究与实践的意义》，载［英］尼克·皮金等《风险的社会放大》，谭宏凯译，中国劳动社会保障出版社 2010 年版，第 240 页。

⑤ 黄杰、朱正威、赵巍：《风险感知、应对策略与冲突升级——一个群体性事件发生机理的解释框架及运用》，《复旦学报》（社会科学版）2015 年第 1 期。

具理性取向的，一般来说，工具理性与价值无涉，经由专家理性判断事实及技术问题。而公平正义的价值问题则应交由民主政治抉择，也就是通过大众逻辑来决定，因为价值问题并不像事实问题，更多的是个体的偏好或取向问题。[①]

有研究发现，邻避事件往往是民众在不了解邻避设施客观风险的情况下，在直觉上高估邻避设施的风险，并据此采取非理性的抗争行为。"其根源在于民众的自利心理的非理性行为。"[②] 但是这种邻避心理也在发生变化，"由无知的、非理性的主观感知向基于社会背景与生活经验的判断转变"[③]。同时，基于信息的缺乏，民众与专家之间对于风险认知差异巨大，如果对于风险的知识沟通不够的话，则易引发冲突与抗议行为。[④] 在环境风险决策过程中，对于环境风险评估，虽然应当以专业知识为基础，但技术专家有可能规避其不确定或不熟悉的模糊地带，且常常以服务地方政策为导向，"公共决策过程不可能是公共决策者在单纯的知识分析的基础上理性选择的过程"[⑤]。结果便掩盖了科学事实与社会价值分殊对于环境决策的影响，也掩盖了行政官僚为达特定政治目的而选择性利用科学与专家知识的可能性。

PX 项目、核电厂、核废料存储设施、大型化工（炼油）设施等这些具有重大环境影响的邻避设施都以其专业技术为支撑，对环境的影响也存在非常复杂的因果链条，其环评非经专业知识与专门机构不可为。环评报告书以专业知识反映邻避设施的基本情况与对环境的影响，这是事实与技术部分，应当以客观中立为旨归。但这种专家理性存在两方面的问题：一

---

① 在大众那里，价值总是和事实紧密联系，他们不仅追求形式合理性，也追求实质合理性。而专家也有自身的价值体系，其工具理性的工作恰恰要求专家在行政管制事务中排除自身的价值倾向。参见王锡锌、章永乐《专家、大众与知识的运用——行政规则制定过程的一个分析框架》，《中国社会科学》2003 年第 3 期。

② Hunter S., Leyden K. M.,"Beyond NIMBY", *Policy studies journal*, Vol. 23, No. 4, 1995, pp. 601-619.

③ Durant J.,"Participatory Technology Assessment and the Democratic Model of the Public Understanding of Science", *Science and Public Policy*, Vol. 26, No. 5, 1999, pp. 313-319.

④ Rowe G., Wright G.,"Differences in Expert and Lay Judgments of Risk：Myth or Reality?", *Risk Analysis*, Vol. 21, No. 2, 2001, pp. 341-356.

⑤ 汪劲：《中外环境影响评价制度比较研究——环境与开发决策的正当法律程序》，北京大学出版社 2006 年版，第 399 页。

方面，专家对邻避风险的认知是一种有意识的控制和计划活动，即"专家通过运用规范的定量分析方法来判断风险的发生与影响程度，它以规则为基础，认为邻避设施对环境的影响是可以计算的，可以预测的，并且是可以补偿的，这种专家理性依据规则事实评价风险，排斥风险评价中的价值考量"①；另一方面，专家以邻避设施可能造成的死亡人数来测量邻避设施的环境风险，即"通过分析计算，推导出事件发生可能造成的死亡人数再乘以事件发生的概率来测定邻避设施可能造成的环境问题的严重程度"②，这是一种概率化的计算方法，风险发生的可能性越高，并且发生之后能够用金钱衡量的损失越大，则风险越高，③ "死亡是判断风险严重程度的唯一尺度"④，而将风险事件发生地人的社会因素一概排外。

在这种体制背景下，大型开发建设项目的环境决策中，政府和企业就会不断利用科技理性与专家知识打压地方民众的反对力量，并将其反对行为指控为不理性的。在诸多邻避事件中，我们可以看到宣传为"最现代化的工厂""最先进的技术"，其污染可以运用最新的科学技术与设备来防治等。然而，此种思维所包装的科学中立，实践中已不被民众所接受，对于环境、健康与安全的风险感知增加了当地民众的焦虑，导致了强烈的反对情绪和冲突，⑤ 在当前的邻避抗议处置过程中，地方政府往往试图展现"科技理性"以说服民众接受邻避设施与获得认同感，但殊不知，这种忽略利益与忽略感知认识的行为会加深受影响民众的不公平感。邻避事件清晰地反映了借由专家知识所形成的环境决策困境。诸多个案凸显了专家政治与科学理性的霸权，以及公民身份受到压抑的问题，这些地方行动以捍卫公民权利与追求美好生活为旨归，正在挑战既有治理模式与决策的正当性。

民众对于环境风险从隐忍到爆发社会行动的转变历程，事实上也是民

---

① 戚建刚：《风险认知模式及其行政法制之意蕴》，《法学研究》2009 年第 5 期。

② Richard H. Pildes & Cass R. Sunstein, "Reinventing the Regulatory State", *U. Chi. I. Rev.*, Vol. 62, 1995, pp. 1-49.

③ Von Neumann J, Morgenstern O., *Theory of Games and Economic Behavior*, Princeton: Princeton University Press, 1947, pp. 1-50.

④ Clayton P. Gillette & James E. Krier, "Risk, Courts, and Agencies", *U. Pa. L. Rev.*, Vol. 138, 1990, pp. 1027-1072.

⑤ 王娟、胡志强：《专家与公众的风险感知差异》，《自然辩证法研究》2014 年第 1 期。

众风险自觉的历程，科学知识不再被视为客观事实，而是可以内含主观价值的论述。民众的反抗意识不再局限于直接的受害经验，多起邻避事件都是对尚未兴建的建设项目进行反抗，通过知识与草根力量的结合，民众对政府与专家权威的质疑不再仅仅建立在个人直接的身体受害经验上，而是将风险感知的时间点往前推移，① 关注未来建设项目对其居住环境、财产与健康等权益的影响。基于环境风险的国家任务，反映在环境立法上，以命令控制为主要形式的管制与经济诱因是最主要的方式，鲜有程序方面的规定，对民主参与与信息公开的规定非常笼统。② 我国环境立法进程很快，于 2014 年修订了《环境保护法》，2015 年修订了《大气污染防治法》，然而，与环境有关的邻避事件仍然呈增长态势。非常明显地，政府对于环保所持有的管制态度是一种技术官僚的环境风险治理路线，相信科学与法律可以取代参与。然而民众对专家威权与风险感知有不同的体认，并要求在决策上进行更广泛的风险交流，信息公开，参与决策，但有关部门却未能有效地回应社会需求。③ 环境风险治理范式转换的迟缓，形塑了国家与社会部门之间高度的紧张与互不信任的关系，这需要改变管制与治理思维来解决。

"政策制定过程中各种利益集团的相互影响和相互作用，决定了公共决策过程不可能是公共决策者在单纯的知识分析的基础上理性选择的过程。"④ 专家基于各自的专业背景以及学术训练，必然存在特定的世界观以及由于专业训练所必然存在的偏见，因此没有一个科学家是绝对科技中立的，他们的利益及价值必然影响到他们的科学判断。⑤ 而在公众眼里，邻避风险不是冷冰冰的数字与科学符号，它是与自身紧密相连的社会因素。一方面，对于邻避风险认知，公众关心邻避设施建造是否经过合法正

---

① 唐瑭、王曦：《法律规范主义视角下政府与公民理性互动范式的选择——以上海松江垃圾焚烧事件为例》，《清华法治论衡》2013 年第 3 期。

② 杜健勋：《交流与协商：邻避风险治理的规范性选择》，《法学评论》2016 年第 1 期。

③ 魏娜、韩芳：《邻避冲突中的新公民参与：基于框架建构的过程》，《浙江大学学报》（人文社会科学版）2015 年第 4 期。

④ 汪劲：《中外环境影响评价制度比较研究——环境与开发决策的正当法律程序》，北京大学出版社 2006 年版，第 399 页。

⑤ 参见陈俊宏《永续发展与民主：审议式民主理论初探》，《东吴政治学报》1998 年第 9 期。

当程序，受邻避风险影响群体是否有自愿同意，邻避风险分配是否公平正义等。① 这些往往基于经验和直觉，② "通过相似的经历、联想、图像、情感等进行风险认知，将邻避风险的不确定性和威胁转变为焦急等情感反应"③。另一方面，对于邻避风险评价，孙斯坦认为，可得性启发影响人们对于风险事件的判断，即对具有显著效应的风险特别敏感，"如果人们能在脑海中设想出'更坏的情况'，他们就可能十分警觉，对风险概率的理性估计将会被恐慌所排斥"④。因为情绪扮演了重要的角色，"就公众风险的感知或判断的依据来说，相比较于'真实'的伤害或危害，他们更看重这些'愤怒因子'，即对公众来说，风险＝危害＋愤怒"⑤。这可能导致在公众的价值判断视野内，会以正当性覆盖科学理性，更主要的是，对于公众来说，邻避设施环评的专业知识很难理解，不要说一般民众，即使环评专业之外的科学人士也不一定能搞清楚这些"复杂的图表、抽象的数字与晦涩的术语"，他们不可能通过演绎式的思维方式推知未来的事实变化。⑥

美国最高法院布雷耶大法官认为，基于专家和公众在价值偏好、风险

---

① Stephen Breyer, *Breaking the Vicious Circle: Toward Effective Risk Regulation*, Cambridge: Harvard Press, 1993, pp. 23–28.

② S. Epstein, "Integration of the Cognitive and the Psychodynamic Unconscious", *Psychologist*, Vol. 49, 1994, pp. 709–724.

③ See G. F. Loewenstein, E. U. Weber, C. K. Hsee & E. Welch, "Risk as Feelings", *Psychological Bulletin*, Vol. 127, 2001, pp. 267–286.

④ ［美］凯斯·R. 孙斯坦：《风险与理性——安全、法律及环境》，师帅译，中国政法大学出版社 2005 年版，第 41 页。

⑤ Vincent Covello, Peter M. Sandman, "Risk communication: Evolution and Revolution", in Anthony Wolbarst (ed.), *Solutions to an Environment in Peril*, Baltimore: John Hopkins University Press, 2001, pp. 164–178.

⑥ 因此，在许多生态学者看来，应用正确的科技方式并赋予其权力，较之讨论是否应该赋予公民参与的权利来得重要。参见陈俊宏《永续发展与民主：审议式民主理论初探》，《东吴政治学报》1998 年第 9 期。同时，有学者认为，"知识差距、预设前提、进行类比与猜测等，给规制机构科学地确定议事日程造成了困难，风险决策也带有较大的主观性"。参见杨小敏、戚建刚《风险规制与专家理性——评布雷耶的"粉碎邪恶循环：面向有效率的风险规制"》，《现代法学》2009 年第 6 期。正是基于此认识，有人认为："保护公众的健康和环境，但是无论如何不能让他们参与风险政策制定，因为他们只会把事情搞砸。"参见 Vincent Covello, Peter M. Sandman, "Risk communication: Evolution and Revolution", in Anthony Wolbarst (ed.), *Solutions to an Environment in Peril*, Baltimore: John Hopkins University Press, 2001, pp. 164–178。

认知与风险评价方面的不同，即"固定思维""对数字的不一致理解"等，这种差异是无法通过科学的方法来弥补的。① 专家理性导致专家专制，大众逻辑带来科学理性不足，这是否意味着在事实判断领域是专家独有的，在价值判断领域是公众的自有田，互不介入，事实与价值分开，就可以化解冲突，在符合合法性的基础上也保持足够的正当性。然而，过往的邻避风险经验一再证明，事实判断和价值判断不是泾渭分明的，是不能截然分开的。因此，民众参与与程序落实成了环境风险治理获得社会信赖的关键，甚至成为我国环境法律系统逐渐从实体规范推进至重视程序理性的应然性与必要性因素。

三 管制、信任合作与代议制民主

传统环境风险管制模式所重视的是上对下关系，可能会造成信息无法有效流通，管制者与被管制者间会形成互不信任及冲突的关系。② 这种管制模式无法有效应对环境风险问题。首先，信息扭曲与隐匿问题。当代社会面对的是信息的大量化与分殊化，公共部门对于专业的信息掌握有限，私人却保有极多的知识与信息，在环境风险的治理上，需要大量信息来掌握当前所面对的情况，在信息掌握不足的情况下，会让使用传统管制模式的管制者花费更多成本来了解、掌握并运用信息，因为"公众的信息拥有程度，在很大程度上将决定他们的话语权和言说的能力，而言说的能力又决定了参与者通过交流而采取集体行动的能力。在这个意义上，信息就是权力"③。而我国"环境领域的风险交流并未得到自觉的体系化、制度化，其更多地定位于单向的、行政中心主义的环境信息公开"④。这更可能进一步加深了管制者与被管制者间的敌对性，并可能因此产生恶性循环，让管制目的无法达成。同时，环境管制中存在信息被刻意隐匿的情形，以环境影响评价报告书为例，现行制度将环评影响评价报告书交由项

---

① Stephen Breyer, *Breaking the Vicious Circle：Toward Effective Risk Regulation*, Cambridge：Harvard Press, 1993.

② Orly Lobel, "The Renew Deal：The Fall of Regulation and the Rise of Governance in Contemporary Legal Thought", *Minn. L. Rev.*, Vol. 342, 2004, pp. 376-377.

③ 参见王锡锌《公众参与和行政过程——一个理念和制度分析的框架》，中国民主法制出版社 2007 年版，第 245 页。

④ 沈岿：《风险交流的软法构建》，《清华法学》2015 年第 6 期。

目建设单位执行，环评报告书的制作单位会明显倾向于项目建设单位的利益。因此，环评报告书对于关键信息会有所隐匿，形成知识与信息不对等，对一般民众造成对话障碍。①

其次，规制环境风险的过程中，行政系统必须在保护社会大众健康、风险成本考量与经济社会发展之间进行衡量，是具有高度复杂与多元的敏感问题。在决策压力之下，行政系统为取得妥协，经常进行科学与政治统合决策，即一方面宣称其是基于科技理性进行决策而具有绝对的客观有效，另一方面，却能迎合某种政策或政治目的。但是，涉及不同价值的科学事务评估决策，镶嵌在主流的科学范式或社会价值上，而科学范式是可以被否证或发生范式转移的，社会价值也会发生变迁与冲突。"如果说重大环境决策环境影响评价还是遵循着科学进路，基于环境影响评价结果的决策则主要是一种价值判断和政治决策。"② 因此，环境风险的传统管制模式事实上已经受双重价值层次的影响，在认识论上不能全然宣称其是科学的与不容置疑的，如果决策一旦稍有偏失，即面临正当性的挑战。

最后，现行具有重大环境影响项目建设决策程序缺乏良好的公众参与机制。公众参与多流于形式，听证会、沟通会等形式上的参与机制多沦为项目建设单位的政策说明会，全面审慎评估的信息付之阙如，缺乏持不同立场利害关系人对话沟通的平台，"若能借由良好的听证程序设计，将可减少过多的冲突并强化整体评估的完整性及专业度"③。从相当多的实证来看，一方面是环评执行中具有高通过率的环评设计，另一方面是低民众参与以及信息异化的情况。参与不足使得社区民众通常认为其利益被"剥夺"，如果民众认为邻避设施剥夺其利益，这种力量便会以愤怒的形式表现出来，进而使得冲突一方倾向于采取争斗行动。④

公共政策要获得正当性，其价值选择就应立足于公共常识之上。影响

---

① 朱谦：《抗争中的环境信息应该及时公开——评厦门 PX 项目与城市总体规划环评》，《法学》2008 年第 1 期。

② 王超锋、朱谦：《重大环境决策社会风险及其评估制度构建》，《哈尔滨工业大学学报》（社会科学版）2015 年第 6 期。

③ 杜文苓：《环评决策中公民参与的省思：以中科三期开发案争议为例》，《公共行政学报》2010 年第 35 期。

④ ［美］狄恩·普鲁特、金盛熙：《社会冲突》，王凡妹译，人民邮电出版社 2013 年版，第25 页。

人数众多和面积大的邻避设施建造也只有在获得当地民众支持的基础上才能破土动工，然而，"不发达地区竞相开展的招商引资竞赛中，地方政府官员为应对招商指标考核，常常以简化环评、力保通过作为吸引资本的承诺"①，甚至"开辟绿色通道……环保评估等手续……特事先办、急事快办、易事即办"②。背离公众常识，公众价值不彰，没有共识基础，风险社会下这些公共决策的正当性无疑是有疑问的。邻避风险中，社区民众的态度非常复杂，或者说，当民众失去对管理方的信任时，民众往往会相信管理方会从邻避设施中获取巨大利益，而自身利益无从保障且承受潜在的巨大风险。因此，"信任是弥合社区民众和地方政府对于邻避设施认知的差异与治理邻避风险的关键因素"③。

在西方邻避事件的早期，有学者认为："环境危机是如此灾难性的，以至于没有人可以合理地期待自愿地接受各种应对它的措施，因而只有强权的政府（甚至权威性的政府）将会迫使其这样做。"④ 在环境灾难和生态危机面前，任何个人都是极其渺小的，只有借助权威的力量来协调多元利益冲突，在多元利益主体之间寻求平衡与一致行动。基于政治生态主义的立场，绿色健康型的生活方式和价值多元的民主理念之间始终存有紧张关系。因此，"民主政治不是风险治理的理想制度安排……不是通过改造现有的民主政治模式，而是通过彻底抛弃民主本身，来实现风险社会条件下有效的国家治理"⑤。更进一步说，邻避风险在一定意义上损坏了代议制民主政治有效运作的基石。首先，邻避风险打破了以专家（知识）为决策基础的代议制民主根基。邻避风险的高风险性、不可预测性、严重后果的时间滞后性、因果链条的难以证明性等，都给专家提出了新的挑战，专家的知识垄断被打破，专家的权威被质疑，专家和公众之间的信任基础

---

① 贺雪峰：《新乡土中国——转型期乡村社会调查笔记》，广西师范大学出版社 2003 年版，第 193—195 页。

② 万江：《中国的地方法治建设竞争》，《中外法学》2013 年第 4 期。

③ 李小敏、胡象明：《邻避现象原因新析：风险认知与公众信任的视角》，《中国行政管理》2015 年第 3 期。

④ ［英］安德鲁·多布森：《绿色政治思想》，郇庆治译，山东大学出版社 2005 年版，第154—155 页。

⑤ 唐皇凤：《风险治理与民主：西方民主理论的新视阈》，《武汉大学学报》（哲学社会科学版）2009 年第 5 期。

受到侵蚀，即"科学对理性的垄断被打破了"①。风险社会中人人都需要学习新知识来保护自己，"所有人都必须是参与者和受影响的当事人，且同样都可以为自己负责"②。其次，邻避风险对代议制民主运作的责任机制构成挑战。由于个人抵御风险的能力弱小，当风险来临时，需要获得来自权威主管机构的帮助，这些机构对风险造成的损害负有管理上的责任，但问题是，在风险面前，权威主管机构可能会推脱责任，即"有组织地不负责任——各种公司、政策制定者和专家组成联盟制造了当代社会的风险，然后又建立一套话语来推卸责任"③ ——以至于在这个脱轨的世界里没有人对风险负责。④ 最后，代议制民主在面对代际正义问题的风险时遭遇了难题。代议制民主只处理当前人类的社会问题，不能延及后代。要推展可持续发展，必须拓展代议制民主运作的政治与法律框架，推动民主政治模式的根本转型。

有学者认为，代议制民主"更多地关注促进个人自由，而不是保障公平正义，增进利益而不是发现善，将人们安全地隔离开来，而不是使他们富有成效地聚合在一起，其结果就是，它可以强有力地抵制针对个人的任何侵犯——对个人的隐私、财产、利益和权利的侵犯，但是，它却无法有效地抵御针对共同体、正义、公民性以及社会合作的侵犯"⑤。并因此认为，代议制民主是一种"弱势民主"，"既不承认参与的乐趣也不认同公民交往的友谊，既不承认持续政治行为中的自主与自我管理，也不认可可以扩大公民彼此间共享的公共善——共同协商、抉择和行动"⑥。因此，代议制民主下的邻避风险治理，缺乏信任合作的基础，本该体现哈贝马斯所谓的"沟通理性"，实现利益相关方交流、合作、

---

① ［德］乌尔里希·贝克：《风险社会》，何博闻译，译林出版社 2004 年版，第 28—29 页。

② ［德］乌尔里希·贝克、［英］安东尼·吉登斯等：《自反性现代化——现代社会秩序中的政治、传统与美学》，赵文书译，商务印书馆 2001 年版，第 14—16 页。

③ ［德］乌尔里希·贝克：《世界风险社会》，吴英姿、孙淑敏译，南京大学出版社 2004 年版，第 191 页。

④ ［德］乌尔里希·贝克等：《自由与资本主义》，路国林译，浙江人民出版社 2001 年版，第 143 页。

⑤ ［美］本杰明·巴伯：《强势民主》，彭斌、吴润洲译，吉林人民出版社 2006 年版，第 5 页。

⑥ ［美］本杰明·巴伯：《强势民主》，彭斌、吴润洲译，吉林人民出版社 2006 年版，第 26 页。

论证、共享环评信息的民主参与程序，却沦落为环评义务单位为完成法定程序的形式化行为。

因此，可以看出：一方面基于社会大众对于风险感知与意义上的重要变化，产生了环境决策上的民主参与以及风险交流的社会需求，这是环评制度承载的最重要功能；另一方面，在政治、经济与科技理性独大的社会格局中，相对弱势的公民没有充分、多元理性的环境决策参与与沟通的场域，这扭曲、弱化了环评制度的制度承载功能。表面上建立在技术理性基础上的决策与治理，事实上却是以经济发展为优先的风险管制策略，隐匿信息、管制松懈，这是一种长期形成的风险管制文化，终会因问题累积而爆发严重的社会冲突，邻避事件即是其表现之一。此类风险管制文化中的政府与社会的结构性治理困境，盖因技术官僚形成的专家政治很难被信任，同时，扭曲、隐匿风险已造成严重的信息与知识落差，由此产生公众对风险的未知与无知而延伸恐慌，"有时一个组织、团体、甚至是整个社会对极端事件的风险都会产生恐慌性认知，从而形成一种集体恐慌症"①。这也弱化了环境社会组织行动的能力——充分掌握相关问题的风险知识，当社会运动镶嵌于此种无知的状态，它就注定处于弱势的地位，而唯一的出口，是将风险问题社会化与政治化，通过公开的、透明的辩论、协商，让公共领域来化解因知识与信息严重落差和传统迟滞风险管制文化所形成的治理困境。

第二节　邻避风险治理的法律回应

法治是现代社会的基本价值与追求，"在现代国家，法治是国家治理的基本方式，是国家治理现代化的重要标志，国家治理法治化是国家治理现代化的必由之路"②。法治社会要求在宪法法律的框架下进行社会治理。"建设法治社会是法治建设的夯基固本，是破解法治瓶颈的有效路径，是对人情社会的反思重构和对公共理性的培育与提升，有助于弥合转型中国的社会共识。"③ 随着社会发展与社会新问题的产生，法律作为社会规制

---

① 戚建刚：《极端事件的风险恐慌及对行政法制之意蕴》，《中国法学》2010 年第 2 期。

② 张文显：《法治与国家治理现代化》，《中国法学》2014 年第 4 期。

③ 江必新、王红霞：《法治社会建设论纲》，《中国社会科学》2014 年第 1 期。

与调整的制度体系，也在不断地适应社会的变化与发展新的功能，这也是法律进化的重要标志，并通过法律的不断进化推动社会问题的解决，这便是回应型法的肇端，"回应各种社会需要和愿望的一种便利工具的法律"①。压制型法在于通过强制性的控制力量维护权威的统治，自治型法采用规则模型，服从实在法的规则，进而控制压制，而回应型法则要求对社会环境中的各种变化作出积极的回应。这是在整合压制型法和自治型法积极功能的基础上，回应社会对法律的需求，并力争妥善处理与政治的关系。回应型法试图缓解压制型法和自治型法在法律的完整性和开放性之间的紧张关系，鼓励对社会公共秩序采取以问题为中心，综合社会治理的态度，直接结果是推动了对社会危机的整体解决方案，扩大了法律参与和政治参与，在考虑社会利益的基础上重新达成新的秩序。② 回应型法把法治理解为一种制度体系，并且以法治框架审视已有社会发展模式和制度的能力和缺点，根据社会发展需要进行制度调整安排，消解政治冲突，重构社会关系。社会压力对于回应型法来说是自我矫正的机会，回应型法具有一种负责任的、有选择的适应能力，在应对社会问题的同时也不断促进自身的改革完善，进而在参与社会转型并重整社会秩序的过程中树立起法律的权威。

罗尔斯认为，政治哲学的使命是为人类建立一个正义的社会秩序基础，并处理社会各行动主体在合作治理过程中的各种利益分歧。而正义的社会秩序就是决定什么样的利益分配是合理的，社会中的什么因素与利益分配有关。因为如果没有社会正义，就不会有社会效率、稳定以及持续的社会合作。社会正义是组织与秩序良好的社会的必要构成部分，正义的社会秩序依赖一套共识性的正义原则来处理社会利益与社会负担的分配问题，这些都需要公民政治文化的基础性作用。在这样的前提下，公民的自由或权利是尤为重要的善的品质。权力与权利的配置和制衡能够缩小人们在政治、道德等观点上的分歧，为价值、利益与观念多元的人们建立一种

---

① ［美］诺内特、塞尔兹尼克：《转变中的法律与社会：迈向回应型法》，张志铭译，中国政法大学出版社 2002 年版，第 16 页。

② 董正爱：《社会转型发展中生态秩序的法律构造：基于利益博弈与工具理性的结构分析与反思》，《法学评论》2012 年第 5 期。

互惠的、持续的合作提供哲学基础。① 而这一切都要通过法治的框架来实现，从压制型法到自治型法，再到回应型法无不是为了这样的社会秩序与社会目的服务，无不是为了追求社会正义的实现。

回应型法诊断社会问题，通过调整既有的社会治理制度和方略，推动社会问题在法治框架内得到合理的解决，满足社会对法律的需求，这是基于构建法治社会的理念和对社会现实审视的结果，回应型法是社会调整和社会开放的能动力量。因此，以解决社会问题为己任的回应型法带有明确的"目的性"，关注规则和政策的内在或潜在价值，推动社会治理制度的改革完善。回应型法对于解决法律和权威面临的危机是一个理性的选择，因为回应型法把社会压力理解为认识的来源和自我矫正的机会，采用多元化的方式解决社会问题，这就意味着把法律仅仅视为社会治理的重要手段之一。同时，回应型法以解决社会需求为根本宗旨，积极调整法律与社会关系，努力增进社会协商，充分凝聚社会共识，推动社会治理制度的发展和完善。回应型法是针对特定社会问题而来，问题意识的形生，本身就是特定知识/权力的操作，有学者指出，公共政策大多被设定为解决问题，而建构社会问题的核心在于，权力的声明、谁在说，以及声明的过程。将其运用到环境问题之上，可以发现，环境问题聚合了哲学、意识形态、科学知识以及政策结论等。包括：（1）科学权威及其主张的有效性；（2）某位具公信力的人物为科学与环境主义背书；（3）媒体注意到此新兴议题的重要性；（4）该问题象征性地或直接发生戏剧性变化；（5）采取正面行动的经济动机；（6）在制度运作中，能够保证政策合法性持续性的提案人出现。②

随着风险社会的来临，环境风险治理成为新课题，这是包括法律、公共机构、社会等使权力具体化的决策过程，且以整合的方式，通过广泛的行动者和利害关系人处理各种环境事务。在经济与科技理性独大和公众风险感知对专家知识提出质疑之后，信息扭曲、隐匿和程序参与及正当性不足正成为传统环境风险管制的最大挑战。在力量极度不均衡、公共决策自觉或不自觉逃避责任的情况下，邻避风险治理容易陷入无解难题。但是，

---

① ［美］罗尔斯：《作为公平的正义：正义新论》，姚大志译，上海三联书店 2002 年版，第 8 页。

② Frank Fischer, *Reframing Public Policy*, Oxford: Oxford University Press, 2003, p. 54.

很多邻避设施是社会必需的，必须要建在某家后院，如果缺乏有效的利益博弈和共识形成系统，则会形成"以邻为壑"的情形，社会和谐和科学发展则无从谈起。20世纪末欧美的邻避事件在很大程度上推动了法治、政府管理和公民参与水平的不断提高，在我国台湾地区，邻避事件甚至促成了范围更广的社会重建运动，并且推动了《环境影响评估法》的出台。政府理性往往是民众理性的前提，在法律规定的基础上就项目细节及时准确地告知居民，并通过听证会收集公众意见，践行环境协商，可将邻避事件消灭在议事厅之内。目前我国民众在环境抗议过程中有时偏离理性和建设性，正是因为从一开始信息就不透明，无法形成科学理性的认识。同时在环境影响评价中信息不公开，不透明、受影响最大的民众没有任何发言权，利益补偿上没有任何代言人，这些因素都影响到环境抗争的理性程度。风险社会时代的环境风险规制具有更多的不可知性和更大的危害性，压制型法和自治型法的规制模式不能有效回应增长的环境风险，回应型环境风险法律规制是一种反思性的环境法律治理路径。现代治理理论认为，治理反映了人们希望在无须政治强制的条件下达成共识和一致行动的愿望，然而，权力的分配总是存有各种不确定性因素。福山指出，如果不能清楚地区分国家职能范围的最小化和国家政权强度的最大化，"在缩减国家职能范围的进程中，它们一方面削弱国家力量的强度，另一方面又产生出对另一类国家力量的需要，而这些力量过去不是很弱就是并不存在"[①]。这意味着，现代治理并不是对政治权力的全线削弱与收缩，只是对权力结构的调整，以适应各方力量的此消彼长，并且保证在权力总量上维持不同性质权力的均衡关系。因此，治理是对权力结构的再调整和权力总量的重新分配，这实际上是法权结构的调整与法权能力增进的问题，在此基础上，形成治理的话语转型。回应型环境风险法律治理就是政府通过法律控制的手段回应生态危机、反思风险社会，旨在通过利益的法律调整与衡平进而达到控制环境行为的目的。

　　在一个公众权利意识不断上升、公众参与不可避免的时代，与公众环境利益有关的公共决策必须要向更多的阶层开放，而不能仅仅是强势利益集团之间的私下交易。而要实现此目的，对垄断权力和物质资源的强势集

---

　　① ［美］弗朗西斯·福山：《国家构建——21世纪的国家治理与世界秩序》，黄胜强、许铭原译，中国社会科学出版社2007年版，第15—16页。

团的限制，以及对弱势群体的利益集团化（组织化）的支持都是必需的。一个社会如果不能保护少数人的利益，也就无法保护多数人的利益。公平的环境权必须要建立在被平等尊重的公民权利之上。通过法权能力增进的制度化的利益表达与共识的形成是邻避治理的基础，也是社会良性秩序运行的根基。基于这样的理解，环境风险治理当以回应型法治为基本框架，即从"命令—控制"型管控体制转向"参与—回应"型治理体制，环境邻避治理循这一制度逻辑展开与践行，形成法律与政策在因应环境风险问题上的方法，并形塑适当的程序机制，基于合作国家的行政法治理念，强调环境风险信息的公开、透明，进行环境风险交流的理性实践与环境协商，形成公私协力的环境风险治理新模式。

第三节　环境法权：邻避风险治理的正当性基础

根据西方学术界的相关研究，环境抗争的研究常被置于社会运动与集体行动的理论体系之中，认为环境抗争源于社会结构不公正，处于社会不同层级的群体未能公平一致地享受环境权利，是环境不正义的结果。[①] 通过对我国近年典型性邻避冲突的归纳，置于中国社会转型与社会结构的大背景之下，我们会发现，西方学术界所运用的"环境运动"和"环境正义"都不能准确概括我国邻避冲突事件。[②]"弱社会"的治理生态下，环境非政府组织（ENGOs）也不能起到西方实践中环境抗争的中坚作用，应放弃"抗争—维权"的理论框架，立于国家与社会的视角，以"权力—权利"为核心来解释邻避冲突治理框架。

一　法权概念的缘起

国家与个人的议题始终是法哲学的核心议题，是研究者不能回避的基

---

① 关于"环境正义"的相关论述，参见杜健勋《环境正义：环境法学的范式转移》，《北方法学》2012 年第 6 期；杜健勋《环境利益分配法理研究》，中国环境出版社 2013 年版，第 28 页及以下。另参见张金俊《国外环境抗争研究述评》，《学术界》2011 年第 9 期；王全权、陈相雨《网络赋权与环境抗争》，《学海》2013 年第 4 期。

② 参见肖唐镖《当代中国的"群体性事件"：概念、类型与性质辨析》，《人文杂志》2012 年第 4 期。

础理论议题，在面对此议题时，要么采用国家中心，要么采用个人中心，而将国家和个人进行综合平衡的论述较少。国家中心认为国家至上，个人应无条件服从国家的解释框架。个人中心学说认为正是个人主义的理念启发了 16 世纪的所有伟大思想，特别是启发了那些对君主权力进行重新审视的思想家们的著作，① 自由主义是其典型的代表性学说。这种相互对立、非此即彼的极端理论构造无论对于理论研究，还是对于现实生活来说都带来了相应的后果。

　　国家中心所形致的权力本位会造成权力的扩张。以权力本位而构设的法律制度基本理念是寻求权力的最大化，造成事实上的权力没有边界，权力扩张成为社会生活的常态，而权力拥有者承担责任的内容则不甚明确。权力的扩张有违社会发展与公共利益保障的目的。民主政治是现代社会发展的重要成果，其发展方向是保障社会获得公平正义的对待。一旦权力过分扩张，则有违民主政治的初衷。这会形成对公共利益的界定不清，权力就会涉足市民社会与权利领域。因之，权利或常被侵害，获得救济也有限。"公民基本权利的'不安全感的灰色地带出现了'，但它并非'加强了国家缺乏影响力的映像'。"② 权力的强化可能导致权利丧失的危险，同时，以权利本位构设的法律制度则与权力本位者相反，权利可以挤占权力的空间，从而可能造成权力的合法性与正当性受到冲击，有滥权的可能性。③ 并且可能使得权利之间扞格，权力的膨胀与恣意会影响某些权利的正当行使等。在这种情形下，个人主体性可能丧失，社会成了目的。这在风险社会的事实与建构下，对于社会秩序的形塑极为不利。

　　自哲理法学派以降至法社会学派，对权利本位或权力本位的论点都进行过修正。康德认为，权利是表征一个人的自由与他人自由的关系，"可以理解权利为全部条件，根据这些条件，任何人的有意识的行为，按照一条普遍的自由法则，确实能够和其他人的有意识的行为相协调"④。边沁认为，权利拥有的条件是义务，即"法律强制义务履行，

---

① ［法］莱昂·狄骥：《公法的变迁：法律与国家》，郑戈、冷静译，辽海出版社、春风文艺出版社 1999 年版，第 229 页。

② ［德］贝克：《风险社会》，何博闻译，译林出版社 2004 年版，第 242 页。

③ 童之伟：《权利本位说再评议》，《中国法学》2000 年第 6 期。

④ ［德］康德：《法的形而上学原理——权利的科学》，沈叔平译，商务印书馆 1991 年版，第 40 页。

权利才可能实现"①。凯尔森认为，"如果权利是法律权利的话，它就必然是对某个别人行为，对别人在法律上负有义务的那种行为的权利。法律权利预定了某个别人的法律义务"②。同时，"如果法律秩序决定某人负有义务的行为，它就同时决定了另一个人的行为，通常就称之为另一个人具有这种行为的权利。在这一意义上，每个权利相当于每个义务。这种意义上的'权利'不过是义务的关联"③。法社会学家弗里德曼认为，"法律权利除了像一些法学家理解的是权利人与义务人的双方关系外，主要是权利主体与国家的关系，权利是对国家的要求，国家有责任保护和促进权利持有人的利益"④。也有学者谈到，"一个人行为的权利则要求保护和包含其他人不要干预的义务和责任"⑤。在这个意义上，有学者认为，"无论是霍布斯、卢梭、康德，还是黑格尔，他们在谈论权利时，都没有将其内涵看作仅仅是涉及个人的行为，他们无一例外地都注意到了除个人之外其他人的存在"⑥。"社会资本"是理解这二元关系至关重要的概念，主要是由公民之间信任、互惠和合作等一系列态度和价值观构成，其主要特征体现为将朋友、家庭、社区、工作以及公私生活联系起来的人格网络，"社会资本是人们交往时的共享知识、规范和预期"。其"核心特征可归纳为信息共享、群体认同以及团队合作"。社会资本是社会结构和社会关系的重要面向，有助于推动社会行动。⑦"一个拥有丰富社会资本存量的社会意味着和谐稳定的秩序和良好的社会治理"⑧，在这个意义上，社会资本对于治理转型具有重要的启示价值。

---

① Gerald J. Postema, "The Concept of Rights", in Conrad Johnson ed., *Philosophy of Law*, New York: Macmillan Publishing Company, 1993, p. 450.

② ［奥地利］凯尔森：《法与国家的一般理论》，沈宗灵译，中国大百科全书出版社 1996 年版，第 84—87 页。

③ ［奥地利］凯尔森：《法与国家的一般理论》，沈宗灵译，中国大百科全书出版社 1996 年版，第 87 页。

④ ［美］弗里德曼：《法律制度》，李琼英、林欣译，中国政法大学出版社 1994 年版，第 266—267 页。

⑤ Alan R. White, *Right*, Oxford: Oxford University Press, 1984, p. 17.

⑥ 林喆：《黑格尔的法权哲学》，复旦大学出版社 1999 年版，第 283 页。

⑦ 李惠斌：《什么是社会资本》，载李惠斌、杨雪冬主编《社会资本与社会发展》，社会科学文献出版社 2000 年版，第 11—12 页。

⑧ 燕继荣：《投资社会资本——政治发展的一种新维度》，北京大学出版社 2006 年版，第 156 页。

如此看来，以相互对立的方式处理国家和个人的关系在法理与实践中都会遭遇挫折。权力本位可能导致的专制与独裁和权利本位可能导致的权利滥用与放任自由，给法律理念与制度设计带来难以逾越的障碍。法律应当将权利、权力、个体利益、公共利益等置于平等的位置考量。因此，在处理国家与个人的议题并反射到法学的理论与分析框架时，应当摒弃权利本位、权力本位抑或称为义务本位论的思考方式，应当建立一种破除这种两极对立的绝对化分析范式，进而形成平等看待国家与个人，权利与权力相容的法学理论与范畴。承认多元社会、多元社会利益的正当与合理，并为其实现提供法权保障，这是法权的基本含义与要旨，并以此通过社会、政治与法律程序的进程，是市场经济与民主政治良性发展的价值所在。

二 法权的构成

法权是一个反映权利权力统一体的法学范畴，其外延是法律承认和保护的各种"权"（包括自由），其内涵为一定国家或社会的全部合法利益，归根结底是作为各种"权"的物质承担者的全部财产或财富。[①] 如此看来，法权是社会和国家中法律承认和保护的全部利益，以及作为其物质承担者的全部归属已定之财产，以权利和权力的形式表现于社会生活中。童之伟教授认为，权利是法律上的"权"，权力也是法律上的"权"，因此可以将由权利和权力组成统一体简称为"法权"，进而认为法权就是全体国民权利中的全部法定部分，其由三个部分构成。第一部分是权力，即法律上的公共权力，这是人民权利中由人民委托给国家代为行使的部分；第二部分是权利，即人民权利中减去委托给国家的部分而剩余的由法律所保护的法定权利；第三部分是剩余权，是人民权利中减去权力和权利后的剩余部分，这部分权利法律未提供保护个体却实际享有。[②] 同样需要理解的是，"强力并不构成权利，而人们只是对合法的权力才有服从的义务"[③]。因为，"国家的职能并非创造或促进一种有德性的生活，而是要保护每个

---

① 参见童之伟《法权与宪政》，山东人民出版社 2001 年版，第 18 页；童之伟《法权中心的猜想与证明——兼答刘旺洪教授》，《中国法学》2001 年第 6 期；童之伟《法权中心主义要点及其法学应用》，《东方法学》2011 年第 1 期。

② 参见童之伟《法权中心的猜想与证明——兼答刘旺洪教授》，《中国法学》2001 年第 6 期。

③ ［法］卢梭：《社会契约论》，何兆武译，商务印书馆 2003 年版，第 10 页。

人的自然权利"①。政府是为保障公民权利而生，尤其是保障公民的生命、自由与财产权。

由此可以明确，法权不仅仅是权利主体的自由，反映的是一种关系，这种关系以权利为基础，关涉与权利对应的义务和国家的保护及救济责任等。有学者认为："法权应当是价值合理性与现实可能性的结合，是理性的应当与经验领域的可能的结合。法权的规范实证层面的构成，联系着价值与现实、理性与经验，法律对人权的保障，只有在这两个方面能够结合，也才是可能的。"② 诸多《法理学》教科书已明确指出，如"权利是指法律规定，享有权利人具有这样或不这样行为，或要求他人这样或不这样行为的能力和资格"③。又如，"法律上的权利，是指法律所允许的、权利人为了满足自己的利益而采取的、由其他人的法律义务所保证的法律手段"④。在这里，权利直接观照并且指向他人的义务。因此，以法权为核心的法律制度设置应当考虑权利的保障与义务的履行等安排。

美国学者格维尔茨认为人权的基本要素产生了其他人或集团的关联义务，由此认为权利有 5 个构成要素：（1）权利主体；（2）权利的性质；（3）权利的客体；（4）权利的回答人；（5）权利的论证基础或根据。⑤ 黄建武教授通过总结，对法权的结构进行了更为完善的建构，认为法权由七项要素构成：（1）权利主体；（2）权利的内容；（3）权利客体；（4）权利依据；（5）法的强制力；（6）义务人；（7）义务人的义务。并认为，这七项要素缺一不可，缺少其中一项则"无法权之存在"。⑥ 因此，法权结构要求国家或社会在构建其法律体系时，要以法权最大化为基本考量，在法律适用中，也要以法权为中心。

在私法领域，法权的主要形态是权利，及以权利为基础的财产；在公法领域，法权的主要形态是权力。民事权利、政治权利和政治权力应是现

---

① ［美］列奥·施特劳斯：《自然权利与历史》，彭刚译，生活·读书·新知三联书店 2003 年版，第 185 页。

② 黄建武：《法权的构成及人权的法律保护》，《现代法学》2008 年第 4 期。

③ 沈宗灵：《法理学》，北京大学出版社 2000 年版，第 117 页。

④ 孙国华、朱景文：《法理学》，中国人民大学出版社 2004 年版，第 385 页。

⑤ 转引自沈宗灵、周楠森《西方人权学说》（下册），四川人民出版社 1994 年版，第 116—117 页。

⑥ 参见黄建武《法权的构成及人权的法律保护》，《现代法学》2008 年第 4 期。

代法治秩序的三种基本法权，这一法权逻辑源自洛克的自然权利，即民事权利和政治权利，民事权利即人身权和财产权。"为了正确地了解政治权力，并追溯它的起源，我们必须考究人类原来自然地处在什么状态。那是一种完备无缺的自由状态，他们在自然法的范围内，按照他们认为合适的办法，决定他们的行动和处理他们的财产和人身，而毋需得到任何人的许可或听命于任何人的意志。"① 法国思想家邦雅曼·贡斯当对于民事权利、政治权利和政治权力有非常精准的论述，"个人自由是真正的现代自由。政治自由是个人自由的保障，因而也是不可或缺的。但是，要求我们时代的人民像古代人那样为了政治自由而牺牲所有个人自由，则必然会剥夺他们的个人自由，而一旦实现了这一结果，剥夺他们的政治自由也就是轻而易举的了。"②

　　理解权利与权力的关键是理解公共生活与私人生活。"因为每个人都展现两种生活领域，一个是私人生活领域，另一个是公共生活领域。"③ 私人生活领域满足个人生活的需要，由欲望驱动，公共生活领域则是追求公共福祉，维护公共利益的公共行动范畴。通过公共生活与公共行动，提升公民性，并且建构具有高度自治意识与自治能力的社会生活秩序，这种生活理性可以抵制"系统对生活世界的殖民化"，这是现代社会面临的重大的理性化危机。④ 唯有如此，使现代社会朝着更加健康的方向发展。在中国社会转型与发展变迁的过程中，群体利益分殊严重化，这也体现于国家、市场与社会之间的复杂关系，私人生活空间便经常受公共生活领域的纷扰，公共生活是中国社会生活秩序中特别显著的面向，公民的意识与公民行动具有特别重要的意义。环境抗争，或者说邻避冲突显示的正是环境（政治）权利觉醒与环境民主参与实践对于自身的改变，因为没有公众的环境（政治）意识的成长，没有环境（政治）民主的参与，也就没有环境社会组织实现环境关切目标的"政治机会"。⑤ 理解了公共

---

① ［英］洛克：《政府论》（下篇），叶启芳等译，商务印书馆 1964 年版，第 5 页。

② ［法］邦雅曼·贡斯当：《古代人的自由与现代人的自由》，阎克文等译，商务印书馆 1999 年版，第 41 页。

③ ［美］汉娜·阿伦特：《人的条件》，兰乾威等译，上海人民出版社 1999 年版，第 18 页。

④ ［德］哈贝马斯：《交往行动理论》，洪佩郁等译，重庆出版社 1994 年版，第 205 页。

⑤ 郇庆治：《政治机会结构视角下的中国环境运动及其战略选择》，《南京工业大学学报》（哲学社会科学版）2012 年第 4 期。

生活与私人生活空间的概念，有助于提升法权的概念的延展。

　　法权生成于市场经济和民主政治，民事权利、政治权利和政治权力是现代宪制的核心内容，是法权的基本结构。民事权利得获得平等保护，特别是财产所有权和契约自由是市场经济中个人权利的基本精神，是宪制体制下法权的原动力。政治权利是市场经济与民主政治中个人通过控制国家政治权力来保护民事权利。基于自然权利精神与社会价值原则，民事权利的平等保护是基本的价值追求，政治权利的民主分配原则和多数决机制是保护民事权利的手段性因素，但是相比政治权力来说，这一机制也具有价值的追求，政治权力则是保护民事权利和政治权利的工具性追求。政治权利的基本要素为自由与平等，拥有平等与自由的政治权利，公民才能够参与政治生活与社会治理进程，迫使政府观照社会现实与尊重公众的权利并谋其福祉。这种政治参与过程使得每个人都可以将其信仰与利益统合考虑，奠定公民友谊的基础，是政治文化的精髓。政治权利的民主分配原则和运行机制在一定社会条件下与民事权利的平等保护存在潜在的矛盾和冲突，有产生"多数暴政"的危险。因此，政治权力的配置必须服务于调控这种矛盾和冲突，消弭政治权利分配和运作带来的弊端，实现民事权利平等保护宪制的最终价值追求。

　　在民事权利与政治权利的关系上，民事权利是目的，政治权利是手段，即政治权利的目的是"约束所有的人不侵犯他人的权利、不互相伤害，使大家都遵守旨在维护和平和保卫全人类的自然法"①。在人们订立社会契约，进入政治社会后，自然状态中所享有的政治权利就被委托给了政府。也因此，这种权利就分为委托的权利和委托的权力，即政治权利和政治权力。政治权利是人民选举和监督政府的权利，是属于自己保留行使的部分，政治权力是立法权、执法权和司法权。洛克明确指出："我认为政治权力就是为了规定和保护财产而制定法律的权利，判处死刑和一切较轻处分的权利，以及使用共同体的力量来执行这些法律和保卫国家不受外来侵害的权利；而这一切都只是为了公众福利。"② 在此法权架构下，"民事权利的平等保护、政治权利的平均分配和多数决原则是先定的、不变的价值因素，而政治权力的配置方式则是可变的、从属的、工具性的因素。

---

　　① ［英］洛克：《政府论》（下篇），叶启芳等译，商务印书馆1964年版，第7页。
　　② ［英］洛克：《政府论》（下篇），叶启芳等译，商务印书馆1964年版，第4页。

政治权利的作用是控制国家政治权力以保护民事权利……政治权力的配置方式必须服务于消弭政治权利民主分配原则和运作机制的弊端，以实现民事权利平等保护这一宪制的最终价值目标"①。基于这样的逻辑前提，可以将法权结构叙述如下：自然权利由民事权利和政治权利构成。民事权利由人身权和财产权构成，是基本的价值目标与社会追求。进入政治国家以后，政治权利分化为政治权利和政治权力，政治权利是由人民保留行使的，政治权力包括了立法权、执法权与司法权。民事权利和政治国家之后的政治权利共同构成社会权力，政治权利和政治权力则是实现民事权利这一价值目标的制度手段。

随着我国社会转型的进展和深入，参与型民主转型是发展的方向。"从组织有效治理的逻辑来说，权力、资源和治理能力应该放在有效信息的层次上，即加强基层政府的能力，而这一思路与权威体制的基本原则相悖，产生了紧张和冲突。而这一矛盾冲突正随着中国社会的多元发展而日益明朗化、尖锐化。"② 这种体制的根本缺陷是"民弱"，即民众没有机会，甚至没有能力去行使自己的权利与参与治理权力，民众处于被监护人的境地。而参与型民主的基本特点则是民众可以通过相应的程序行使治理权利并参与治理过程。通过市场经济与现代治理改革，民事权利和治理权利受到保障，③ 这是法权结构良性发展的必要条件，也是国家有效治理的制度逻辑。

三　环境法权的规范结构

环境法作为年轻的部门法学，其核心范畴的研究正在探索推进中，学界从传统法学研究的路径出发，以权利义务来构建环境法的核心范畴，有学者以权利本位来构建环境法的基础，④ 有学者以义务为本位来构建环境

① 钱福臣：《现代宪政的法权配置与运作规律》，《法学研究》2008 年第 3 期。

② 周雪光：《权威体制与有效治理：当代中国国家治理的制度逻辑》，《开放时代》2011 年第 10 期。

③ 钱福臣：《现代宪政的法权配置与运作规律》，《法学研究》2008 年第 3 期。

④ 如蔡守秋：《论环境权》，《金陵法律评论》2002 年春季卷；陈泉生：《环境法原理》，法律出版社 1997 年版；吕忠梅：《再论公民环境权》，《法学研究》2000 年第 6 期；吴卫星：《环境权研究：公法学的视角》，法律出版社 2007 年版。

法的基础，① 并取得相当不错的成果。不管是权利本位，抑或义务本位在处理环境问题中国家与个人的关系时都会遭遇困境，权利本位的环境法极易导致环境诉求中权利滥用、过度的自由放任的状态，"权利如同任何其他事物一样，也是有其限度的。拥有了权利的同时，也就意味着拥有了限度。权利相对性理论来自权利限度理论，有权利就有限度，超越了权利的限度，就可能走向权利滥用"②。而义务本位的环境法极易形成环境决策的独断或极权。这对于以因应环境问题为导向的环境法来说，其法律制度的设置，法律的执行，乃至司法适用都会出现无法调适的难题。

以自然权利为开端，在政治国家与社会生活中，所形成的民事权利、政治权利和政治权力映射到环境法的法权体系中，便形成环境民事权利、环境政治权利和环境政治权力。环境民事权利包括保障人身健康的环境权利和环境财产权利，这是环境法的基本价值追求，环境政治权利则是环境决策中的权利行使，包括决策参与，决策监督，甚至对于决策的反抗等，这是民众保留的权利，环境政治权力则包括环境立法、环境执法和环境司法权。环境政治权利和环境政治权力是实现环境民事权利的制度手段。随着社会的多元化发展以及国家的民主化与法治化进步方向，政治权力结构不断被解构，政治分权业已成为社会治理的基本选择。政治权力正逐渐给社会让出地盘，作为相对独立于国家的社会主体，以其所拥有的社会资源对社会与国家（政府）产生影响力、支配力，社会权力凸显化，③ 其是"社会自治，与国家公权力相应而生，是国家权力向社会的拓展"④，社会权力能力逐渐增强，通过社会权力能力增强来加持环境民事权利的保护，特别是提供环境人身与环境财产的保护，社会权力的增强提升了对于政治

---

① 徐祥民：《对"公民环境权论"的几点疑问》，《中国法学》2004 年第 2 期；徐祥民：《环境质量目标主义：关于环境法直接规制目标的思考》，《中国法学》2015 年第 6 期；陈海嵩：《国家环境保护义务的溯源与展开》，《法学研究》2014 年第 3 期；陈海嵩：《环境保护权利话语的反思——兼论中国环境法的转型》，《法商研究》2015 年第 2 期；陈海嵩：《雾霾应急的中国实践与环境法理》，《法学研究》2016 年第 4 期；陈海嵩：《绿色发展中的环境法实施问题：基于 PX 事件的微观分析》，《中国法学》2016 年第 6 期；陈海嵩：《新"环境保护法"中政府环境责任的实施路径——以环保目标责任制与考核评价制度为中心的考察》，《社会科学家》2017 年第 8 期等。

② 刘作翔：《权利相对性理论及其争论》，《清华法学》2013 年第 6 期。

③ 郭道晖：《社会权力：法治新模式与新动力》，《学习与探索》2009 年第 5 期。

④ 徐靖：《论法律视域下社会公权力的内涵、构成及价值》，《中国法学》2014 年第 1 期。

权力的制约与平衡。

在对环境与权利研究的梳理基础上，汉考克认为环境人权是社会发展的需要，基本内容包括两个方面：免受有毒污染的环境自由权和拥有自然资源的权利。并且他认为资本主义固有的权力结构阻碍了这两项环境人权主张的实现，环境人权只不过是现有人权的落实而已。① 具体来说，环境人权包括优良环境享有权、恶化环境拒绝权、环境资讯权及环境参与权，这与"人人平等享受环境资源与生存空间"的环境正义概念相近。因为环境正义是一种反对政府、资本家与强势团体对于弱势族群的环境殖民行径，并主张消除贫穷、资源永续的共享、废弃物的妥善处理，以及民众参与公共事务的权利，环境正义促成普遍性权利主体的保障。在这样的制度基础之上，建构起环境公民理性与文明的环境社会秩序。"每个人都有免受环境干扰和毒害的权利，也都肩负环境保护的责任。"② 当代人类社会个体、群体和相互之间围绕着生态环境品质及其可持续发展而产生的广义性公民权益、义务与责任即为环境公民的基本要素。③ 国内有学者这样定义环境公民："现代社会中个体、群体、族群性的公民，关涉生态环境品质及其可持续性的法律权利义务、主动参与德行和正确行为要求。"④ 也有学者通过研究环境正义的制度基础，认为从以往"消极的"环境公民权进化到"积极的"可持续公民权就形成所谓的"绿色公民权"，"绿色公民权"不仅在古老的城市共和主义公民权传统中有所体现，更是现代公民社会发展的理论基础。⑤

民事权利平等保护是现代法治国家法权逻辑的首要价值追求。在我国，随着社会结构变迁与转型，市场经济深入发展，信息媒介大众传播，个人的主体意识和权利意识逐渐增强，民事权利的平等保护成为社会大众的基本社会诉求和法律需求。当进入环境风险高发期，环境民事权利基本的诉求得不

---

① ［英］汉考克：《环境人权：权力、伦理与法律》，李隼译，重庆出版社2007年版，第13页。

② ［英］布赖恩·特纳：《公民身份与社会理论》，郭忠华，蒋红军译，吉林出版集团有限责任公司2007年版。

③ Dobson A., "Environmental Citizenship: Towards Sustainable Development", *Sustainable Development*, Vol. 15, 2007, pp. 276-285.

④ 郇庆治：《绿色变革视角下的环境公民理论》，《鄱阳湖学刊》2015年第2期。

⑤ ［英］约翰·巴里：《抗拒的效力：从环境公民权到可持续公民权》，张淑兰译，《文史哲》2007年第1期。

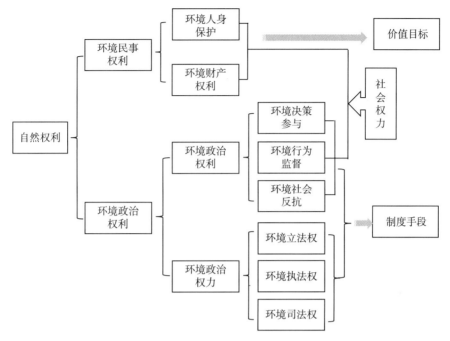

图 3-1 环境法权的规范建构

到反馈时，缺乏程序正义和实体正义的社会行为很可能引发一种不确定性的表达形式，如群体性事件。邻避事件正是环境法权结构不当，配置失衡下的产物。基于法权结构与法权逻辑，权利的实现必须要求权利主体具备基本的行动力、组织力、动员力和责任力。现今在环境问题的相关主体中，强势方善于运用体制的力量，而弱势方法权能力贫困，邻避事件逐渐成为一种常见的表达。这样看来，似乎"环境权利"是在邻避事件中被建构起来的，通过"群体性事件"等概括将邻避事件中的主体模糊化，受邻避设施困扰的群体与主体被污名化。但是通过集体行动事件可以凝聚集体意识，彰显环保理念与坚持，驳斥邻避的自利与自私性，理解少数人被不公正对待的处境，肯定行动主体的正当性与权利基础的正当性。

第四节 环境法权配置：邻避风险治理的法理与制度基础

法治是一种独特的制度体系，以法治为框架审视已有社会发展模式和制度的能力和缺陷，并根据社会需要参与调整制度安排，消解政治冲突，重构社会关系。正当合理的法权结构是形塑回应型法的基础，并能在参与社会转型并重整社会秩序的过程中树立法律权威，这是环境邻避风险治理的法理与制度基础。

一　环境政治权利贫困与邻避发生

我国权威型的环境治理体制演绎为国家、科层制和公众三种相互交织的基本制度逻辑。[①] 基于法权结构，我国中央和地方政府是社会政治权力的垄断者，在财政权力下放引发地方政府财政收入和政绩竞争的背景下，在很大程度上，经济增长是政府，特别是地方政府公共决策主要的考量因素，地方政府展现出公司化的精神与魄力，这类似于西方有学者称为的"地方政府公司主义"[②]。

厦门 PX 项目一旦投产建设，"预计年产 80 万吨，将为厦门市新增800 亿元人民币的 GDP"。四川什邡钼铜项目，"耗资 17 亿美元，每年将提炼出 4 万吨钼和 40 万吨铜，对增加财政收入、促进群众就业、改善民生，具有重大的促进作用"。浙江宁波 PX 项目，"化工区的支撑项目为炼油和乙烯。其中，镇海炼化是中国大陆规模最大的炼油公司，具有年产2000 万吨炼油、100 万吨乙烯、20 万吨聚丙烯、45 万吨对二甲苯（PX）的生产能力"。在这样的思路主导下，因发展经济而牺牲环境被认为是合理的。同样，作为追逐利益最大化的工商业集团，也就是有环境影响之虞的项目建设方来说，在开发各种工商业项目的过程中必然会主动向管理方靠拢，到了一定阶段，并且有可能形成"资本绑架了权力并成就了权力，权力依赖资本并且操控着资本"[③] 的情形，因为，"在任何条件下，私人财产之膨胀总会产生问题。这私人财富可以立即变为政治权力，

---

① 杜辉：《论制度逻辑框架下环境治理模式之转换》，《法商研究》2013 年第 1 期。

② See Jean C. Oi, *Rural China Takes Off*: *Institutional Foundations of Economic Reform*, Berkeley: University of California Press, Berkeley, 1999, pp. 3–15. 孙佑海教授也认为，"地方政府有企业化的冲动"，参见孙佑海《影响环境资源法实施的障碍研究》，《现代法学》2007 年第 2 期。张五常教授认为，"中国的县级政府变成了县级公司，这些政府公司导致中央与地方的矛盾会更加突出"，因为"中国地区之间的激烈竞争，一个因素是分成的方程式。县政府与投资者有一个分成方程式"。参见张五常《中国的经济制度》，香港花千树出版社 2008 年版，第 144 页。

③ 许章润：《坐待天明》，广西师范大学出版社 2013 年版，第 206 页。

有时这些财富也避免不了在政治场合之中角逐"①。工商业集团和地方管理方相互联结，在权威治理结构中各自获得利益。普通公众，特别是受环境项目影响之虞的周边民众，社会化的公民性组织匮乏，也不能够成为一种利益集团，最多只能是具有某种共同利益的利益群体，组织化程度很低。由于法权能力贫困导致权利表达不畅与权利受挫，其行动能力和影响力、理性程度等都明显不足，缺乏和其他利益集团进行平等的理性博弈的能力，也导致其无法通过常规方式有效保护自身利益。

因此，国家、科层制、工商业集团和公众在资源配置权乃至政治经济发展决策权的互动博弈中，由于法权结构倾斜与法权能力差异，各方的力量不对等，体制外的行动方式，甚至是看起来不合法的环境邻避事件就发生了。首先，当地居民往往被排挤在决策之外，由管理方、项目方与专家决定何时何地该兴建邻避设施；其次，当居民对此提出质疑时，反而因为"科学实际证明，对居民完全没有影响""通过环评验收"等再度被否定；最后，当他们行动时，则被认定为是少数人的邻避情结。问题是，决策形成前，是否和当地民众有过充分的沟通？决策后，强迫民众接受既定政策，并指称抗争者不理性。从另一角度看，管理方认为某些邻避设施非建不可，而当地居民不愿顺服时，污名化少数的边缘主体，就成为最后的手段。邻避事件所展现出来的精神，主要在于当地居民基于自利所表现出来的为了捍卫家园的意志和决心，同时，还包括了对于管理机制的不信任，以及对其处理方式的不满。由于这类环境问题涉及科学的不确定性及科技的复杂性，因此管理方的立场往往是以专家为主的政策导向——强调科技的复杂性非一般人所能理解，所以相关的政策管理及决定，就委托给专家进行处理，而这样的处理方式也正是邻避事件所反对的。"知其不可而为之"的环境反对行动，显示民众的感受已经超越国家、社会制订的合法/非法界限，而是以社会认定的"公理""公道"来判定。② 如果民众的诉求影响较小，则容易受到控制，如果影响较大，则有望被政府接受意见。无论是控制策略还是管理妥协，其所依据的都不是此种利益是否应被满足

---

① 黄仁宇：《中国大历史》，联经出版事业股份有限公司1993年版，第77页。

② 这种社会设定的"公理"饱含暧昧性与辩证空间，若公私领域的区分是内在于民法，在其运作所属范围内是有效权威，则国家不应侵犯，因为"公理"是凌驾于法律之上的；但是，借由环境抗争而来的"公理"也可能是在霸权与吓阻中摇摇晃晃的。参见陈俊宏《"邻避"（NIMBY）症候群，专家政治与民主审议》，《东吴政治学报》1999年第10期。

的考量，而都是出于维护社会稳定的需要。在大连、天津、什邡、昆明等地，相关事件都是以地方政府匆匆宣布停建项目暂告平息。从其指导思想和最终目的来看，并非利益公平博弈和裁断，而只是简单地息事宁人。显然，此种处理方式和处理思路并不是解决中国邻避问题的有效出路，反而使邻避事件陷入了无解的难题。①

二　环境政治权力改革与邻避风险治理

自马克思以来，国家机器一向被认定为权力的统御者，致力于维护再生产的过程。傅柯的权力分析却对此提出挑战，他认为，权力的考察源自权力关系这张无所不在的网，网上布满各个节点，国家恰好坐落在某个权力关系复杂交会点上，因而成为权力的施行者，各种不同的社会关系、论述与建制，皆构成国家施行权力的基础。所以，国家不过是权力施行的出口，而非"最高权力"的拥有者。事实上，对傅柯而言，没有什么是所谓的"最高权力"，也没有任何人或任何团体可以独享或握有权力。迈克·曼将国家权力分为两个层面，第一层面是国家的专制权力，第二层面是国家的基础性权力，前一层面的权力是不必与公民社会协商而自行行使的权力，后一层面的权力是国家渗透公民社会，在其统治疆域内有效施行其政治决策的能力。② 米格代尔认为"国家基础权力"是国家的社会控制能力，即"包括国家机构和人员的下沉、国家机构配置资源实现特定目的和管理民众日常行为的能力，是国家制定的规则取代公众自己行为倾向或其他组织规定的社会行为的能力"③。国家的专制权力与国家的基础性权力的区分具有重要的现实意义，这对应于法权结构中的政治权力和政治权利部分。基础性权力更能体现国家的能力与社会认同程度。沿着这一思路，建立政府的目的是为全体公民谋福祉，保护公民的权利，调节利益冲突、维护社会秩序，并且积极有效地回应社会诉求，维护社会公共利益。国家权力最终合法性的获取在于其能否反映、维护社会公共利益，能否将

① 唐昊：《邻避事件：中国环境权的倾斜》，https：//www.chinadialogue.net/article/show/single/ch/6051-China-s-nimby-protests-sign-of-unequal-society，2016 年 3 月 11 日。
② 李强：《国家能力与国家权力的悖论》，载张静主编《国家与社会》，浙江人民出版社1998 年版，第 18 页。
③ ［美］乔尔·S. 米格代尔：《强社会与弱国家：第三世界的国家社会关系及国家能力》，张长东等译，江苏人民出版社 2009 年版，第 24 页。

民众的诉求输入政治体系并公共政策化、切实执行。① 但是在现实的政治生活中，有些管理者却会因为私利而损害公共利益，有些管理者不但没能保护公民的生命、自由和财产权，却常常在侵犯这些权利。

当今我国邻避事件常发和邻避事件中矛盾聚焦于政府与政治权力分配有关。审视这些邻避事件，所有邻避项目都是行政主导下的本区域大型环境项目，在政府的公告中，经常会看到，"经过了发改委的批复""经过了环保部的同意""经研究决定"等类似表述。科尔曼认为，权力的集中和民主的削弱是导致环境危机的罪魁祸首，一方面会践踏人文需求和生态意识，另一方面会限制民众保护和恢复环境的行动。因此，他认为参与型基层民主是解决生态问题根本途径。② 在事件激化初期，当地管理方惊慌失措，有意或无意忽视民众的诉求，是一种来自权力的傲慢，到了事件激化中后期，地方管理方在惊慌失措中环境抗争由小到大，演变成群体性事件后，其行动逻辑则变为严防死守，全力防止事态的扩大，等事件暂时结束后，开始问责，但未能解决根本问题。长期以来，就形成了"不闹不解决、小闹小解决、大闹大解决"的示范效应，固定了群体性环境权利主张所依赖的路径。③ 在"污名化"的标签下，"邻避"被视为当地居民只顾自身，而不考虑整体社会的自利行为。然而，当管理方只聚焦于"污染—邻避"、强调"少数人的反对""不明真相的群众"等标签化的主体时，往往不能全面检视邻避事件发生的社会根基，不能正视邻避中群体的普遍性权利概念。

因此，邻避风险治理的基础在于环境政治权力分配与政府改革，其方向是"从管制政府走向服务政府""从全能政府走向有限政府""从统治走向治理"。④ 因为"行政对内必须讲求协调、沟通与协助，对外则应力求其决定为人民所接受，在一个民主、多元、现代（专业化）的社会中，

① 罗豪才、宋功德：《公域之治的转型——对公共治理与公法互动关系的一种透视》，《中国法学》2005 年第 5 期。

② ［美］科尔曼：《生态政治：建设一个绿色社会》，梅俊杰译，上海世纪出版集团 2006 年版，第 62 页。

③ 陈德敏、杜辉：《环境维权群体性行动的法制化探讨》，《清华法治论衡》2013 年第 3 期。

④ 俞可平：《大力建设创新型政府》，《探索与争鸣》2013 年第 5 期。

行政部门于个案裁决或政策拟定时，须加强与人民之间的沟通与协调"①。基于邻避治理，第一，推进基层政府创新，提升基层政府治理能力。在面对新的社会需求和社会挑战——邻避事件——进行改革和创造，政府创新能力建设是社会稳定的根本之策。"能否调动政府的积极性，使其主观上有意愿，客观上有能力履行环保职责，是一国环境法治成败的关键"②。第二，通过社会管理创新，探索基于协商民主的环境协商制度。协商民主是回避私利行为者之间在市场上进行战略性讨价还价或权力交易的自由主义范式，是人们在公共领域中就价值与共同目的问题进行无限制的平等协商的新范式，"公共领域是介于国家和社会之间的，通过聚会、媒体、社团等形式自由对话、主体性交往、公开表达意见的体系和机制"③。这种不被扭曲的和关爱他者的交往更容易带来对公共利益的谨慎保护。"协商民主不仅具有某种直觉性的绿色诉求，而且特别适合进行涉及长期性、一般性利益的集体决策，如环境保护与可持续发展。换句话说，如果现代自由民主国家能够自我演进成为或充分发展出一种协商民主制，它就更有希望成为一种绿色国家。"④ 通过社会管理创新，理顺政府和社会的关系，将社会性的权力交由社会实现，实现两者的和谐互动，以此来建立社会稳定的社会基础。第三，尽早执行公共参与的过程，且进行多"点"选择以及技术性评估选址。一是积极疏通受邻避设施影响公众的利益表达渠道，将环境影响评价过程、结果及时准确公示，积极与民众沟通，充分听取民意。同时，改变自上而下的压力型问责体制，建立科学、有效的官员问责制度，尝试建立规范化的群众对基层政府的评议机制。二是要搭建官民互动的制度平台，改变维稳工作中"被动应付"的消极防御策略。"良好的风险交流具有启蒙、知情权、态度改变，还具有公共涉入和公众参与

① 翁岳生：《行政法》，中国法制出版社 2002 年版，第 21 页。

② 巩固：《政府激励视角下的〈环境保护法〉修改》，《法学》2013 年第 1 期。

③ 马长山：《法治进程中的民间治理——民间社会组织与法治秩序关系的研究》，法律出版社 2006 年版，第 118 页。

④ Walter Baber and Robert Bartlett, *Deliberative Environmental Politics: Democracy and Ecological Rationality*, Cambridge: The MIT Press, 2005; James Bohman and William Rehg (eds.), *Deliberative Democracy: Essays on Reason and Politic*, Cambridge: The MIT Press, 1997; James Bohman, *Public Deliberation: Pluralism, Complexity and Democracy*, Cambridge: The MIT Press, 1996; John Rawls, *Political Liberalism*, New York: Columbia University Press, 1993.

功能，有效的风险交流不仅十分必要，而且也具有现实的可能性。"① 邻避设施的建设应该通过充分信任的协商沟通机制来实现，而不是作为政府的施政任务来完成，建立在某人后院的邻避设施某人应该有话语权来表达自己的意见与诉求，这是一种"多元协作式"的社会治理格局。第四，建立补偿与维护设施安全等机制，应避免让邻避设施的地区单独面对设施的外部性，受益的地区也应该参与决策过程。第五，设立一个当地的公正第三方处理委员会，并且尽量以小组和谐的讨论方式进行意见交流，避免大型而无法控制的居民大会。委员会不仅可以时刻反映居民关心的议题于上级机关，也能随时传达政府的想法于当地民众。②

三　环境社会权力能力增强与邻避治理

新宪制论者认为，对权力的限制与权力的分立，应该把"重点转移到控制权力的非正式手段"上，"对政治权力的行使加以控制的真正保证不可能从政府的内部安排中找到，对于专横地行使权力的有效限制来源于这样一些情况的某种结合，这些情况是：政治精英们对于限制行使权力所作的承诺；多种利益集团的存在；而最重要的是，多种自治组织的存在"③。"一个以民主和法治为基础的平等、自由和协商的社会领域的存在，始终是法治国家的根基所在，因为法治秩序在结构上是社会同国家协调的产物——社会赢得的是自主的空间，得以自由地缔约和结社建构自身。"④ 随着我国社会转型与市场经济的发展，个人主体意识和权利意识不断增强，民事权利保护从应然要求正快速转变为实然要求与法律诉求，这成为宪法生成和完善的强大社会动力。社会权力能力增强是一个多元社会的基础，权力多元才有可能实现意见的多元表达与利益的多元实现。因此，国家的治理体制应当基于经济社会整体考虑，其重点在国家与社会互动的整体复杂性上。

在政府失灵和市场失灵的两难困境下，社会治理中社会权力的作用就

① 金自宁：《跨越专业门槛的风险交流与公众参与》，《中外法学》2014 年第 1 期。

② 蔡宗秀：《邻避情结之冲突协商》，《亚太经济管理评论》2004 年第 1 期。

③ ［美］达尔：《民主理论的前言》，顾昕译，生活・读书・新知三联书店 1999 年版，第205—230 页。

④ 张文显：《全面推进法制改革，加快法治中国建设》，《法制与社会发展》2014 年第 1 期。

特别凸显，通过社会权力能够保障民事权利和政治权利，避免权力对权利的侵害。① 各种社会组织是现代社会的重要权力源，这些社会组织首先可以"分权"，从被国家"蚕食"的权力体系中分离社会权力——社会自治、自主的权力；其次，通过社会组织和公民反映不同社群的意见与诉求，进行"参权"，直接提供社会进程的参与性意义；最后，通过运用为社会所掌握或影响的舆论媒体，进行"监权"，对政治权力施压，监督国家权力，既支持政府为民谋利益的举措，又遏制、抗衡、扭转管理方的不法、侵权行为。② "在松散结构的团体和开放的社会里，冲突的目标在于消解对抗者之间的紧张，它可以具有稳定和整合的功能。"③ 历史经验表明，人们向往自由，不甘心屈从于痛苦和绝望，而且，已经自由者绝不会放弃自由，"虽然人们可能抱怨自由和文化所带来的责任，但是他们的由自己来确定他们的生活方式和处理自己问题的欲望是压倒一切的"④。罗尔斯认为，自由即诸种权利，分配自由，就是分配诸种权利，而且应当坚持平等的原则，通过赋予公民平等权利的方式来确认平等公民的共同可靠地位，也因此，公民才有平等的机会了解政治事务，参与政治生活，评价影响他们福利的提案。政治参与可以把每个人的信仰和利益都考虑进来，奠定了公民友谊的基础，形成了政治文化的精髓。对于每个人而言，正是因为有了公共生活的长期熏陶和滋养，才使得他们的公民性（civility）获得发展和提升，从而建构起一个具有高度自治意识和自治能力的日常生活领地。

邻避事件与法权能力贫困有关，社会权力能力贫困致使通过社会权力的正式意见与利益输出平台被关闭，非正式表达出现。国外有学者研究表明，近年来在美国兴建邻避设施遇到的阻力已经变得越来越少，其原因在于，国家和联邦机构开始承担批准厂商兴建邻避设施草案的责任，法律允

---

① 王宝治：《社会权力概念、属性及其作用的辨证思考》，《法制与社会发展》2011 年第4 期。

② 郭道晖：《社会权力：法治新模式与新动力》，《学习与探索》2009 年第 5 期。

③ ［美］科塞：《社会冲突的功能》，孙立平等译，华夏出版社 1989 年版，第 137 页。

④ ［美］约翰·罗尔斯：《正义论》，何怀宏、何包钢、廖申白译，中国社会科学出版社1988 年版，第 200 页。

许的程序也提供了更多公众参与邻避设施决策的机会，① 邻避设施选址方式从"决定—宣布—辩护"开始转向"参与—自愿—合作"。② 在这个过程中，环境保护社会权力承担者环境组织的存在与介入对于邻避事件的走向与治理至关重要，环境保护非政府组织会采取所谓的"回力镖模式"，向外寻求援助，网络之间可以进行资讯共享以增加其行动的机会，以外部的力量向本政府施压，以使政府寻求与民众理性的沟通渠道。③ 同时，非政府组织可以通过各种管道深入基层和前沿，增加大众的环境知识，将环境保护行动贯彻到人们的日常生活，提高生态敏感度，推动环境行动。④ 公民是最基础也是最重要的环境社会权力的主体，由此相联系的即为公民环境权，包括环境民事权利和环境政治权利，这是重要的环境法权结构面向，是一种基于自由主义理论视角的或公民个体环境权利诉求的公民权利，其根本目标是保证生态环境资源在不同群体与阶级之间的公平分配，因此，其所需要的环境公民的首要德性是环境正义。⑤ "公民环境权利的重要性在于，它承认公民个人的能动性，承认公民个人享有健康舒适环境的正义价值。环境权利对于环境资源冲突的解决具有重要的作用，因为它告诉我们，每一个人的生存环境都应该得到最高的尊敬，而不能把它看作是实现另一个人目标的工具。"⑥ 公民环境权至少应包括以下四项权利内容，即优良环境的享有权、恶化环境的拒绝权、环境知情权和环境参与权。要求尊重当代人与人之间的平等，促成普遍性权利主体的受保障。基于公民环境权的公众参与，有助于激发社会成员的责任感和积极

---

① Saha R. & Mohai P. , "Historical Context and Hazardous Waste FacilitySiting：Understanding Temporal Patterns in Michigan", *Social Problems*, Vol. 52, No. 4, 2005, pp. 618-648.

② Kasperson R. E. , "Siting Hazardous Facilities：Searching forEffective Institutions and Processes", in Lesbirel S. H. Shaw D. （eds. ）, *Managing Conflict in Facility Siting：An International Comparison*, Cheltenham, Uk：Northampton, MA：Edward Elgar, 2005.

③ Margaret E. Keek and Kathryn Sikkink, *Activists Beyond Borders：Advocacy Network in International Politics*, Ithaca：Cornell University, 1998, pp. 121-163.

④ Paul Wapner, *Environmental Activism and World Civic Politics*, New York：University of New York Press, 1996.

⑤ Andrew Dobson, Citizenship and the Environment, Oxford：Oxford University Press, 2003, pp. 5-7.

⑥ 秦鹏：《环境公民身份：形成逻辑、理论意蕴与法治价值》，《法学评论》2012 年第3 期。

性，"沉重的决策担子，最后将不得不通过广泛的民主参政来分担解决……"① 换句话说，在一个现代民主国家中，如果没有公众环境政治意识的成长，没有环境社会团体的政治参与，没有民主政治制度的不断绿化，就不会有环境社会组织（团体）实现其环境关切目标的政治机会。②

具体来说，通过以下管道增进环境社会权力能力：第一，非政府或非营利性环境保护组织非常重要，赋权也非常重要，应增强其行动的能力，它能在邻避冲突中沟通政府、厂商和民众，是邻避事件的缓冲地带。第二，公民参与应当制度化与机制化，受邻避设施影响的民众从规划到兴建、营运都全程参与是使邻避设施取得正当性的重要基础。通过积极参与，变"被管理者"为"主动参与者"，借助通信、媒体和网络平台，通过热线、邮箱、微博、微信等在线交流等形式，基于协商民主的良性沟通，增进彼此了解与互信，缓和社会矛盾，减少反对的可能性。第三，城镇发展总体规划与回馈制度，邻避设施要成为民众的"好邻居"，主管政府应该要求厂商在规划时，应提出前瞻性、整体性的发展计划，以形成邻避设施与民众之间"生活共同体"的密切关系。在规划蓝图中，就提前主动地列入环境建设与改善计划，提出愿景，让民众知晓，形成双赢局面。第四，管理方的营销政策与政策对话能力建设，政策营销可以更好地让民众了解环境污染风险的事实，与避免风险的方法。通过社会调查，了解目标群体的特征与结构，根据群体的特性研拟不同的营销策略。一方面应该进行政策说明会，直接与民众进行面对面的沟通；另一方面聘请专家学者撰写浅显易懂的说明手册，现场发放或者借助网络工具进行公告，以建立基本的邻避设施与危害处理知识。第五，制定知情权相关法律，如美国超级基金法案（Super Fund Act）规定，联邦与州政府环保机构在清除有关毒性废弃物的优先级时，应依据社区关系计划（community relations programs），事前咨询当地社区居民的意见。③ 应该使民众的知情权的法律保护制度化，其制度化的方向为：成立一个由民众、厂商与环保官员所共

① ［美］托夫勒：《第三次浪潮》，朱志焱、潘琪译，生活·读书·新知三联书店 1983 年版，第 45 页。

② 郇庆治：《政治机会结构视角下的中国环境运动及其战略选择》，《南京工业大学学报》（社会科学版）2012 年第 4 期。

③ 世界银行：《可持续发展——东亚及太平洋地区研究报告：国际经验综述：污染场地管理政策与法规框架》（第三版），2012 年 6 月。

同组成的"委员会"，通过环境协商，共同进行"合作性的污染监督模式"，该模式非但足以避免邻避设施纠纷，且有利于民众在环境规划上取得相当程度的自主。在实际中，应由项目方定期负责提供相关环境风险信息给附近民众，并由民众聘请专家担任咨询，以彻底实现知情的权利。

第四章　邻避风险的治理模式

　　近年中国邻避事件频发的原因可以概括为：严重的环境污染或难以预期的环境风险影响人之生存，（潜在）污染受害者难以通过体制内的渠道获得法律救济、保护其合法利益或正当权利，不得已转向体制外的诉求。

　　对于邻避事件的治理，一般来说，沿两种思路展开，一是"命令—控制"型的行政管制模式，二是"参与—回应"型的社会治理模式。在这两种模式之下，又可具体分为三种管道，第一种是透过政治的管道影响行政管制或立法的决策，第二种是利用司法诉讼的方式请求法院重新诠释财产权等权利，第三种是利用协商的方式化解环境冲突，规避邻避风险。基于维持社会秩序的考量，地方政府一般采用"命令—控制"型的管控模式治理邻避风险，这种模式减损了环境法律的社会功能，在实践中已呈现出诸多困境。在国家治理体系现代化的趋势下，邻避治理必须在法权结构的合理与法权能力增进的基础上，通过环境协商的制度实践，构建一种"参与—回应"型的社会治理体制。该治理模式强调政治权力的分权与社会权力能力的增进，是一种多元、参与、合作的结构，经此，将各行动主体与环境事务联系起来，这是环境法治的基本方向与价值回应，也是中国环境邻避治理的基本选择。

第一节　通过法治的邻避风险治理

　　治理是各种公共的或私人的机构和个人管理其共同环境事务的诸多方式的总和。它是调和在解决环境问题时可能发生的冲突或不同利益，并且采取联合行动的持续的过程。[①]　由此可以推断治理具有四个方面的特征：

---

① The Commission of Global Governance, *Our Global Neighborhood: the Report of the Commission on Global Governance*, Oxford: Oxford University Press, 1995.

首先，治理是一个过程。这意味着治理并不单纯地指环境标准、政策、法规、制度等，也不是人们通常认为的简单的环境问题或污染处置活动，它是寻求解决环境问题的一个持续的过程，是动态的、发展的和综合的概念，而不是静止的、固定的和局部的。其次，治理的主体是多元的。参与环境治理的行动者和主体不简单地局限于政府和公共部门，还可以包括私人部门。再次，治理强调协调和合作。由于环境治理参与主体的多元性，因此在环境治理过程中就天然内在地要求各种主体、不同部门之间的协调与合作。最后，治理是一种持续的互动。这种互动是指在环境治理过程中权力运行或传导不是传统的政府主导的、单一的自上而下的模式，而是包含来自民间社团或私人部门自下而上的上下互动的管理过程。①

治理是国家与社会，还有市场以新方式互动，以应付日益增长的社会及其政策议题或问题的复杂性、多样性和动态性。② 因此，治理是一门艺术，而不是机械地实施普适的原则，其就是要同时达到最大限度的统一和最大限度的多样性。③ "社会治理的根本目标和出发点是建立一个开放、自由、民主、公正、平等、和谐的现代社会，使每一个公民（不是少数人）在这样的社会里有充分的自由和权利追求幸福的希望和实现这种希望的机会……鼓励和信任人民群众以及激励其对社会及公共事务的责任感，培育人民及社会的公共意识、公民意识，增进公民与社会的公共行为，提升人民及社会对国家和政府的信任及合作。"④ 在这个意义上，治理不是自上而下、命令—控制，及公权力为主的单向度政府权力行使，而是给社会与民间组织更多的行动自由与活动空间。处于社会转型期的中国，面对剧烈的社会变迁，单一权威型的管理体系与制度对于社会治理力所不逮，甚至被认为是引发现代社会危

---

① ［瑞典］英瓦尔·卡尔松、［圭亚那］什里达特·兰法尔：《天涯成比邻——全球治理委员会报告》，赵仲强、李正凌译，中国对外翻译出版公司1995年版，第2页。

② J. Kooiman, "Social Political Governannce: Overview, Reflection and Design", *Public Management*, No. 1, 1999.

③ ［法］皮埃尔·卡蓝默：《破碎的民主：试论治理的革命》，高凌瀚译，生活·读书·新知三联书店2005年版，第117页。

④ 郭苏建：《中国国家治理现代化视角下的社会治理模式转型》，《学海》2016年第4期。

机的根源。① 在纷繁复杂的社会问题面前，各种治理理论与模式被次第提出，综合来看，有"公共治理理论"②"参与式社会治理模式"③"多元社会治理模式"④"协同社会治理模式"⑤"多中心治理模式"⑥"合作

---

① 张国清：《社会治理研究》，浙江出版联合集团、浙江教育出版社 2013 年版，第 165 页。

② 参见罗豪才、宋功德《公域之治的转型——对公共治理与公法互动关系的一种透视》，《中国法学》2005 年第 5 期；张成福、李丹婷《公共利益与公共治理》，《中国人民大学学报》2012 年第 2 期；张敏《协商治理：一个成长中的新公共治理范式》，《江海学刊》2012 年第 5 期；何翔舟、金潇《公共治理理论的发展及其中国定位》，《学术月刊》2014 年第 8 期；王家峰、孔繁斌《政府与社会的双重建构：公共治理的实践命题》，《南京社会科学》2010 年第 4 期。

③ 参见陈剩勇、赵光勇《"参与式治理"研究述评》，《教学与研究》2009 年第 8 期；王锡锌、章永乐《我国行政决策模式之转型——从管理主义模式到参与式治理模式》，《法商研究》2010 年第 5 期；陈剩勇、徐珣《参与式治理：社会管理创新的一种可行性路径——基于杭州社区管理与服务创新经验的研究》，《浙江社会科学》2013 年第 2 期；宋煜萍《公众参与社会治理：基础、障碍与对策》，《哲学研究》2014 年第 12 期。

④ 参见吴晓燕、任耀杰《社会管理创新：从一元管理到多元治理——以温江区永宁镇社会管理创新为例》，《社会主义研究》2012 年第 4 期；王义《从管制到多元治理：社会管理模式的转换》，《长白学刊》2012 年第 4 期；赫莉《多元参与城乡基层社会治理》，《甘肃社会科学》2013 年第 6 期；马金芳《社会组织多元社会治理中的自治与法治》，《法学》2014 年第 11 期；王名、蔡志鸿、王春婷《社会共治：多元主体共同治理的实践探索与制度创新》，《中国行政管理》2014 年第 12 期；杨丽、赵小平、游斐《社会组织参与社会治理：理论、问题与政策选择》，《北京师范大学学报》（社会科学版）2015 年第 6 期。

⑤ 参见郁建兴、任泽涛《当代中国社会建设中的协同治理——一个分析框架》，《学术月刊》2012 年第 8 期；燕继荣《协同治理：社会管理创新之道——基于国家与社会关系的理论思考》，《中国行政管理》2013 年第 2 期；汪海霞、郭维汉《法治视阈下社会协同治理的制度创新》，《南京师大学报》（社会科学版）2013 年第 6 期；范如国《复杂网络结构范型下的社会治理协同创新》，《中国社会科学》2014 年第 4 期；徐双敏、宋元武《协同治理视角下的县域社会治理创新路径研究》，《学习与实践》2014 年第 9 期；陈慧荣、张煜《基层社会协同治理的技术与制度：以上海市 A 区城市综合治理"大联动"为例》，《公共行政评论》2015 年第 1 期；杨华锋《社会治理协同创新的郝堂试验及其可持续性》，《北京师范大学学报》（社会科学版）2015 年第 6 期；张树旺、李伟、王郅强《论中国情境下基层社会多元协同治理的实现路径——基于广东佛山市三水区白坭案例的研究》，《公共管理学报》2016 年第 2 期。

⑥ 参见孔繁斌《多中心治理诠释——基于承认政治的视角》，《南京大学学报》（哲学·人文科学·社会科学版）2007 年第 6 期；吴庆华《社会治理主体多元化：模式及机制建构——以温州多中心治理模式为例》，《学习与实践》2008 年第 11 期；孔繁斌《社会治理的多中心场域构建——基于共和主义的一项理论解释》，《湘潭大学学报》（哲学社会科学版）2009 年第 2 期；魏波《多主体多中心的社会治理与发展模式》，《社会科学》2009 年第 8 期。

主义治理模式"①"网络型社会治理"② 等。尽管这些理论存在些许差异，在公共治理的实现方式与治理体系上也各有侧重，但有一些基本特征却是各种治理理论共同所具有的。

首先，公共治理主体的多元化。我们已身处一个多元与开放的社会，政府单一权威管理社会的正当性正遭遇挑战，非政府组织、其他社会自治力量等市民阶层迅速成长，这些社会组织与公民团体在各自领域都发挥着越来越显著的作用，"在治理方面的影响力甚至有可能超过政府，在某些方面发挥政府所不能替代的作用"③。公共治理主体是已然包括政府、非政府组织和其他社会自治力量的行动者系统。公共治理主体的多元化实现了社会治理结构的多中心，这矫正了"绝对主权"统治下的国家中心与权威主义，密尔对于有限政府的论述仍然在警示着人们，"一切政府的活动，只要不是妨碍而是帮助和鼓舞个人的努力与发展，那是不厌其多的。可是，政府一到不去发挥个人和团体的活动与力量却以它自己的活动去代替他们的活动的时候；一到不是对他们进行指教、劝导并有时指摘而是叫他们在束缚之下工作，或是叫他们退立一旁而自己去代替他们工作的时候，害处就开始发生了"④。公共治理主体的多元化支持权力分散，增强社会权力能力，重新形塑法权结构，这种治理体系是充满竞争、富有效率

---

① 参见徐勇《治理转型与竞争——合作主义》，《开放时代》2001 年第 7 期；张康之《走向合作治理的历史进程》，《湖南社会科学》2006 年第 4 期；张康之《合作治理是社会治理变革的归宿》，《社会科学研究》2012 年第 3 期；陈海春、陈婷《合作主义及其在中国转型社会中的适用性探析》，《理论与改革》2013 年第 2 期；张康之《论主体多元化条件下的社会治理》，《中国人民大学学报》2014 年第 2 期；贺海波《选择性合作治理：国家与农村精英的关系变迁》，《社会主义研究》2014 年第 3 期；敬乂嘉《合作治理：历史与现实的路径》，《南京社会科学》2015 年第 5 期；唐文玉《从"工具主义"到"合作治理"——政府支持社会组织发展的模式转型》，《学习与实践》2016 年第 9 期。

② 参见陈剩勇、于兰兰《网络化治理：一种新的公共治理模式》，《政治学研究》2012 年第 2 期；蔡翠红《国家—市场—社会互动中网络空间的全球治理》，《世界经济与政治》2013 年第 9 期；范如国《复杂网络结构范型下的社会治理协同创新》，《中国社会科学》2014 年第 4 期；李一《网络社会治理的目标取向和行动原则》，《浙江社会科学》2014 年第 12 期；童星《从科层制管理走向网络型治理——社会治理创新的关键路径》，《学术月刊》2015 年第 10 期。

③ 张小劲、于晓虹：《推进国家治理体系和治理能力现代化六讲》，人民出版社 2014 年版，第 80—81 页。

④ [英]约翰·密尔：《论自由》，程崇华译，商务印书馆 1959 年版，第 125 页。

和活力的,① 并且能够根除社会管理中的行政傲慢,因为行政傲慢"必然阻止行动过程中的一切必要的沟通,必然会拒绝信息共享,而这些都恰恰是合作的条件"②。因此,社会转型期并在高度复杂与不确定性的时代,多元社会主体基于共治的理念在合作的意愿下进行社会治理,是解决社会业已出现问题的根本方式,也是社会持续发展的内在需求。

其次,公共治理方式多样化。社会转型期社会发展具有复杂性与不确定性,由政府主导的线性管理模式,即政府主导,市场与社会为辅的管理模式,已不能提供有效的解释与应对方案。在这种模式之下,行政管制思维至上,社会控制是基本方式,"一旦遇到矛盾和突发事件,习惯性的捂、瞒、压,简单地对待社会矛盾和社会分歧的疏解,社会治理呈现出就事论事、事后弥补的特点,缺乏持久性、系统性和未雨绸缪的预防性思维"③。这种理性化的官僚制结构,"是一个内部的自我循环的封闭系统,最大的问题是脱离社会基层,消极地对待基层人民的需求,产生了现实社会中沉默的大多数,导致了民众对现代政治的冷漠"④。"中国需要建设一个以规则为主导的社会,显然单一公权力机构并非这一过程的主宰者。商业机构、非政府组织、公民与社区等都将是中国公共治理转型过程中规则体系建设的利益相关者和重要参与者。"⑤ 因此,呼唤产生能够揭示复杂社会治理规律与机理的新治理范式,合作共治的社会治理模式诞生。在这样的治理模式中,治理方式的多样化就是应有之义,信息交流、民主协商、协同共治、合作参与等治理方式成为主流面向,除了政策、法律制度化的实现方式之外,非制度化的如习惯、习俗、道德等也会发挥其积极效果。面对公共治理难题,协商、合作、共治才是解决之道,"社会治理的本质特征在于合作与沟通,发挥不同社会主体在国家治理和社会发展中的作用"⑥。治理方式的多样化也是社会治理的基本含义与本质要求。

最后,公共治理过程的互动性。公共治理主体的多元与治理方式的多

---

① 于水:《多中心治理与现实应用》,《江海学刊》2005 年第 5 期。

② 张康之:《论主体多元化条件下的社会治理》,《中国人民大学学报》2014 年第 2 期。

③ 范如国:《复杂网络结构范型下的社会治理协同创新》,《中国社会科学》2014 年第 4 期。

④ 张国清:《社会治理研究》,浙江出版联合集团、浙江教育出版社 2013 年版,第 162 页。

⑤ 邓穗欣、湛学勇、鲍勇剑:《走向规则主导型社会——一个关于中国公共治理转型的研究与实践框架》,《复旦公共行政评论》2012 年第 2 期。

⑥ 韩大元:《宪法实施与中国社会治理模式的转型》,《中国法学》2012 年第 4 期。

样，决定了公共治理过程的互动性与持续性。公共治理是"为了实现与增进公共利益，政府部门和非政府部门等，众多公共行动主体彼此合作，在相互依存的环境中分享公共权力，共同管理公共事务的过程"①。其典型特征是开放性和双向度，这是一种与等级制和市场化相对的新型治理机制，公共治理主体来自政府、市场和市民社会，这些参与者在一个制度化的框架中相互依存，并为实现一定的公共价值而展开联合行动。② 因此，公共治理是一种合作、互动的治理思路，而其实现有赖于信任机制和协调机制的培育和实现，③ 公共治理的关键在于建立和发展良好的合作关系。基于这样的思维方式与逻辑体系，公共治理要求约束行动者自利的一面，而要进行价值协同、信息共享，并通过对话、共同商讨和共同规划来调整利益主体间的关系。最终落脚于政府、市场与社会三者的有效互动，发挥三者合力所带来的治理效应，形成相互支撑又相互制约的合作互动治理模式。④

　　法治是公共治理的基本实现方式，法治是国家治理现代化的内在要求。"在法律支配的治理秩序中，权威主体的正当性源自合理规则的制度赋予，治理对象所服从的是规则而非个人，即对合理的规则与制度所形成的具有一般性约束力的规范的服从。"⑤ 通过法治实现法理体系与治理能力的整合，适应现实需求。⑥ 现代法治的核心要义是良法善治，法治为公共治理注入了良法的基本价值，也提供了善治的创新机制。⑦ 因此，对于邻避风险的公共治理也应以法治的方式来实现。一般来说，善治是"政府、公民、社会组织和私人部门在形成公共事务中相互作用，以及公民表

---

　　① 陈振明：《公共管理学——一种不同于传统行政学的研究途径》，中国人民大学出版社2003年版，第86页。

　　② 陈剩勇、于兰兰：《网络化治理：一种新的公共治理模式》，《政治学研究》2012年第2期。

　　③ 鄞益奋：《网络治理：公共管理的新框架》，《公共管理学报》2007年第1期。

　　④ 何翔舟、金潇：《公共治理理论的发展及其中国定位》，《学术月刊》2014年第8期。

　　⑤ ［德］马克斯·韦伯：《支配社会学》，康乐、简惠美译，广西师范大学出版社2014年版，第19页。

　　⑥ 王浦劬：《国家治理、政府治理和社会治理的含义及其相互关系》，《国家行政学院学报》2014年第3期。

　　⑦ 张文显：《法治与国家治理现代化》，《中国法学》2014年第4期。

达利益、协调分歧和行使政治、经济、社会权利的各种制度和过程"①。善治包括四大要素：一是法律受到尊重，并且通过法治来保护公民安全，"宪法与社会共识的形成是社会治理的内在因素与基础……同时，宪法通过其国家权力的合理分配机制，为公共权力与个人权利之间的平衡提供法律基础与依据"②。二是公共机构能进行有效的公共管理，并正确地进行公共开支。三是政治领导人以其行为对人民负责。四是政治透明性要求。③ 在邻避风险的环境法治理中，首先是民主理念的体现，公众参与是邻避决策的应有之义，并以此增强社会权力能力，扩大社会的话语权与参与感。其次，通过公共治理的协商、沟通、交流、对话等方式，最大限度地体现各行动主体的利益诉求与政策主张，以辩论、理解、妥协凝聚共识，缩小分歧，以保证决策的社会效果与执行力。最后，进行多元主体共治，通过社会权力的分权、监权与参权的作用，进行社会事务的公共治理，以最大限度地实现社会自治，实现邻避风险治理中的国家治理与社会自治结合，达到公共治理的良好效果。公共治理是对单一权威主体管理的修正，通过增加社会权力能力，实现治理权威的多元化。法治是实现公共治理结构与社会功能的最基本方式。

多元化的治理主体正是治理权威获致正当性的前提，治理权力的正当性来源于法律，治理权分散与多元，是对多元法权关系合法性与合理性的承认。④ "将一切经济、政治、社会、文化生活，逐步纳入以宪法为核心的法治轨道……在宪法治理中，稳定、繁荣、和平、自由、平等、和谐——这些人类社会追求的理想状态得以展开。"⑤ 通过法治实现治理权力的分配，是多元治理的前提。同时，法治也是实现治理方式多样化的工具，法治为治理注入良法的基本价值，提供善治的创新机制，治理体系和治理能力要充分体现良法善治的要求，实现治理现代化。⑥ 在法治秩序

---

① ［美］G. 沙布尔·吉玛、丹尼斯·A. 荣迪内利：《分权化治理：新概念与新实践》，唐贤兴、张进军等译，格致出版社、上海人民出版社 2013 年版，第 5 页。

② 韩大元：《宪法实施与中国社会治理模式的转型》，《中国法学》2012 年第 4 期。

③ ［法］玛丽-克劳德·斯莫茨：《治理在国际关系中的正确运用》，肖孝毛译，《国际社会科学杂志》（中文版）1999 年第 1 期。

④ 孔繁斌：《多中心治理诠释——基于承认政治的视角》，《南京大学学报》（哲学·人文科学·社会科学版）2007 年第 6 期。

⑤ 韩大元：《宪法实施与中国社会治理模式的转型》，《中国法学》2012 年第 4 期。

⑥ 张文显：《法治与国家治理现代化》，《中国法学》2014 年第 4 期。

内，公共治理才能得以展开，公共治理的价值才能得以充分的体现。最后，法治也保证了公共治理过程的可持续性与互动性。通过法律的承认或授权，私主体进行治理的权利获得保障，才能发挥最大的主观能动性。治理是以公共利益保护为圭臬，各行动主体通过协商、沟通、合作等决策机制，进行公共领域公共利益的决策，在其性质上是一种契约的关系，有学者指出，"现代社会治理包含了各个公共和私人部门、社会治理机构和组织之间横向的、彼此独立又相互联系的、民主法治基础上的互动关系，政府是其中一个行为者，扮演自己的角色"①。因此，公共治理理论的提出与实践，其实质是在法治的框架内将公共权力向私人主体开放，实现公共权力的多中心化，法治是社会治理多元转向的关键所在。通过法治实现多元化的公共治理结构与制度安排，"多元主体在统一、权威的法律规则之下分工协作、运转自如，是通过法治的社会治理的理想局面"②。

第二节　"命令—控制"型管控模式及其困境

"命令—控制"型是一种挤压个人自由的行政管理与决策模式。国家或者行政权力全方位向社会展开，所有的公民个体都必须承受来自各种制度与政策的命令与控制。在这样的政治权力氛围中，个人行使权利和享受自由是以政策与制度的"批准"为前提的，并由此框定了"先国家后个人"的逻辑关系。行政权力没有明确的边界，"权力主义要求下级遵守纪律，而且缺乏对民众的有效保障或民众表达其利益的机会；无序表现在地区和功能方面的指挥路线纷繁复杂地交织在一起"③。在"命令—控制"型治理模式下，对环境风险的治理主要是运用行政权力，以行政强制手段进行处理，它以实现行政机关所认定的公共利益为终极目标，是行政机关单方面意志的贯彻执行，通过封闭程序将公众的权利与利益诉求排除在外。在"命令—控制"型的管制模式之下，治理被简化成行政决策者对社会与社会行为的单向管理，决策者根据自认为的公共理性满足社会公众

---

① 郭苏建：《中国国家治理现代化视角下的社会治理模式转型》，《学海》2016 年第 4 期。

② 张红、王世柱：《通过法治的社会治理》，《中国高校社会科学》2016 年第 2 期。

③ ［美］李侃如：《治理中国——从革命到改革》，胡国成等译，中国社会科学出版社 2010 年版，第 92 页。

的需要，而公众的经验、偏好、价值与需要缺乏有效的政策决策输入途径。

一 "命令—控制"型管制模式下的行动主体角色

邻避风险所涉及主体一般有行政机关、项目建设方、受项目影响的民众和技术专家等。"人们的社会角色会对他们的决策产生特定的影响。"[1]

就行政机关的角色转换而言，第一，作为邻避风险的公共利益的判断者和代表者。行政机关经过法律授权判断与邻避风险有关的公共利益，行政机关可以判断邻避设施所带来的风险是否能够为社会所接受，邻避风险信息通过何种方式在何时向社会公开，以及采取何种措施来管理邻避风险等。第二，作为邻避风险规制的领导者和监督者。行政机关根据法律规定评估邻避风险，制定邻避设施的技术标准，对邻避设施运行的全过程有监督管理的权力，并且可以依法对违法行为作出处罚等。第三，拥有权力当然就意味着承担责任。行政机关是邻避风险规制中责任的集中承担者，如果在风险规制中滥用职权，违反环境保护与治理规范，则应当承担相应的法律责任。我国立法对行政机关的角色规定很明确，《环境保护法》第六条第二款规定："地方各级人民政府应当对本行政区域的环境质量负责。"第十五条第一款规定："国务院环境保护主管部门制定国家环境质量标准。"第十六条第一款规定："国务院环境保护主管部门根据国家环境质量标准和国家经济、技术条件，制定国家污染物排放标准。"行政机关也是循此展开邻避风险规制实践的。几乎所有的邻避冲突都是由政府主导下的产业规划引起，到冲突发生时，政府马上宣布缓建或是停建，平息冲突。这充分说明了行政机关在邻避风险规制中的权力运用。

就项目建设方角色而言，从当前邻避风险规制的实践来看，项目建设方作为行政相对人，遵守相关环境法律法规，服从行政机关的安排。政府招商引资，吸引企业前来投资建厂，而一旦发生邻避冲突，事态发展超出预期时，政府宣布缓建停建，企业也得服从政府的这种安排，其前期投资可能"打水漂"。这也是在所有的邻避冲突中，我们看不到企业的身影的原因，似乎都是管理方和民众的矛盾。天然地，社会会认为企业是具有

---

[1]　[美]凯斯·R.孙斯坦：《风险与理性——安全、法律与环境》，师帅译，中国政法大学出版社2005年版，第45页。

"原罪"的，正是公众预见到基于"管制规则"，在法律的允许和保护之下，企业在管制红线之外必然会创造游离法律之外的市场，或者偷排，或者超标排放，或者违规利用资源等，因此在项目立项之初就提出反对意见，这便是邻避冲突的源头。① 但是，企业不承担邻避冲突的责任，这和西方的邻避冲突有很大差别，在西方社会，一般民众会把矛头直接指向企业，要求企业遵守法律，履行承诺。政府是管理者，监督者，更重要的是，政府是居间协调者。需要注意的是，在我国，企业虽不承担责任，但企业基于其强大的经济实力与社经地位，始终影响着政策与法律的制定，影响政府的决策。这就出现一个悖论，企业参与决策的源头，而不对决策的结果负责。

就受项目影响民众的角色而言，由于其较弱的社经地位，没有能力影响政策与法律，政府环境决策可能会忽略他们的利益与诉求，附之以信息的渠道不畅、邻避专业知识鸿沟等，当他们通过其他管道得知邻避设施可能修建在自家后院时，便开始反对。有人认为是所谓的"邻避情结"，即居民想要保护自身生活领域，维护生活品质所产生的抗拒心理和行动策略。② 公众对于管理方，对于专家缺乏信任，更不会相信企业会守法运营，其结果就是管理方与专家的话语失去舆论控制力，从而激发更多的人参与行动。③ 公众运用价值测量来衡量自身的风险，以有用的标准，采取实用主义的策略进行行动，④ 因为"缺乏制度化纠纷解决方式的激励，从而转向非规范化的纠纷解决方式"⑤。价值具有多元化和相对性，价值是一种主观感受，这与科学的理性判断当然存在一定的差距。"在民主国家

---

① 参见凌斌《规则选择的效率比较：以环保制度为例》，《法学研究》2013年第3期。

② 一般来说，邻避情结是一种全面地拒绝被认为有害生存权与环境权的公共设施的态度，基本上是一种环保主义的主张，它强调以环境价值作为衡量是否兴建公共设施的标准，邻避情结的发展不许有任何技术面的、经济面的或行政面的理性知识，它是一种情绪性反应。参见 Vittes M. E., Pollock P. H., Lilie S. A., "Factors Contributing to NIMBY Attitudes", *Waste Management*, Vol. 13, 1993, pp. 125-129。

③ 何艳玲、陈晓运：《从"不怕"到"我怕"："一般人群"在邻避冲突中如何形成抗争动机》，《学术研究》2012年第5期。

④ See Elizabeth J. Perry and Merle Goldman, *Grassroots Political Reform in Contemporary China*, Cambridge：Harvard University Press, 2007, p. 254.

⑤ 孟甜：《环境纠纷解决机制的理论分析与实践检视》，《法学评论》2015年第2期。

中，普通人的直觉更具规范性，公众的观念应当作为环境风险规制的主要标准。"① 为维持社会稳定，便做出妥协，表面上，民众的邻避行为似乎取得了胜利，其权利与诉求似乎得到了保障，但这不是程序性的制度保障。厦门 PX 项目最终迁往漳州建设，广州番禺垃圾焚烧厂也择址建设，大连 PX 厂从未停产，这些足以说明管理方的承诺只是一种策略性的行为选择。

就技术专家的角色而言，为了科学决策，邻避风险规制通常要依赖相关领域的技术专家辅助，所以，技术专家也是邻避风险规制中非常重要的主体。"与普通公众不同，专家通常是指在特定领域内有过专门的系统知识训练和长期的经验积累。"② 因此，专家在其知识路径上作出的判断往往被认为是科学的、权威的、可靠的。综观当前的邻避冲突，技术专家提供邻避风险知识，并且为行政机关决策的合法性进行论证。管理方的说辞中经常包含"根据专家意见"，"专家认为"等用语，其包含的意思就是，专家是客观的、中立的、权威的，专家的意见是正确和确定的，有专家辅助的决策是符合社会公共利益的，是正当的。我国《环境保护法》中对专家意见也作出了规定，即第十四条"国务院有关部门和省、自治区、直辖市人民政府组织制定经济、技术政策，应当充分考虑对环境的影响，听取有关方面和专家的意见"。殊不知，邻避风险规制中的科学与价值的不同认知模式导致专家和公众对风险的知识形成不同的判断。专家一般会认为公众是无知的，夸大风险，其对风险的认识是非理性的，甚至是错误的。③ 因此，技术专家认为将风险规制交由民主决策将是无效率与不科学的，主张在邻避风险规制中完全的专家统治，但这极可能导致权力的恣意。

从行动主体角色定位出发，行政机关与邻避设施项目建设方是封闭决策方，特别是在 PX 项目等工商业设施建造过程中，工商业集团更是在某一领域具有垄断性的地位，加之地方政府强大的组织与动员能力，会将项

---

① 戚建刚：《风险交流对专家与公众认知的弥合》，载沈岿编《风险规制与行政法新发展》，法律出版社 2013 年版，第 201 页。

② 参见王锡锌《公众参与和行政过程——一个理念和制度分析的框架》，中国民主法制出版社 2007 年版，第 295 页。

③ Dan M. Kahan, Pail Slovic, Donald Braman and John Gastil, "Fear of Democracy: A Cultural Evaluation of Sunstein on Risk", *Harvard Law Review*, Vol. 119, 2006, pp. 1074-1076.

目的执行发挥到极致。这是一种典型的"政治—经济"结构的强强联合形态，发生二者所谓的权力合作极易可能。相比之下，受邻避设施项目影响的社区民众则是力量极为弱小的一方，在社会结构与网际关系中处于最边缘的境地，同时，囿于项目的科学技术性与学习门槛的提高，他们往往不能掌握相应的话语权并参与决策过程。邻避设施既成事实之后，社区民众则会因为目标统一而结成临时的抗议性组织，结构松散，缺乏核心领导。前文述及的厦门反对 PX 事件、大连反对 PX 事件、宁波反对 PX 事件等都反映出这种明显的趋势。在这过程中，一个非常重要的主体被忽略了，那就是环保社会团体等中立性与权威性足够的组织，环保组织有一定程度的组织规模与行动目标，致力于在政府与民众之间提供沟通与理解，对于邻避设施风险治理具有非常重要的意义。

二　"命令—控制"型管制模式的困境

中国形塑的环境风险的行政应对就是采用"命令—控制"型的管控模式，受邻避设施影响的民众通过某种方式进行"集体利益表达诉求"时，地方政府就以维护社会秩序与稳定之名进行控制处理。殊不知，这种"治标不治本"的管制模式，只能暂时压制事态的扩大化，无助于从根本上解决因邻避设施建造而引发的危机，并且进一步加剧了管理方与民众的矛盾。运用强制行政手段，使社会表面归于平静，营造一种社会稳定与有序的状态，有学者把这种稳定称为"刚性稳定"，而不是一种"韧性稳定"。① 通过"命令—控制"型的行政管制，虽然可以把民众的权利与利益诉求控制在一定范围之内，但却无法有效地树立政治权威，并且引发了管治的困境，民意未能得到有效输出，矛盾进一步被掩盖，没有充分有效的社会沟通，维持社会秩序与稳定思维下需要动用更多的公共资源，社会风险进一步增大。这种管制模式与干部考核体系具有相关性，地方政府干部非常重视考核的具体内容和结果。所以，明确的、可量化的，有"一票否决"性质的"硬指标"往往会优先模糊的、无法量化的，无约束力的"软指标"，甚至会成为地方政府唯一关注的内容。有学者通过对地方主要官员职位流动性的研究发现现，"自上而下的干部管理体制形成的政治激励在很大程度上造成了扭曲的政策执行结果。因为干部考核指标只看

---

① 于建嵘：《当前压力维稳的困境与出路》，《探索与争鸣》2012 年第 9 期。

重干部在经济增长方面的政绩，忽视了其他方面的政策领域"①。

　　我国当下对于邻避事件的解决以传统的"命令—控制"型管控模式为主，2012 年发生在四川什邡的邻避事件，是这一管控模式的典型体现。什邡市及周边地区的学生和居民因担心四川宏达股份有限公司投产的钼铜多金属资源深加工综合利用项目会对环境和公共卫生构成威胁，于 2012 年 7 月 1—3 日进行了抗议活动。整个活动吸引了数千人参加。抗议活动的图像和视频在微博和社交网站上流传。最后，当地政府宣布不会再建钼铜项目，抗议活动结束。事后，当地政府官员也承认当初和群众之间的沟通不足。如今，项目虽然已经叫停，但其背后公众参与环保的无力却仍在困扰着我们。什邡邻避抗争不是孤案，显示了当前社会普遍的地方环境治理困境，地方政府基于政绩需要考量经济发展，而非普遍民众的需要与感受，民众从这些污染项目中能获得的好处有限，且获益不确定。在整个事件的演变中，管理方和民众处于不确定的两端，管理方不但在决策过程中独断专行，缺乏与利益相关方的沟通，而且在矛盾激化时也缺少沟通的方法和技巧。民众在面临自身生活环境遭遇危机的情况下，难以通过体制内的渠道进行表达，进而通过非常规的体制外的方式。"当每个人都期望获取相应的环境权利……权利之间必然会产生激烈的冲突。"② 所以，"在邻避设施的决策过程中，当政府尚未给利益相关主体提供参与渠道，或者在与其沟通不畅的情况下，会导致邻避冲突的发生"③。利益不平衡，宽容有限，参与不足，民主不彰，直接反对的表达形式就难以避免。

　　"命令—控制"型管制模式的正当性遭遇挑战，首先，社会转型期的社会利益呈现多元化的状态，社会行动主体的价值与认知也极具个性化的表现。在这种社会结构中，依靠行政决策主体单向的封闭行政决策决定社会公共利益并展开社会行动，往往是有失偏颇的，可能并非公共利益的全貌，如此，这种模式的社会正当性则显得不足。其次，多元社会发展中的社会行动主体的利益表达能力、政策判断能力与行动能力都趋于增强，基

　　① 详见 Mei，C. Q.，*Brings the Politics Back in：Political Incentive and Policy Distortion in China*，PhD Dissertation，Maryland University，USA，2009。

　　② 董正爱：《社会转型发展中生态秩序的法律构造——基于利益博弈与工具理性的结构分析与反思》，《法学评论》2012 年第 5 期。

　　③ Cascetta E.，Pagliara F.，"Public Engagement for Planning and Designing Transportation Systems"，*Procedia-Social and Behavioral Sciences*，Vol. 87，2013，pp. 103-116.

于风险社会的背景，公众对于风险的感知也对专家和政府的科技理性提出怀疑。公众对于决策透明性提出了更高的要求，决策要获得良好的社会行动效果与执行力，必须要让公众参与决策过程，进行社会的合作治理。"命令—控制"则排除合作，拒绝透明，自认为是社会利益的最佳代言人与理性的使者，涉及公益政策时，专家往往具有官僚心态与父权心态，夸大其专业的崇高性，会形成专业决策偏见，其封闭的决策失去了社会的基础，遭遇抵制与抗争在所难免。最后，"命令—控制"行政决策实质会带来公共利益的牺牲。由行政机关的专业资源进行的决策往往并不能让人满意，同时，还有专家迟钝、腐化甚至是利益关联等问题。①

"命令—控制"型管控模式中，行政权力压制了环境法治中的公民性基础，环境法治中的公共精神不彰，对政府及其工作人员的批评与建议权利也成为纸上空谈。这就带来一个问题，"命令—控制"型管制解决的根本问题是建立政治秩序，维护政治权威。为达此目的，管理方可能采取应急性的处置措施，而这些措施未必能服众，法律容易受到政治权力的影响，法制被动地适应社会政治环境，难以获得社会认同并树立权威，法律没有发挥其应有的作用。在处置事件的过程中，行政成本高昂，政府公信力下降，所有这些昂贵的社会成本最终又由社会成员埋单。最重要的是，利益相关方，特别是利益受害群体的权利与利益表达不能，管制并不能从根本上为民意输出提供通道，消解社会成本。因此，"命令—控制"型的管制遭遇困境。

第三节　"命令—控制"型邻避风险管控
面临的主要挑战

在规范的意义上，邻避风险规制应当是由议题形成、安全标准制定、风险评估、风险交流和风险管理等要素构成的制度状态。基于西方社会邻避风险规制的经验，在"国家—社会"的理论体系与"侵权—维权"的权利话语下，信息公开、公众参与与司法救济是其基本的制度结构。我国

---

① ［美］乔尔·赫尔曼等：《转轨国家的政府俘获、腐败以及企业影响力》，周军华译，《经济社会体制比较》2009年第1期。

《环境保护法》也是循此思路进行修订的，总则第五条确立了环境保护公众参与的基本法律原则，并在第五章设专章规定了"信息公开和公众参与"，也加强了司法救济的力度。有学者认为，新法"一定程度上超越了对于环境行政管制的依赖性，并在确立生态文明建设、可持续发展等宏观国家环境战略与法律价值导向的前提下，初步建立了社会化、综合化的环境公共治理的多元法律机制"[①]。但是从法律的社会效果来看，《环境保护法》的实施并没有根本改变我国邻避冲突的严峻现状，社会公众对行政机关规制邻避风险的能力依然不信任。总体而言，当前我国邻避风险规制主要面临以下几方面的挑战。

一　在邻避风险议题形成方面

所谓邻避风险议题，就是确定哪些规划和设施有邻避风险，并据此进行风险规制。议题形成是行政机关分配资源进行风险评估，制定安全标准并进行风险管理的基础与前提。邻避风险议题的形成充满价值冲突。例如，对于 PX 项目，行政机关和项目建设方，在专家的辅助下，多认为"低毒""无害""安全"，而民众则认为"剧毒""高度致癌""和白血病、畸形儿相联系"。在邻避风险议题上，科学和价值对立，专家通过科学计算与理性分析，得出自认为客观的、确定无疑的结论，并为行政机关所采纳。而民众的价值认识则是多元的，充满争议的，民众认为专家的结论是为决策背书的。实践中，行政机关对利益可能受损群体，特别是邻避设施周边的民众的权益通常没能充分考虑。"一个很重要的观念误区是，政府照顾大多数人利益，想当然地认为小部分群体应该牺牲和付出……封闭决策、简单通告，当老百姓开始有意见时，又采取回避的办法，于是越闹越大。"[②] 有论者认为，这是因为"政府行为的企业化和市场化，使得社会保护生态环境和资源的种种努力，在政府追求经济增长的冲动面前显得软弱无力"[③]。

在厦门反对 PX 项目事件中，政府决策中完全看不到市民的身影，大

---

① 参见柯坚《我国"环境保护法"修订的法治时空观》，《华东政法大学学报》2014 年第 3 期。

② 崔筝：《中国城市"邻避事件"渐起》，《财新新世纪》2011 年第 45 期。

③ 董正爱、王璐璐：《迈向回应型环境风险法律规制的变革路径》，《社会科学研究》2015 年第 4 期。

多数市民对建 PX 厂并不知情，2007 年 5 月 20 日，有人通过手机短信传播 PX 项目信息，社会公众方才知晓。事件发生后，相关的媒体报道也被屏蔽。在茂名 PX 项目事件中，决策"先斩后奏"，议题形成中也完全看不到民众的身影。

二　在邻避风险安全标准制定方面

邻避风险的安全标准是进行风险规制的依据，也是项目建设者进行作业的基本依据，科学的标准能够消解反对者的疑虑。邻避风险安全标准有诸多方面，包括环境质量标准、污染物排放（控制）标准、检测方法标准、样品标准等。这些标准大多是确定的，但这些标准一般是经过严格科学计算得出的图形、数据、符号与代码，对于没有受到科学训练的大众来说，显然超出其知识范围与认知能力。大众只想清楚简单地知道，这项目离我有多远，其排出的有毒废弃物能否到达我的住地，会不会影响我的健康与安全等。如在大连反对 PX 项目事件中，民众普遍信任"国际组织规定 PX 项目至少应该离城市 100 千米才安全"的说法，而管理方引用某权威专家的说法，认为"纯粹是无稽之谈，没有任何科学依据"。并且举例美国休斯敦 PX 装置距城区 1.2 千米；新加坡裕廊岛埃克森美孚炼厂 PX 装置距居民区 0.9 千米；日本横滨 NPRC 炼厂 PX 装置与居民区仅隔一条高速公路。由于没有一个客观权威的、具有说服力的标准，加之民众对管理方和企业的极度不信任，就会有恐慌情绪。这种情绪性的反应，就是通常被认为的"邻避情结"，通过此引致邻避冲突。

三　在邻避风险评估方面

风险评估是邻避设施修建的前提性与基础性工作，环境影响评价担负着邻避风险评估的重任。《环境保护法》将环境影响评价作为基础性的制度进行规定，第十九条规定："编制有关开发利用规划，建设对环境有影响的项目，应当依法进行环境影响评价。"并且规定"未依法进行环境影响评价的建设项目，不得开工建设"。《环境影响评价法》是更具体与细化的规定。环境影响评价要求客观中立的第三方评估机构对新建设的项目可能会对环境产生的不利影响和需要采取的措施，预先进行评估，并且征求项目所在地居民的意见，根据评估结果对原项目内容进行修改，直到取得一致意见再开始建设。要求运用科学知识，正确、客观、公开、公正地反映邻避设施安全风险的严重性。① 这要求至少满足：（1）价值合理性，即行政机关设定的风险规制目标能够为民众所接受，从而具有正当性；（2）工具合理性，即行政机关规制风险的手段或措施基于精确的计算和预测，具有科学性。② 然而，我国邻避设施建设中符合立法规范的环境影响评价不容乐观。

四川什邡反对钼铜项目事件、江苏启东反对排污项目事件以及其他反对 PX 项目事件中，在立项时都没有把环评作为决定项目是否建设的根据。环评中一个重要的方面是公众参与的程度。什邡事件信息公示："本次公众参与的范围主要为四川宏达钼铜有限公司钼铜多金属资源深加工综合利用项目所在地的和本项目有直接或间接关系的企事业单位和个人。"③ 在众多的反对 PX 项目事件中，环评程序推延，公众参与环节推迟，直至邻避冲突发生。

我国当前环境影响评价制度存在很多问题，包括环评目标设计不明确、环评操作难实现，环评管理设计复杂等。按照现行的制度设计，环评的管理简单终止于项目的前期，企业污染的责任追究并不和环评相关。其结果就是"环评手续合法，但项目运行中环保却不合格的情况，给社会和公众造成环评无用的直观印象"④。从立法精神与制度目的来说，环评以解决选址与公众关心的环境问题为旨归，但现实的情形却是通过环评将"不可能变为可能"，经过多方论证与公众意见表达，环评报告成了"承诺书"，企业承诺要采用什么样的技术手段增加多少环保投资减少污染，政府承诺进行何种监管，配套多少工程来满足项目理论上的"环境可行性"。然而，管理方与企业的承诺往往不能兑现，因为这些选址本身就"不合适"，公众意见也未能得到适当的表达，邻避冲突终不能避免。

四　在邻避风险交流方面

风险交流是风险规制中极为重要的环节，观察现实中各类邻避冲突，我们可以看到，延迟或是片面地传播邻避风险信息是管理方的惯常策略，

① 参见《环境影响评价法》第四条。
② 戚建刚：《风险规制过程合法性之证成——以公众和专家的风险知识运用为视角》，《法商研究》2009 年第 5 期。
③ 崔文官：《什邡：百亿钼铜项目夭折真相》，《中国经营报》2012 年 7 月 9 日第 A9 版。
④ 王亚男：《中国环评制度的发展历程及展望》，《中国环境管理》2015 年第 2 期。

采用的是单向的而非双向互动的方式进行风险交流。《政府信息公开条例》第九条和第十条明确规定了行政机关履行邻避风险交流的职责。《环境保护法》第五章设专章规定"公众参与和信息公开"，《环境影响评价法》也有相当多的条文规定了风险信息共享与公开。《环境信息公开办法》（试行）中也明确规定"环保部门应当将主动公开的政府环境信息，通过政府网站、公报、新闻发布会以及报刊、广播、电视等便于公众知晓的方式公开"。一方面，就立法来看，仍然"体现为发布—接受的单向公开模式，没有确立政府的回应义务，不足以确保政府的公信力"①。另一方面，实践中有效的风险信息交流并不多。"在初期以目的正当而忽略手段与方法的合理性，忽略平等的沟通与解释，激起民粹行动，危及社会稳定后又开始妥协或敷衍，放弃应有担当，置政府与法治公信力于不顾。"② 以四川什邡反对钼铜项目事件为例，铜的冶炼和提炼过程会产生多种有毒的副产品，包括水银、二氧化硫和砷等，居民们担心这些污染物会渗入城市的空气和供水系统。但是，政府"只发布了工厂环境报告的简短版本，该报告没有提供固体废物和废水的信息"。在项目开工前，附近村民收到了村委会发放的"环境影响评价意见表"，该表列出了项目的基本情况，以及项目对当地的好处，却没有把民众最为关心的项目可能发生的环境风险列出。③ 邻避冲突发生的模式几乎一致，在项目立项时，有效的风险交流与沟通几乎不存在，缺乏必要的环境信息支持，致使参与不能。首先，信息公开的方式单一，只是简单地公布于政府网站或是张贴告示，能够有效接受到信息的民众不多；其次，信息公开的时间较晚，一般是主管部门审批环境影响评价报告书阶段才公开相关信息，这时项目已开始了前期大量的投资，民众认为被欺骗；再次，环评信息公示的时间非常短，且只公示简本，甚至很多项目连简本也未公示；最后，公示的内容简

---

① 虽然新修改的《环境保护法》在信息公开方面有了诸多进步，如明确了公民的环境知情权，政府信息公开范围的具体化，设置了企业环境信息公开的法定义务，环评报告书公开等，但单向公开模式，无政府回应的问题依然存在。参见陈海嵩《国家环境保护义务的溯源与展开》，《法学研究》2014 年第 3 期。

② 冯辉：《公共治理中的民粹倾向及其法治出路——以 PX 项目争议为样本》，《法学家》2015 年第 2 期。

③ 朱德米、平辉艳：《环境风险转变社会风险的演化机制及其应对》，《南京社会科学》2013 年第 7 期。

单模糊，或者以专业化的名词进行描述，公众无从知晓。按照社会学的解释，在"问题知晓"环节，行政机关信息释放的关键词是"科学、安全、高效、合法"，而民众对之的理解是"风险、暗箱、利益、违法"；在"问题解释"的环节，问题认知扩大化——由邻避设施选址的科学与合法性问题转变为权益保障问题，而行政机关的"决定—宣布—辩护"的决策思维对扩大化起到了激化的作用；在"问题评估"环节，进一步确认了问题认知，强硬的发布方式，以及民众不能置评、沟通不足使得民众从"利益受损者、受害者"的角度进行"问题解码"。① 这使得在邻避风险交流中政府与民众之间的信任流失，行政成本增大，邻避形成规模效应。② 没有相应的反馈机制将公众的意见带回行政机关，行政机关再对之作出回应，其结果就是由对邻避设施选址的科学与合法质疑转变为邻避抗争的集体行动。

五　在邻避风险管理方面

风险管理是邻避风险规制的核心环节，它是负有邻避风险规制职能的行政机关选择相应的行政执法措施用以排除、减少、缓解、转移和防备邻避风险的行政活动。③ 我国《环境保护法》《环境影响评价法》《大气污染防治法》《水污染防治法》都明确和详细地规定了行政机关对邻避风险的执法与监督职能。但实践中，行政机关有针对性的管理措施缺失，"救火队员"式的管理尤为明显。

第四节　"参与—回应"型治理模式的
理论基础与正当性

以管制来达到维护社会秩序与稳定，实现行政机关所认定的公共利益的目的，不论其理论基础，还是实际效果，都存在诸多瑕疵，也不合世界

---

① 魏娜、韩芳：《邻避冲突中的新公民参与：基于框架建构的过程》，《浙江大学学报》（人文社会科学版）2015 年第 4 期。

② Kraft M. E., Clary B. B., "Citizen Participation and the NIMBY Syndrome: Public Response to Radioactive Waste Disposal", *The Western Political Quarterly*, Vol. 44, No. 2, 1991, pp. 299-328.

③ 参见［美］罗伯特·希斯《危机管理》，王成等译，中信出版社 2004 年版，第 40 页。

潮流，这促使人们进行反思与调整。回应相对人的利益诉求，行政程序逐渐公开透明，法制框架内的社会治理行为选择等行政过程开始受到重视，这是治理模式的转换，即由"命令—控制"型向"参与—回应"型转换。"参与—回应"型治理模式不同于"命令—控制"管制体制下自上而下的垂直型模式，是建立在参与式与民主基础上的横向合作关系。政府仅仅提供一个支援民众得以实现自我设定的目标的环境与制度，而不为民众或者社会做任何的选择与判断，国家不代表任何高于个人的利益，也不能强加价值判断在民众之上。在诸多的公共事务中，相对于政府的信息公开而言，参与是更为直接的利益表达和权力约束，而且对于日益分化的社会来说，参与还是一种重要的基于共同兴趣、认知和利益的社会整合机制。权力机构具有开放性，公众具有很强的参与意识与参与能力，这体现于社会事务公共决策的全部环节，也体现于这些事务的执行层面。总括而言，要从源头上消除邻避设施带来的负外部性，必须转变政府现有的决策模式，[①] 改变"命令—控制"型的行政决策方式。

一　"参与—回应"型治理模式的理论基础

传统治理模式对于邻避风险治理无力，其治理政策和手段的灵活性与有效性受到很大制约，而公民个人是直接和环境发生关系的主体，对于环境有效治理能够提供至为重要的信息。因此，公民的环境权利与治理权力在邻避风险治理中尤为关键。从传统"压力型体制走向民主合作制"是决定地方环境治理的制度基础。[②] 由此，形成一种开放、参与和合作的多元治理模式，[③] 这种治理模式也可被称为公私合作的环境治理模式。

公私合作环境治理的邻避风险规制是以信息共享、平等协商、理性沟通、相互信任与责任共担为特征的新的规制模式，是政府、厂商、普通公众、技术专家，乃至环保非政府组织共同参与的合作型治理模式。这种治理模式对于邻避风险规制具有伦理与法理上的正当性。在政治哲学思想中，受哈贝马斯话语理论的影响，协商民主观念为公私合作风险规制提供

---

① 何艳玲：《中国式邻避冲突：基于事件的分析》，《开放时代》2009 年第 12 期。

② 冉冉：《"压力型体制"下的政治激励与地方环境治理》，《经济社会体制比较》2013 年第 3 期。

③ 俞可平：《治理与善治》，社会科学文献出版社 2000 年版。

了理论基础，即"只有在所受影响的主体同意之下，政府决策才具有合法性，因此，合法的政府决策就被概念化为不同主体参与决策，提出各自论据并进行相互论理的过程"①。"这是一种程序主义的进路，通过建立一个程序框架，使各种观点能够理性交换、相互理解、充分论证，进而使用决策考虑足够广泛，最大化运用现有知识形成洞见，并因此获得合法性。"② 在当代公法思想中，合作治理与参与式治理的观念也有力地支持邻避风险规制的公私合作环境治理模式。"合作治理的基本观点就是超越传统行政关系中行政主体与相对人对于管理事项公私的严格界线，强调公私合作，共同决策，并承担相应的法律责任。"③ 费雪教授认为："通过公共理性引导利益冲突，缓和科学与民主之间的紧张关系。通过商谈过程，风险和知识的不确定性转化为确定性的程序性机制，容纳风险评估中'事实和规范混合的复杂性'，保证规制者高效'行使实质性的、持续解决问题的裁量权'。"④ 还有新公民参与的理论与实践发展，新公民参与被认为是邻避风险规制的必要工具。⑤ 这些理论基础对于邻避风险规制的公私合作环境治理模式的正当性具有极为重要的支撑作用。

在邻避风险的法律治理中，参与是更为直接的利益表达与权力约束，这不同于政府单方面的信息公开，特别对于处于转型期的中国来说，利益多元与诉求多样分化的公共事务治理背景，决策参与是一种重要的基于共同兴趣、认知和利益的社会整合机制，在"参与—回应"型治理框架中，参与主体更加多元，不但包括了行政机关，技术专家，也包括了受项目影响的民众，甚至普遍民众都是参与的主体。"参与—回应"型模式是一个

---

① P. Corrigan and Joyce, "Five Arguments for Deliberative Democracy", *Political Studies*, Vol. 48, No. 5, 1997, pp. 947-969,

② 赵鹏：《知识与合法性》，载沈岿编《风险规制与行政法新发展》，法律出版社 2013 年版，第 72 页。

③ See Jody Freeman, "Collaborative Governance in Administrative State", *UCLA L. Rev.*, Vol. 45, 1997, pp. 1-98.

④ ［英］伊丽莎白·费雪：《风险规制与行政宪政主义》，沈岿译，法律出版社 2012 年版，第 39 页。

⑤ 新公民参与较之于传统的公民参与有两大特点：一是新公民参与更加强调对政策执行的参与；二是新公民参与扩展了参与公民的范围，囊括了低收入阶层民众以及一些新型社会组织等。参见魏娜、韩芳《邻避冲突中的新公民参与：基于框架建构的过程》，《浙江大学学报》（人文社会科学版）2015 年第 4 期。

各方行动主体磋商、统合的过程，是"利益表达—价值判断—对话磋商—交流协商—规则商定—制度建设"的过程。这一进程的建立与自适应过程的基础是社会的最低价值共识，即公平、正义、共生与平等，由此才可能形成对话与协商的基本结构。"通过这种利益妥协，财产和机会被作为相互的报酬而给予。"① 唯有如此，社会弱势群体，特别是受邻避设施影响群体的生存状况才能受到观照，其利益才能得到补偿，最终因社会结构而致的邻避风险问题才能得到解决。

二　"参与—回应"型治理模式的正当性

在"参与—回应"型治理模式下，政府应当对邻避事件作出正确积极的回应，不能单纯依靠行政强制手段，而应当采取相对宽容和克制的立场，了解邻避抗议中各方的利益关切，搭建利益表达平台，让民意有出口，以相对和平的方式寻求问题的最佳解决方案。政府、非政府组织、公民都是平等的社会行动的主体，是一个多中心有效的合作治理网络，特别要重视非政府组织和公民的价值与影响，相对人能够通过理性的对话平台主张自身利益并且对行政决策施加影响。这是"公共生活中的公民权和社区参与，负责任的、有德性的公民"的具体体现。② 这不仅对政府的权力有所制约，还能够培养和提高公众政治参与的能力和水平。合作共治不论是在国家宏观的政治生活中，还是在微观的行政过程中，都是健全国家民主制度、提升公共生活民主性和公共性的重要途径。③ 社会事务决策的过程就是各方主体意见表达、权力（利）制衡和资源竞争的过程，并且进行不间断的信息交换与资源共享，整个公共事务治理结构体现协商民主的精神和对社会正义的渴望。这是"一种公共利益最大化的治理过程，其本质特征是国家与社会处于最佳状态，是政府与公民对社会政治事务的协同治理"④。"参与—回应"型的治理模式将各行动主体的信任、平等和协作奉为圭臬，为社会事务的治理注入了脉脉温情，社会事务的治理将是

---

① ［德］马克斯·韦伯：《经济与社会》，林荣远译，商务印书馆 1997 年版，第 271 页。

② Cass R. Sunstein, "Beyond the Republican Revival", *The Yale Law Journal*, Vol. 97, No. 8, 1988，pp. 1539-1590.

③ 王锡锌：《公众参与：参与式民主的理论想象及制度实践》，《政治与法律》2008 年第 6 期。

④ 俞可平：《推进国家治理体系和治理能力现代化》，《前线》2014 年第 1 期。

一种合作的治理典范，打破传统的"中心—边缘"的单一秩序，重构公共事务的新秩序。如此形成的一种正义的制度安排。因为，"当制度是正义时，参与着这些社会安排的人们就会获得一种相应的正义感和尽到他们自己的努力来维护这种制度的欲望"①。在这种治理形态下，社会权力向度是多元的、相互的，而不是单一的和自上而下的。经由"参与—回应"型构的社会稳定是一种韧性稳定，这是一种分权开放的、动态的、和平有序的、具有强大自我修复功能的秩序样态。

在环境邻避事件中，受邻避设施影响的利益群体为改善自己的生活处境与环境，自发地作出他们所认为的理性的选择，随着社会结构分化，社会同质性解体，社会资本消解，差异性极大的不同个体因面临共同的社会问题而产生趋同的利益诉求。他们要求环境利益的分配与环境义务的承担更趋公平。当影响其切身利益的环境邻避设施建造在自家后院时，为改善福祉，共同行动就具有正当性基础。地方政府若能基于"参与—回应"模式形塑社会秩序，把民众正当的利益诉求内化为制度性参与，则能获得多赢的社会效果。2007 年厦门 PX 项目邻避事件是这种积极治理的案例，遗憾的是效仿者近无。厦门 PX 项目最初得到相关部门的同意，预定于厦门海沧区兴建，一些知识精英以环境保护为出发点，联合向政府提交暂缓项目建设的提案，有些媒体进行相关报道，厦门居民透过网络论坛、博客等在线媒体形式进行意见交换与共识凝聚，再以手机短信的转发为引线，成功地发动了数次街头集体散步的活动，以表达反对 PX 项目兴建的立场。起先，政府将散步定位为"非法集会游行"，要求市民尽快离开现场，不要被"敌对势力"所利用，但达成共识的民众希望政府能倾听民众的声音，采取多种管道向政府反映其利益诉求。经事件引发强大社会关注并形成公众压力后，政府意识到管制思维需要重新调整，开始"以政府、公众及其他利益相关方在公众参与程序中的理性协商为基础，积极回应公众呼声、升级环评层次并正式启动公众参与"②。最终以项目的迁建结束事件。政府通过公开信息、多渠道沟通的方式打破民众与政府间的信息隔阂，进行"充分协商，民众理性发表意见，政府认真倾听民意……

① ［美］约翰·罗尔斯：《正义论》，何怀宏、何包钢、廖申白译，中国社会科学出版社1988 年版，第 359 页。

② 田飞龙：《公众参与的时代标本——厦门 PX 事件的过程分析与模式归纳》，载王锡锌主编《公众参与和中国新公共运动的兴起》，中国法制出版社 2008 年版，第六章。

政府真诚的态度赢得了民众的认可及肯定，民意在新的决策方案中得到充分尊重，两者实现了互利共赢，最终政府的决策合法性困境得以解除"①。

厦门 PX 事件被称为政府行政决策模式转换的具有标志性的事件，标志着行政决策模式从行政机关与专家的封闭式决策转向社会公众的开放式决策。由此而得到的结果是公共危机得到解决，社会公众的诉求得到回应，行政机关的权威也并未因此受损，有学者认为这是一个双赢的结果。② 但对该事件的总结与梳理仅仅停留于事件本身，并未以此为契机发展出一套相对成熟的行政决策模式。"参与—回应"型治理将信任、平等和协作奉为圭臬，为社会事务的治理注入脉脉温情。社会事务的治理是信任合作的治理，是以宪法为根基，以法治为框架构建社会发展模式，并且根据社会需要参与调整制度安排，消解政治冲突，重构社会关系。这是回应型法的社会反馈与制度基础。"参与—回应"型治理是迈向回应型法理性选择，在阶层分化、价值多元、矛盾多样的中国现代社会，环境邻避事件多发，通过回应型法主动、理性地回应社会需要，与其他社会控制手段一道致力于重整社会秩序，推动法治社会的建立，才能消弭社会危机，并因此树立法律权威，建设法治社会和实现公平正义。经此，建构的社会秩序是理性和谐的，社会基础是韧性稳定的，以法治为基础的"参与—回应"型社会治理因此是具有正当性基础的。

第五节　"参与—回应"型治理模式的邻避治理实践

社会的多元转型对于权威体系下"命令—控制"型的管控模式提出挑战。公众开始主动参与社会行动与社会决策过程，"近年来，在政策议题的设置上，公众的能力已经有了大幅度的增强，行政机关及其智囊团体已经无法垄断议题设置权力"③。公众行动能力的增强，使得社会决策与社会行动过程越来越多地体现社会的需要与偏好，"行政决策模式从封闭

① 沙勇忠、曾小芳：《基于扎根理论的环境维权类群体性事件演化过程分析——以厦门 PX 事件为例》，《兰州大学学报》（社会科学版）2013 年第 4 期。
② 王锡锌、章永乐：《我国行政决策模式之转型——从管理主义模式到参与式治理模式》，《法商研究》2010 年第 5 期。
③ 王绍光：《中国公共政策议程设置的模式》，《中国社会科学》2006 年第 5 期。

走向开放，已经成为诸多地方政府的共识"①。

一 "参与—回应"型治理模式下的行动主体角色转换

首先，就行政机关来说，行政机关当然是邻避风险公共利益的判断者和代表者，但是这种判断是在与利益相关者进行对话、协商与沟通过程中形成的。最终由行政机关以代表的形式向社会公开邻避议题的形成。其次，行政机关当然也是邻避风险规制的领导者和监督者，但行政机关不是处于绝对的支配地位，行政机关要依赖邻避议题的社会背景与该邻避风险相关的信息判断，以及考虑各利益团体的关切行使权力。再次，行政机关行使权力更谨慎，对于生态环境危害不确定的邻避风险的规制，应当与项目方、受邻避设施影响的民众、技术专家、环保非政府组织合作，共同商讨邻避风险规制的措施与目标。针对 PX 项目、垃圾焚烧厂等这类科学与价值具有不同认识与判断的邻避议题，行政机关应当担任召集、协调与能力建设者的角色，让持不同意见的各方充分表达意见，对弱势群体的关切予以特别重视，促成一致意见与共识的达成。最后，行政机关承担邻避风险规制的责任。但由于邻避议题的形成，邻避决策的作出并不是行政机关独力所为，所有有关切的主体都表达了意见。所以，责任也是分担的，决策参与者都将承担相应的责任。正如"国家权威正把原先由它独自承担的责任转移给社会。国家与社会之间、公共部门与私人部门之间的界限和责任日益变得模糊不清"②。

就项目建设方来说，不仅要服从自己参与行政过程所作出的邻避决策，但更重要的是制度化的参与者与建设者。作为利益相关者，项目建设者要参与邻避风险规制的全过程，从邻避风险议题的形成开始，到邻避风险决策的作出，都应该有项目建设方的参与，这是一种通过法律和政策保证的全面和广泛的参与。项目建设方修建邻避设施，运营设施，维护设施，承担具体的环保责任，不应当也不能缺席邻避风险规制的过程。全面的参与一方面可以保证项目的投资得到回报，不至于前期的投资因为冲突而"打水漂"；另一方面，既然作为参与者、决策者，就应当承担邻避风

---

① 王锡锌、章永乐：《我国行政决策模式之转型——从管理主义模式到参与式治理模式》，《法商研究》2010 年第 5 期。

② 俞可平：《治理和善治：一种新的政治分析框架》，《南京社会科学》2001 年第 9 期。

险规制的责任。

就受项目影响的民众来说，在公私合作环境治理模式中，其地位则与行政机关、项目建设方、技术专家等完全平等。他们不是邻避风险规制的局外人，更不是行政机关认为的敌对者、异议者，他们是和行政机关等一道致力于解决问题的建设者。公众，特别是受项目影响的民众在邻避风险治理中是紧密团结，分享政策影响力的伙伴，这已经成为增强行政决策合法性的重要机制，通过合作共治，可以弥补立法机关对行政机关制约的不足，并且提高政策的可接受性，同时，也可弥补专家在知识和信息上的不足，提高行政决策的质量，增加其合理性。[1] 从制度的层面，应该调动民众参与的热情与保证民众参与的效果，这不是收集民意、召开座谈会等简单的形式化参与，而是哈贝马斯意义上的协商、说理、论证、反思与回应。行政机关基于权力行使的判断，项目建设方基于经济利益的盘算，技术专家基于科学知识的可行与普通公众基于社会价值的考量，各方秉持解决问题与寻求共识的态度在一个可欲的平台上，经过多轮的方案辩论与反思，最终达成共识，作出行政决策，这不再是策略性的行动，各方"凭借一定方式探讨共同关心的环境事务，通过表达、论辩、沟通、互信、互助、协商，在利益碰撞中寻求妥协平衡，进而形成价值和利益共识"[2]。这是一种"提升公共决策认可度的有效机制"[3]。民众的政治参与意识与技能迅速成长，这种要求生存权与健康保护的正当性抗议理由对于政府来说是难以拒绝的。当然，所有主体都要承担相应的责任，这就包括了承担由自己参与作出决策的责任。

就技术专家来说，在公私合作环境治理邻避风险规制模式中，专家不再只是行政机关的知识垄断者。受项目影响的民众也可以聘请专家，不同的专家可以从不同的角度提供知识支撑。因此，此时的专家知识不再是独断的、确定的与唯一的。专家应当对自己所提供的知识进行清楚的解释，经过同行的审查并接受公众的质疑，不同知识视野的专家应当在尊重与科学的基础上，进行辩论，去伪存真。专家虽然以严谨的科学态度与知识进

---

① 王锡锌、章永乐：《我国行政决策模式之转型——从管理主义模式到参与式治理模式》，《法商研究》2010 年第 5 期。

② 秦鹏、李奇伟：《协调各方利益冲突，规范环境立法途径》，《环境保护》2013 年第 4 期。

③ 邓海峰：《生态法治的整体主义自新进路》，《清华法学》2014 年第 4 期。

行工作，但也不应忽略社会价值的关切，"虽然知识的争议是科学不确定性的源头，但通常很快会转变成社会价值的争议"①。因此，专家的知识必须和社会相连接，必须将科学知识置于社会结构与社会环境中，专家也应当有人文情怀，不光是以冷冰冰的数字与符号来演算，应当将知识转化为易于大众理解的形象化语言，增强民众的理解与沟通的效果。

二　"参与—回应"型治理模式寻求科学理性与社会价值之间的平衡

邻避风险具有双重属性：一方面，它是一种客观真实的存在，这是不能回避的；另一方面，这种风险也是一种社会的建构，是通过心理与文化，并经由"环境主张的集成—环境主张的表达—竞争环境主张"的社会建构过程。② 在客观的意义上，PX 项目、垃圾焚烧厂、核电厂、核废料存储等设施可能产生环境污染的后果，主要包括邻避设施建造地区空气污染、水质污浊、生态破坏、景观影响、噪声污染、交通堵塞等，与之相伴随的是健康问题、房价下跌与社区品质降低等。③ 在社会建构的意义上，应当从风险感知者的角度来认知风险，它是一种心理的感受与文化的认同，"公众对风险的认知并不取决于现实中具体发生了什么，它与人们的记忆、情感等潜意识相关，反映的是现实事件的个人主观印象"④。"人们除了想被告知实情之外，还想得到尊重。"⑤ 从 2007 年厦门反对 PX 事件开始，PX 致癌的社会效应被不断放大，此后，各地一有 PX 项目，便逃不出冲突的宿命，引起民众的恐慌与民意的强烈反弹。在江苏启东反对排污工程事件中，政府已经承诺工程不再修建，但民众执意要求领导出面解释，由此引发了更大范围与更大规模的冲突。因此，邻避风险的社会建构不容忽视。

客观真实的邻避风险奉科学与理性为圭臬，以技术专家的知识为支

---

① See Schwarz, M., Thompson, M., *Divided We Stand*, *Redefining Politics*, *Technology and Social Choice*, Philadelphia: University of Pennsylvania Press, 1990.

② 参见［加］约翰·汉尼根《环境社会学》，洪大用等译，中国人民大学出版社 2009年版，第 71 页。

③ 何艳玲：《对"别在我家后院"的制度化回应探析》，《学术前沿》2014 年第 3 期。

④ Claret. Twigger-Ross and Glynis M. Brea Kwell, "Relating Risk Experience, Venture Some Ness and Risk Perception", *Journal of Risk Research*, Vol. 2, No. 1, 1999, pp. 73-83.

⑤ Fischhoff, B., "Risk Perception and Communication Unplugged: Twenty Years of Process", *Risk Analysis*, Vol. 15, No. 2, 1995, pp. 137-145.

撑，由于现代社会分工与知识的精细化掌握，公众对这些专业的科学知识很难"解码"，这就容易形成专家的垄断统治。但在现代民主国家里，忽略民众的社会价值与选择是不正当的，"政策制定过程中各种利益集团的相互影响和相互作用，决定了公共决策过程不可能是公共决策者在单纯的知识分析的基础上理性选择的过程"①。邻避风险规制不是一种与价值无涉的活动，技术专家负责描述与解释风险，而社会大众则通过邻避风险发生的社会背景来理解与风险有关的文化意义与社会知识。因此，邻避风险规制的制度安排就应当考虑双重属性，并在客观理性和民主价值之间寻找平衡。当前的邻避风险规制模式基本上建立在客观与科学的评估基础之上，忽略了社会民众的诉求，科学与社会分裂，专家的观点不被社会所认同。公私合作环境治理的邻避风险规制模式则是努力寻求科学与民主的平衡，行政机关、项目建设方、受项目影响的民众，以及技术专家等从不同的知识视野与社会经验出发，进行富有理性的对话与交流，各方在制度保证下的平等地位则为这种交流提供了可能性，这样确保了邻避风险规制的合法性与正当性。

科学理性与社会价值的平衡需要协商、辩论、参与等公共精神的支撑，这种精神启示着合作共治模式的诞生。这不同于"利益代表模式"，在利益代表模式下，行政机关可能是一种中立者的角色，其他各行动主体则根据市场竞争来展现其需求，以使其诉求通过公平表达进入决策通道。② 但这种对抗模式被认为导致了行政决策和实施过程的僵化，行政决策过程中的创新与合作阙如。③ 科学理性与社会价值对邻避的认识有不同的面向，利益代表模式基于不同的体认，会影响决策的质量，决策的社会接受度也存疑。但通过合作共治的"参与—回应"，可以将冲突与竞争转化为合作与协同，进而在行动主体之间构建信任与伙伴关系。

在邻避风险认知方面，专家并不是与公众完全隔离的封闭群体，要作

---

① 汪劲：《中外环境影响评价制度比较研究——环境与开发决策的正当法律程序》，北京大学出版社 2006 年版，第 399 页。

② ［美］理查德·B. 斯图尔特：《美国行政法的重构》，沈岿译，商务印书馆 2002 年版，第 129、133—134 页。

③ See Freeman & Jody, "Collaborative Governance in the Administrative State", *UC. LA L. Rev.*, Vol. 45, No. 1, 1997; Chris Ansell & Alison Gash, "Collaborative Governance in Theory and Practice", *Journal of Public Administration Research and Theory*, Vol. 18, No. 4, 2008.

为"诚实的代理人"①，专家的可信度就非常关键，即卢曼所谓的"系统信任"②，公众对专家的"信任"是陌生人之间建立在制度基础上的信任。因此，有学者认为，"风险交流的关键不在于'教育'外行公众理解专业技术问题，而在于建立和维持对专家的'信任'"。信任的建立在很大程度上系于共享的价值观念，而价值观念"往往通过各种故事或者通过各种组织机构的叙述来传递，感知到的共享的价值观念还会影响到对风险和收益的判断"③。因此，有学者从社会制度的视角提出，"重建信任可能需要一定程度的公开性和公众参与，它们应远远超出一般的公共关系和'双向沟通'，而应包含高出以往水平的权力共享和公众参与决策"④。邻避风险治理，信任是最重要的，在风险交流基础上的环境协商，重新塑造决策者与实施者、专家与公众、政府与公民之间稳定的社会关系，维持彼此的信任。经过协商过程形成的决策结果，"可以在参与者之间产生更多的政治支持、正当性与信任，推动社会公共政策的执行，并为以后的合作互动积累起长期的信任与社会资本，促使民主政治朝着良性的方向健康发展"⑤。这即是巴伯意义上的"强势民主"，"在这里，积极的公民进行直接的自我管理，他们并不必要在每个层次和每个事件上进行具体管理，但是，在作出基本决策和进行重大权力部署的时候他们必须经常充分地和详尽地参与"⑥。协商的结果是使公众"认为自己的论点和理由已经获得了被公平倾听的机会，并且他人认真地考虑过了他们不得不表达的内容"⑦。如此，邻避风险协商作出的决策就比简单投票更具有合法正当性。

---

① ［美］小罗杰·皮尔克：《诚实代理人》，李正风、缪航译，上海交通大学出版社 2010 年版，第 16—20 页。

② 参见［德］尼克拉斯·卢曼《信任：一个社会复杂性的简化机制》，瞿铁鹏、李强译，上海世纪出版集团 2005 年版，第 41—51 页。

③ Katherine A. Mccomas, "Defining Moments in Risk Communication Research: *1996-2005*", *Journal of Health Communication*, Vol. 11, 2006, pp. 75-91.

④ ［美］保罗·斯洛维奇：《风险的感知》，赵延东等译，北京出版社 2007 年版，第 365 页。

⑤ 陈剩勇：《协商民主理论与中国》，《浙江社会科学》2005 年第 1 期。

⑥ ［美］本杰明·巴伯：《强势民主》，彭斌、吴润洲译，吉林人民出版社 2006 年版，第 180 页。

⑦ ［加］威尔·金里卡：《当代政治哲学》，刘莘译，上海三联书店 2004 年版，第 523—524 页。

三 "参与—回应"型治理对我国邻避风险规制的核心问题回应

在我国当前邻避风险规制模式中,行政机关主要采取"问题产生—命令控制"的路径进行,这从大连 PX 项目事件中可以得到最为明显的反映,政府告知民众,工厂停产,可是两年后,民众发现项目还在运营,通过工厂得知,该项目从未停产过。这样的策略性行为导致民众的邻避抗争发生,并且在政治、法律与道义中遭受挫败。深究其原因,行政机关规制职能无限但规制资源却有限,这与邻避风险规制的复杂性产生了矛盾,这正是我国邻避风险规制需要解决的核心问题。在当前的邻避风险规制模式之下,行政机关是风险规制的领导者与监督者,也是责任的集中承担者,"成本与收益的非对称性结构凸显出传统决策模式已经落后于公众参与公共治理的客观需要"①。邻避风险具有复杂性、多样性,极强的科学技术性,行政资源并不能完全了解邻避的属性。在行政机关与其他相关主体之间,邻避风险信息也存在不对称性,行政机关由于种种原因也不能完全掌握这些信息,在这样的矛盾之下,可能会造成规制失效。

公私合作环境治理的邻避风险规制模式就是让项目建设方、受项目影响的民众,以及相应的技术专家参与整个风险规制过程,这些主体与行政机关一起在邻避风险规制中作出决策,并承担相应的责任,通过信息的交流与相互的协商达成风险规制的目标,解决风险规制的复杂性难题。

"参与—回应"型治理模式对于我国邻避风险治理核心问题的回应,需要从以下几个方面展开。首先,尽早执行公共参与的过程,推行多"点"地址选择以及技术性评估选址。其次,公开邻避设施所有相关资料,让社区民众感受到政府或开发商面对问题、解决问题的诚意。再次,建立补偿与维护邻避设施等机制,避免让邻避设施设置社区单独面对设施的外部性,邻避设施受益社区与社会也应该参与决策过程。最后,一个公正的第三方委员会是必需的,且尽量以小组和谐讨论的方式进行意见交流,避免大型而无法控制的居民大会。委员会的功能不仅可以时刻反映居民关心的议题于政府机构,也能随时将政府的想法传达于社区民众。②

---

① 冯辉:《公共治理中的民粹倾向及其法治出路——以 PX 项目争议为样本》,《法学家》2015 年第 2 期。

② 蔡宗秀:《邻避情结之冲突协商》,《亚太经济管理评论》2004 年第 1 期。

第五章　邻避风险的治理结构

社会公共治理结构影响社会各行动主体的公民资格，影响基于协商式治理的效能，影响治理过程中的权利与义务关系、利益与负担分配，概括地说，公共治理结构影响公共治理本身。所以，良好的公共治理结构是实现治理的基本前提与首要主题。在社会转型与发展转轨过程中，从公共治理结构形塑社会治理模型尤为重要，是"治理革命"的切入点。

邻避风险治理的结构即是环境法权的制度化设计与程序性运行。一般来说，通过社会治理形态形塑的治理结构有两种类型，一种是通常意义上的单一中心的治理结构，另一种是多中心的治理结构，① 单一中心的治理结构即是权威型的统治模式，而多中心的治理结构则是基于合作理念的"参与—回应"型社会治理结构。基于多中心的合作治理结构矫正了传统权威型政府治理体制的诸多弊端，强调政府、市民社会、社会组织、私营部门以及个人等社会行动主体的沟通与合作，在制度化的框架内采取联合行动。合作治理的制度架构推进了治理结构的变革与政府治理的转型，比权威型治理体制更具有效率，更具有正当性。将视野拉长，我们可以看到，合作的邻避风险治理结构对于中国的行政管理体制改革与转型具有重要的启示意义。

第一节　当前中国邻避风险治理结构问题

当前中国邻避风险治理的困境在于邻避风险是与中国社会转型交叠在

---

① 孔繁斌：《公共性的再生产——多中心治理的合作机制建构》，江苏人民出版社 2012 年版，第 38 页。

一起的，是中国工业化、城市化与现代化过程的附属物。风险治理结构中的多方行动主体关系构成理解中国邻避风险治理的基本逻辑起点，包括政府在内的公共机构和包括企业与社会民众在内的私人机构之间的利益冲突关系。有论者指出，这种错综复杂的利益关系包括功能错位的政企关系、权力扭曲的政社关系、责任缺失的企社关系等。① 解决邻避风险困局的要义在于理清各行动主体之间相互的利益纠葛，特别是政府、企业和公民社会之间的关系。

一 邻避冲突中的暴力与权力

由邻避设施触发的社会事件往往夹杂了其他的社会诉求，借邻避设施这种攸关生存与安全的基础性需要表达出来，形成所谓的集体行动，我们观察到，多起邻避冲突中表达的这种反对行为都带有一定的非正常行为倾向。因此，非正常行为可能会被当成邻避冲突的一个典型特征，并且可能会被污名化。一般邻避冲突发生情形可以看出，当事件发生时，一方面，政府迅速严控事态，另一方面，使用制度性的禁令遏制，阻止其传播。从效果来看，大多数的冲突被控制，未能成为一个全社会的公共性事件。但是这种处置的后果便是忽视了冲突背后的实质利益冲突，有学者指出："当利益冲突以明确的形式表现出来并对一定的权威结构产生根本性冲击时，集体行动便得以产生。"② 同时，我们也理解，"暴力是权力最显见的展示"，通过暴力，权力才能显示其影响力，"国家就是拥有社会中一切合法的暴力"③。"最基本的权力就是暴力。"④ 良善社会秩序的形成是要摒弃暴力的，因此，需要厘清权力与暴力的界限，确立法在社会秩序中的最终裁决与权威。法治是以人民的权力为基础的，由此所形成的政体才可能具有优良的品质，公民所服从的是正义之法。公民的支持是国家权力的正当性来源，是对基于共识基础上法秩序的认可。

---

① 张文龙：《中国式邻避困局的解决之道：基于法律供给侧视角》，《法律科学》2017 年第 2 期。

② 于建嵘：《利益、权威和秩序——对村民对抗基层党政群体性事件的分析》，《中国农村观察》2000 年第 4 期。

③ Max Weber, *Politics as Vocation*, In Hans H. Gerth and C. Wright Mills, eds., From Max Weber: Essays in Sociology, New York: Oxford university Press, 1946, p. 78.

④ C. Wright Mills, *The Power Elite*, New York: Oxford University Press, 1956, p. 171.

西方国家社会治理与环境治理的经验表明，公民对于自身关切议题的意见表达，通过和平方式，甚至某种程度的非正常的方式，争取社会理解，并以此为基础进行与政府对话，或者向政府施压，这实际上是一种让社会不同诉愿和平释放的社会性通道。更为重要的是，这种方式对于建设和谐社会来说，也是社会成本最低的方式，并且能够实现各方利益主体的利益诉求。

在邻避抗议中，社区民众所选择的方式，往往先是"请愿""申诉"等较和平理性的方式，并希望以此争取政府的关注。而当其诉求得不到满足时，便会诉诸非正常的方式，有时甚至是带有牺牲自我的非正常方式。公众参与邻避议题的途径被堵塞，选择以集体行动的方式来表达不满，试图引起社会的关注。① 非正常行为与理性行为的心理作用机制是不同的，为了达成目的，非正常行为往往通过焕发人性中的"恶"而表达出对对方的仇恨。但是理性行为则以自己的理性与平和获得对方的理解与支持，这是以人性中的"善"为出发点的。生存困境愤怒越聚集，越不能通过公共空间的理性交流达成共识，更不可能通过法治途径得到治理，非正常行为就发生了。在一个社会里，不同的意见与矛盾的存在是最正常的现象，如果只以非正常的手段实现所谓的安定和谐，注定是要失败的，邻避冲突的形成正是其反映。

二 当前中国邻避风险治理中行动主体关系分析

就环境治理主体来讲，主要涉及立法主体、行政主体、司法主体，还有更为重要的社会主体。立法主体的主要职责是制定和修改与邻避治理相关的法律，任命相关的行政官员与司法人员，通过环境诉讼解决相应的邻避纠纷等。行政主体在环境治理中行使的权力主要是环境行政执法与环境管理，制定环境标准，并且进行环境教育，满足公众对于环境利益的公共需要等。基于我国的现实，行政主体权力巨大，在邻避冲突中，常常是矛盾的主要聚焦点。政府与企业在环境治理中的权责争议是中国邻避风险治理中的普遍性问题。政府与企业在现代社会承担不同的社会功能，政府是社会系统中的政治组织，政府通过权力系统作出社会性的决定，并且形成

① 熊炎：《邻避型群体性事件的实例分析与对策研究——以北京市为例》，《北京行政学院学报》2011 年第 3 期。

对社会成员的约束，以维持社会的秩序与良善。企业是社会系统中的经济组织，通过货币进行社会沟通，以促进社会的经济持续成长与财富增值。这两个主体本应发挥不同的功能，而处于转型期的我国当下，管理方与企业的功能常常发生错位，进而导致社会系统功能紊乱。邻避冲突本源于社区居民与邻避设施建造者之间的利益纠葛，而在我国的场景中，我们多看到的是社区居民与管理方的对抗，管理方代替企业，承担企业本应与居民沟通的工作。这是功能错位的典型表现。通过前文总结的我国邻避风险的治理过程来看，管理方角色错位可能是邻避冲突的主要原因，一方面代替企业，另一方面又监管不力，形成冲突的结果便是指向管理方。

就邻避冲突中的企业来说，逃避政府的监管也很常见。与此同时，颇具讽刺的是，企业抱怨行政检查过多，审批手续烦琐，企业负担过重也常常见诸报端。一方面是企业认为的行政监管过多，手续过繁；另一方面，是社会公众认为政府对于企业行为疏于监管。因此政府处于尴尬境地。我国正处于进行全面深化改革过程中，要求"简政放权、放管结合、优化服务力度"，要通过各行动主体的本我作用发挥，实现环境良治。

另外，作为社会主体的环保团体本应在环境治理中，特别是邻避冲突的治理中发挥重要的作用，起到沟通上下、交流内外的作用，并且会监督立法主体、行政主体与司法主体的行为。但是，我国环保团体发挥的作用有限，有些环保团体甚至已背离其宗旨，为行政行为背书，其公信力受到严重挫伤。

第二节　邻避风险治理结构重述

从前所述我国邻避冲突治理的模式来看，是一种国家主义的治理思路，这种治理思路是通过国家来统合社会，通过行政全能的方式来维持对社会的稳定统治。基于这种国家主义的治理思路，立法是社会治理的起点，而在大陆法系传统观念之下，立法是主权者的意志，行政与司法都只是执行主权者的意志而已。因此，社会治理是立于立法基础之上的，欧洲18、19 世纪的法典化进程可以为这种理解提供明确的注脚。[1] 但是，在工

---

[1]　王云霞：《近代欧洲的法典编纂运动》，《华东政法大学学报》2006 年第 2 期。

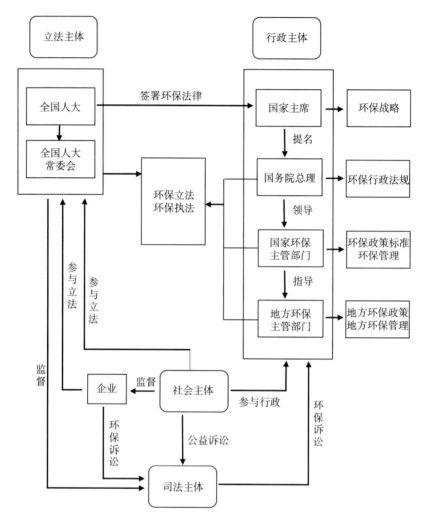

图 5-1　我国主要环境治理主体间的关系

业化与城市化的急速发展过程中，随着社会问题的增多，立法对于很多社会问题的治理也显得力不从心，行政机构基于其性质在社会治理中更多地承担起责任来，在我国，特别进入 21 世纪以来，行政治理几乎是国家控制社会的基本方式。① 邻避冲突在客观上形成对公共秩序与权威的挑战，因此，政府会以维护社会秩序的名义对其进行处置，即一般采用"命令—控制"型的风险管控模式。而且在这种管控模式下，常常会对公民

① 张晋藩：《中国法律的传统与近代转型》，法律出版社 2005 年版，第 133—161 页。

的权利与自由构成侵犯。很显然，"强政府和弱社会是当前中国社会权力关系的最重要特征"①，管理方权力过于强大，这是中国当前社会治理的基本格局。邻避风险治理是一种有关社会共同体事务的治理，是一种公共的治理结构，因此，政府、公民、技术专家、项目建设方等都应该参与其中，建立一种合作伙伴关系，并体现新的行政理念，让各主体发挥不同的作用。这样看来，"邻避风险治理结构意味着一系列来自政府但又不限于政府的社会公共机构和行为共同参与者"②。

一　传统的管制模式不能有效解决邻避风险难题

改善环境质量是我国环境治理的基本目标，因此，提升环境治理能力，构建政府、企业、社会共治的环境治理体系是实现环境治理的基础内容。邻避风险是非常复杂的社会治理议题，对于政府治理提出巨大的挑战，需要比传统的治理体制更为灵活、更具包容性、更具适应力与更迅速的反应机制。③应当从管制型的"管理"转变为合作型的"治理"，即共治结构。④多元主体参与的邻避风险治理有诸多优势，如创新、灵活以及社会认同等，可以根据不同的问题采取不同的治理方式与治理手段，这能够解决传统管理方式所不能解决的社会难题，也能满足社会对于公共治理与公共服务的需求。

当正当的诉求得不到满足时，非正常行为便产生了。通过这样的非正常行为，可能会暂时获得一定程度的关注与事件解决，但这种一定程度的解决在性质上有极大的局限，绝非长久之计与彻底改变，更非社会之福，与现代文明社会的制度体系不相容，"非正常行为标志着有话语能力的人向没有话语能力的野兽退化，不只是个人的退化，而且是整个社会文明和政治文明的退化"⑤。现代社会的秩序与自由要通过公共政治才能获得实

---

① 萧功秦：《强政府与弱社会》，《中国企业家》2012 年第 18 期。

② Stoker, Gerry, "Governance as Theory: Five Propositions", *International Social Science Journal*, Vol. 50, No. 1, 1998.

③ Alter Catherin, Jerald Hage, *Organizations Working Together*, Newbury Park, CA: Sage Publications, 1993.

④ Jan Kooiman, "Social - Political Governance: Overview, Reflections and Design", *Public Management*, Vol. 1, No. 1, 1999, pp. 67-92.

⑤ Hannah Arendt, *On Vilence*, New York: Harcourt, Brace & World, 1970, p. 80.

现，才具有合目的性与合手段性，具有正当性。

邻避风险治理主体应当广泛化，多元化的参与主体彰显多元化的利益，责任是实现良治的基础，为保证所关切的环境问题得到回应及解决，其对任务的掌控、执行与监督都应有明确的责任主体，并在此基础上，平衡权力在各主体之间的分配，以此实现各主体之间的利益分配与协调问题。复杂的现代社会治理系统要求打破传统的权威官僚体系与功能化的部门分工模式，社会组织结构的设立应当以解决公民所关注的社会问题为核心，给公民与社会提供一种整合性的服务与治理框架，而不是让公民在功能化的组织部门之间奔波。合作共治的治理结构以实现公共利益增进为旨归，因此，是一种以公共利益为目标的社会合作过程，各主体都在此过程中发挥作用。"地方政府面临的问题及需要回应的公共需求，从过去单纯地只面对诸如社区发展、社会服务、教育文化、公共安全等单一行政区域内的问题，演变成面对诸如流域治理、环境保护、交通运输等多面向的跨部门、跨区域公共事务。"①

二　共治的邻避风险治理结构是对现代社会分权与多样化社会的回应

构建多元主体参与的环境治理制度是最基本的邻避风险治理的框架性安排，"治理是官方的或民间的公共管理组织在一个既定的范围内运用公共权威维持秩序，满足公众的需要。治理的目的是在各种不同的制度关系中运用权力去引导、控制和规范公民的各种活动，以最大限度地增进公共利益"②。在其他国家的环境治理经验中，我们可以看到，一种体系化、制度化的平台和程序，以及公开透明的环境信息制度尤其重要，这对于公众参与来说必不可少。这样的话，可以让各利益相关方不受限制地进行意见表达，无障碍化的利益诉求通道是解决邻避冲突与进行环境善治的基础，这即是共治的基本意涵，多元共治的制度框架是形塑环境善治的基本转型方向。各环境治理主体承担各自应当承担的权、责、利，明确各自在环境治理的作用和定位是现代环境治理的基础。

共治的风险治理结构是对现代社会分权与多样化社会的回应。社会公共事务开放性是现代社会的基本特征，因此，社会各行动主体包括政府等

---

① 林水波、李长晏：《跨域治理》，台湾地区五南图书出版公司 2005 年版，第 2 页。
② 俞可平：《治理与善治》，社会科学文献出版社 2000 年版。

公共机构与社会私人机构都应该能围绕公共事务治理发挥不同的作用，通过形成合力，在此基础上，协调公共利益与私人利益，这已成为公共事务治理的基本共识。合作共治的邻避风险治理目标可以归纳为四个方面：第一，促进政策传送。寻求各行动主体在各个政策领域利益的整合，使共治产生综合效能，从而消除专业壁垒，促进沟通与协调。第二，发展政策能力。通过伙伴型的共治网络与体系，形成共识型的政策技术与经验，实现资源共享，突破制度和程序瑕疵的阻碍，发挥政策整合的能力与效果。第三，凸显社会资本能力。通过府际与公私合作可以积累社会资本，培育公共责任意识，形成各行动主体之间良好的合作关系，使集体行动成为社会治理的常态。第四，形成替代性的政策工具。创制政策工具是合作治理的目的，也是共治的价值所在。① 基于共治的风险治理需要越来越多的私人机构如非政府组织、企业、公民个人等出现在公共治理的结构之中，通过与公共机构合作，共同提供整合性的公共方案来解决纷繁复杂的公共问题。在社会公共治理实践中，由公共机构发起并主导的多元多层次的治理体系是提升治理效能最有效的组织保证与制度设置。

随着社会组织与私人机构的发展，公民参与社会公共事务能力的提升，第三方社会主体在治理中能力的发挥日益重要。但是，从公共事务的议程设置到决策过程，政府公共机构仍然居于核心地位，私人机构在参与的形式、参与的广度等方面都有不同的设置。共治"描述的是国家与社会之间的交易，并不意味着永久的和平，而是多元政治主体在遵守共同博弈规则的基础上通过协调与配合，保证各主体的多种政治需要得到持久性的表达，从而维持一种动态平衡的政治秩序"②。这种机制设置不是立于一个中心权威之上，而是由公共机构选择适当的参与者和资源，创造网络化的运行环境，应付战略和运行的复杂性。③ 这也是基于公共事务治理开放性的要求，第三方主体秉持中立性与参与合作的理念，形成对公权力的

---

① Leach R., Percy-Smith J., *Local Governance in Britain*, Asingstoke：Palgrave, 2001.

② 颜佳华、吕炜：《协商治理、协作治理、协同治理与合作治理概念及其关系辨析》，《湘潭大学学报》（哲学社会科学版）2015年第2期。

③ ［美］罗伯特·阿格拉诺夫、迈克尔·麦奎尔：《协作性公共管理：地方政府新战略》，李玲玲、鄞益奋译，北京大学出版社2007年版，第32页。

制度约束，形成合力的治理结构才能形塑"善治"的格局。[①] 这就要求不能将所谓的"群体性事件"作为对立来看待，而应将其视为一种公民集体行动，并通过法治的程序化保证在法治框架内行动，让事件本身非事件化。基于此，构建和平、理性与有序的多元社会利益表达平台，从而缓和社会紧张、消弭社会冲突。[②]

随着环境问题的复杂与邻避风险的高发，环境治理也在经历着模式转变的过程，从环境管理向环境治理转变就是最为重要的面向，参与环境事务的主体以及参与环境事务的方法、程序、机制、结果等方面都有着巨大的差异，环境治理中各主体的责任和权力分配更为合理，利益享有也更为均衡。环境治理是"推进国家治理体系和治理能力现代化"的重要战略部署内容，2016 年的《中华人民共和国国民经济和社会发展第十三个五年规划纲要》（简称"十三五"规划）提出："创新环境治理理念和方式，实行最严格的环境保护制度，强化排污者主体责任，形成政府、企业、公众共治的环境治理体系，实现环境质量总体改善。"这就涉及多元主体在环境治理中的责任担当与作用发挥，是构建现代化的环境治理的基础。

三　风险治理需要弥补福利国家和新自由主义的不足

走过 20 世纪六七十年代强调国家作用的福利国家主义，80 年代强调效率的市场导向时期，在信息化与科技迅速发展的 21 世纪，信息传播与信息分享成为社会最主要的特征，世界朝扁平化的方向发展。因此，权力不再是集中的，而是分权化的，社会行动主体要求更多的自由和个性化而非同质化。[③] 在扁平化的组织网络里，社会治理工作必须通过协调各级组织包括公共和私人机构来完成，这也可能成为一种被称为网络化的治理结构，即"按照传统的自上而下的层级结构建立纵向的权力线的同时，还

---

① 褚松燕：《开放型社会的公共权力配置迷局——多主体协作治理的潜在风险与解决方案》，《人民论坛·学术前沿》2013 年第 17 期。

② 关于公民集体行动及其联合原理，参见许章润《论国家利益的合法性转向》，《中国政法大学学报》2007 年创刊号；许章润《论人的联合与双向承认法权》，《政法论坛》2007 年第 6 期。

③ Robert Agranoff, Michael McGuire, *Collaborative Public Management*, *New Strategies for Local Governments*, Washington D. C. : Georgetown University Press, 2003, p. 23

应根据新兴的各种网路建立横向的行动线的治理新形态"①。

　　合作共治的邻避风险治理结构是对传统管制体制的修正。在这样的治理结构中，国家、市场与社会对于社会治理来说并非一种排他性的关系。基于福利国家的社会管理效率低下，行政成本过于高昂，新自由主义过分强调市场的自由竞争，公共服务产品的提供具有不稳定性、外部性、不平等性与碎片化等缺陷。建立于协商共治基础上的合作共治能够纠正这些缺陷，它可以充分调动公民、民间组织作为治理主体的积极性，从而促进公共机构和私人机构之间的制度化的治理框架。② 这在一定程度上可以促进公共治理目标的实现。共治的邻避风险治理结构首先应该通过整体性的考虑、对话和共同性的计划进行协调性治理；其次，通过联合性工作、联合性项目等进行整合性治理；最后，通过战略联盟与合并进行逐步接近包容性治理。这涉及不同组织机构之间的协调、联盟与整合，并通过良好的框架设置，达成治理成效最大化。

　　可以明确，邻避冲突是我国工业化与城市化过程中因为可能产生环境风险的项目修建而引起的社会利益冲突，即政府、企业与公众之间的利益冲突。如果将此利益格局放置于权力架构当中，会发现即是国家权力与社会权力在邻避设施建造中的分立与互动。③ 随着社会的多元化发展以及国家的民主化与法治化进程，政治权力结构不断被解构，政治分权业已成为社会治理的基本选择。作为相对独立于国家的社会主体，以其所拥有的社会资源对社会与国家（政府）产生的影响力、支配力，社会权力凸显化，④ 其是"国家权力向社会的拓展"⑤，社会权力能力逐渐增强，通过社会权力能力增强来增强环境民事权利的保护。

---

　　① ［美］斯蒂芬·戈德史密斯、威廉·D. 埃格斯：《网络化治理——公共部门的新形态》，孙迎春译，北京大学出版社 2008 年版，前言，第 6—7 页。

　　② Eva Sgrensen, Jacob Torfing, "Making Governance Networks Effective and Democratic through Metagovernance", *Public Administration*, Vol. 87, No. 2, 2009, pp. 234-258.

　　③ 参见杜健勋《邻避事件中的法权配置与风险治理研究》，《法制与社会发展》2014 年第 4 期。

　　④ 郭道晖：《社会权力：法治新模式与新动力》，《学习与探索》2009 年第 5 期。

　　⑤ 徐靖：《论法律视域下社会公权力的内涵、构成及价值》，《中国法学》2014 年第 1 期。

第三节　公私协力的邻避风险治理结构转型

观察自 21 世纪以来我国出现的诸多邻避事件，可以发现社会大众对于风险感知产生了重要变化，对专家政治、管制文化与知识垄断开始提出怀疑。"科学家从科学对政府的效用中获得合法性，同样政府官员（以及其他人）也能通过把科学专家知识的文化权威性赋予这些决策，使他们的决策合法化。"① 因此，发展去中心化的、更透明化的、多元领域的、多元层次的与开放性的风险评估与科技决策程序变得相当重要。公私协力的运用，越来越受到重视，原因在于有些国家任务的执行是高价位、耗费时间及复杂的，一旦交给私人执行，国家就可以减少执行任务的压力，也可以在达成任务之际适度分配风险。② 其在社会效率方面的优势明显，且为社会更容易接受。

一　基本要义与法理基础

环境风险治理转型是指面对诸多科学不确定性，以及其引发的环境冲突，法律规范需要从实证的因果确定性管制，转向风险不确定性的治理，即从管线末端的管制原则，转向规范科学不确定性的预警与治理原则。该治理模式强调重视公众的风险感知与风险交流，以发展管制者、产业、科学与公众共同接受的管制规范与治理决策，这便是通过公私协力实现的环境善治。要符合公私协力的要求，必须是公部门与私部门各自保有自主性，能够平等地进行沟通与协调，并通过双方努力，由私部门以自己名义对外执行人民希望国家必须负最终责任的事务。因此，公私协力治理中的主体会不断增多，呈现合作与伙伴的模式，是一种网络化的互动，"可能存在着多个相互独立的决策中心"③。在面对具有预防性质的环境决策时，不仅是行政部门，包括引发环境风险活动企业、风险发生时可能蒙受利益

---

① 李醒民：《科学与政治刍议》，《学术界》2013 年第 12 期。

② See Leonardo Freitas de Moraes e Castro, "Project Finance and Public-Private Partnerships: A Legal and Economic View from Latin American Experience", *Bus. L. Int'l*, Vol. 11, No. 3, 2010.

③ 杨立华、张云：《环境管理的范式变迁：管理、参与式管理到治理》，《公共行政评论》2013 年第 6 期。

损害的民众、关心风险对策及环境的非政府组织及普遍民众等，都应广泛地合作来决定并实施环境政策及策略。"公私协力具有信息、商品、资本自由流动的优势，这样的优势是传统行政机关行使公权力所不具备的。"① 这是从公众理解科学迈向公众参与科学的"科学民主化"的潮流与趋势，是新型的普通公众与科学知识的互动，是公共利益最大化的治理过程。公私协力是政府与公民对公共生活的合作治理，是国家与公民社会两者的最佳状态，即善治。② 在规范的意义上，私人包括公民有认知科学知识的能力，也是认知行动的主体，可以以私人身份直接或间接介入环境风险等科技议题的决策。环境风险创造了政府、专家、产业与公众相互对话、沟通与协商的机会，公共治理理念使得传统规制模式与单一规制主体逐渐解体，多元规制主体进入治理进程，这是一种"赋权于公众"③ 的行政法治思维，通过"非正式行政活动"④ 达成治理目标，一方面增进公共价值形塑，另一方面也使风险决策在知识层次更趋于真实。私人介入风险议题设定、政策形成、决策制定、知识产生的过程，反映了信息社会时代双向、多向沟通中民主的基本价值。

具有邻避性质的公共设施产生环境风险，其大部分是由于控制型的风险决策模式，以及所在地区民众缺乏相应的表达通道而致。如果风险决策者或设施修造者没有与其所在地民众做好风险交流，各自对于决策或风险的接受程度不同，形成决策垄断与认知冲突，⑤ 很容易导致邻避事件的发生。因此，以所在地民众感知为基础的风险交流是民主决策下的产物。只有通过双向、互动、参与、开放的沟通管道，公权力部门与产业部门将环境风险知识传递给一般大众，才符合民主政治之要求。根据风险治理范式转型的要求，欧盟提出了四个民主程序作为风险决策的参考原则。第一，责任性，政府与专家在进行风险决策时应注重社会责任；第二，管道性，

---

① See Major Christopher E. Martin, "Sovereignty, Meet Globalization: Using Public-Private Partnerships to Promote the Rule of Law in a Complex World", *Mil. L. Rev*, Vol. 202, 2009, pp. 141-142.

② 俞可平：《全球治理引论》，《马克思主义与现实》2002 年第 1 期。

③ 林卡、易龙飞：《参与与赋权：环境治理的地方创新》，《探索与争鸣》2014 年第 11 期。

④ 杜辉：《论环境私主体治理的法治进路与制度建构》，《华东政法大学学报》2016 年第 2 期。

⑤ 张乐、童星：《"邻避"冲突管理中的决策困境及其解决思路》，《中国行政管理》2014 年第 4 期。

在进行风险决策时应注意到利害关系人参与路径的开放性与控制；第三，透明性，在进行风险决策时应注重决策过程的透明性以及信息公开，确保利害攸关者知情的权利；第四，参与性，风险决策应扩大公众或社会团体参与，增加风险治理的正当性。通过此四项要求，达成两项目标：第一，如何发展及使用专业知识以改善决策质量；第二，确保社会公众的信任。① 具体来说，公私协力治理的主体具有多元性，公共机构与私人机构都是公共事务治理的主体，治理权威具有多样性，多元主体都在治理进程中发挥其权威，并且各治理主体之间是一种自愿平等与协作的关系，是通过对话、协商、交流、合作等方式确定共同行动的目标，且达到可欲的结果，提高公共事务治理的效能，最大限度地维护和增进公共利益，"社会采取协同治理模式，使得各种要素通过某种途径和手段有机地组合在一起，其所发挥的整体功能总和大于各子系统单独的、彼此分开时所发挥功能的代数和"②。如此，通过整合性地资源运用与优势发挥，各行动主体可形成公共事务整体大于部分之和的功能。换言之，针对具有争议性的科学不确定性环境风险，应当改变行政官僚只关注技术的倾向，将公众的风险感知纳入风险评价体系，强化专业知识的民主治理与理解，实现评价制度的科学化和民主化，通过公私协力的路径提高决策的合法性与正当性，挽回公民对决策和治理的信心与信任。

公私协力是对于环境风险不确定性问题，肯认多元的科学专业、不同的社会价值取舍与公众风险感知的多样性，在风险决策中纳入多元性、多层次性、多样性价值和知识的治理新范式。基于此，风险评估的对象除了官方的专家、产业界的专家之外，还应当包括持不同意见的专家、风险承担者等，这就要求不能也不应当奉科学专业与知识为圭臬，而应考虑政策、社经、制度与文化等面向。③ 公私协力环境风险治理范式以多样性的专业知识，通过跨学科与跨领域的审慎判断，进行多轮慎思与辩论，达到及早预警与善治的效果。

公私协力的邻避风险治理强调"政治国家与社会的合作、政府与非

---

① Chou, Kuei-Tien, "Risk Communication of Disputable Technology: From the Perspective of Genetically Modified Engineering", *Newsletter of Biotechnology and Law*, Vol. 18, 2005, pp. 42-50.

② 陆世宏：《协同治理与和谐社会的构建》，《广西民族大学学报》（哲学社会科学版）2006 年第 6 期。

③ 杜健勋：《环境利益分配法理研究》，中国环境出版社 2013 年版，第 96 页。

政府的合作、公共机构与私人机构的合作、强制与自愿的合作"①。在这样的愿景下，社会资本是实现善治的基础，因为社会资本组成了一种力量，能提高社会的凝聚力。通过社会资本的文化价值与追求，可以使得各行动主体产生合作、信任与理解，"把人们从缺少社会道德心或共同责任感的利己主义者和以自我为中心的算计者转变为利益共享、责任共担和有社会公益感的社会成员"②。应在三个层次上展开对邻避风险治理结构的制度设计。首先，在不同层级或同一层级内部进行协力整合，包括中央政府与地方政府之间，地方政府之间，地方政府不同部门之间对关涉邻避风险议题的协力治理；其次，根据不同机构之间的功能要求，根据邻避风险议题所关心的核心功能要素进行整合，这样会打破部门界限与利益分隔；最后，将不同行动主体进行协力整合，包括公共机构与私人机构，共同推进公共治理进程。

表 5-1　　　　　　　　公私协力的邻避风险治理基本内容

面向	重点	内容
治理主体	多元主体参与	从以往国家作为单一主体，到越来越多社会主体参与其中
治理目标	环境利益平衡	解决因环境资源问题而引发的社会冲突，特别是邻避设施建造过程中相关利益方之环境利益诉求
治理结构	以共治为基础的公私协力模式	纠正"命令—控制"型的刚性结构，代之以共治基础上的"参与—合作"型模式
治理责任	责任与权力相一致	邻避风险治理中，多元主体享有不同角色的权力，也要承担不同角色的责任，并保持一致性
治理信息	公开与透明	邻避风险治理对于信息分析与信息的获取同等关注，这为治理中合作与监管增加压力，也提供相应的支持
治理政策与工具	政策与工具的有效性	邻避风险治理是环境保护的体系性内容，通过知识、制度与激励，使政策、金融、规制手段、社会准则等同等发挥作用，并且有效

二　邻避风险治理结构转型与变革

采取公私协力的进路，可以避免公私部门各自在面对风险决策与管制

---

① 俞可平：《引论：治理和善治》，载俞可平《治理与善治》，社会科学文献出版社 2000 年版，第 6 页。

② ［英］肯尼斯·纽顿：《社会资本与民主》，杨松译，《马克思主义与现实》2000 年第 2 期。

时的缺点，并利用各自的力量来追求环境风险下的因应策略，达成任务。公私协力使用公部门的资源，防止私部门的市场失灵，追求所需科技的研究、发展、进步，也可以刺激私部门来追求效率及革新。详言之，在公私协力之下，私部门可以带来科技上的专业技能、经营的效率及企业家精神，"企业家精神是推动经济转型的根本性动力"①，公部门可以掌握更多地方资讯，在理想的状态下，还有共同体的参与、社会责任及对大环境的了解。② 尤其在信息爆炸与碎片化的社会情景下，采取公私协力的方法有助于回应传统管制缺陷与公部门能力有限的问题，倘若公、私部门可以发挥彼此所具有的优势，并相互合作，将可以发挥更加良好的效果。公私协力建立一种公私部门的伙伴关系，以契约协议的形式允许私部门在环境风险治理中有更多的参与，协议通常涉及政府与私部门签约，包括更新、兴建、营运、维持及管理设施或系统等。在公部门通常保留设施或系统所有权的同时，也会赋予私部门对如何完成计划或任务额外的决定权。③ 在这种模式下，公私两个不同部门的权利主体同时存在，且以分工方式共同参与环境公共事务，同时，公私协力的客体包括国家公权力作用的领域，行政委托、公民合资事业的经营，公共建设的参与、公私合作管制都属公私协力的范围。

基于公私协力的风险共治模式会形成一种真实、有效的社会意愿表达机制，达成理性的社会沟通与交往方式，养成公民理性与和平地集体行动的习惯与能力。对于行政主体来说，应该依据法定的制度性规则处理社会冲突，将所谓的邻避冲突事件摆脱政治色彩，让事件常态化和合法化的同时，让社会非政治化，也让事件去政治化，建构一个常态的人世生活空间。④ 世界进入"环境时刻"，环境问题不仅仅是影响与制约经济社会发

① 李后建：《市场化、腐败与企业家精神》，《经济科学》2013 年第 1 期。

② Leonardo Freitas de Moraes e Castro, "Project Finance and Public-Private Partnerships: A Legal and Economic View from Latin American Experience", *Bus. L. Int'l*, Vol. 11, No. 3, 2010, pp. 225, 245-246.

③ Seth Eaton & William D. Locher, "Give PPPs a Chance: Public-Private Partnerships May Be a Solution to California's Infrastructure Funding Crisis", *Jan L. A. Law*, Vol. 31, No. 20, 2009, pp. 23-24; See also Dominique Custos & John Reitz, "Public - Private Partnerships", *Am. J. Comp. L.*, Vol. 58, 2010, pp. 555, 558.

④ 许章润：《多元社会利益的正当性与表达的合法化——关于"群体性事件"的一种宪政主义法权解决思路》，《清华大学学报》（哲学社会科学版）2008 年第 4 期。

展的关键问题，更是关涉重大的民生问题，是社会秩序与社会良性发展的基础性问题。因此，建立一种有效的公私协力和沟通对话机制，方可弥合多元主体的利益冲突，并公平地展现各方利益主体的利益诉求。从而，邻避风险治理由传统的管制模式走向公私协力的合作治理模式，既是环境治理的核心议题，也是环境法治的发展方向。

邻避是包含政治、经济、社会伦理与公共治理等复杂因素的议题，基于法治框架内的治理是最基本的考量。早在 20 世纪 80 年代的国外，学者就试图通过政治和经济的视角来研究邻避现象，并寻求有效解决之道。通过增加决策透明度，让公众了解邻避议题的客观性，并参与风险评估和公共政策过程是较为流行的方式。[①] 实现这种方式的路径将传统的网站投票、电话访谈、调查问卷等单向交流方式转变为双向交流方式，将政策制定过程与利益群体相连接。[②] 第一，要打破传统垄断式的、单一学科式的环境风险评估，而进行跨学科的、跨领域的科学风险评估，消除传统科学风险评估的黑箱作业，或是为迎合政治目的而带来的决策偏见。因为在环境类科学议题中，决策者往往将政治与科学混为一谈，甚至服务于特定的意识形态，同时，由于科学知识的不确定性，科学家也具有"经济人"的属性，往往会从自身利益出发解读科学知识。[③] 这样才能避免风险评估沦为公部门或产业决策的私人工具。第二，基于民主化对于专业知识的要求，环境风险决策委员会机制必须容纳多元立场的专家，特别是持批判与不同意见和结论的专家。因为科学知识正是风险之源，传统管制模式是一种知识理性的垄断模式，其结果便会以科学的名义暗中特许危险的积累和增加。[④] 因此，需要在多元、开放的审查网络与结构下，让不同的声音有发声的平台与管道。第三，除了专家的多元化与多层次审查外，要注意到

① F. J. Popper, "Siting of LULUs", *Planning*, Vol. 47, 1981, pp. 12–15.

② Patrick Devine-Wright, "Public Engagement with Large-scale Renewable Energy Technologies: Breaking the Cycle of NIMBYism", *Wiley Interdisciplinary Reviews: Climate Changes*, Vol. 2, No. 1, 2011, pp. 19–26.

③ 国际组织可持续发展科学咨询调查分析委员会：《知识与外交：联合国系统中的科学知识》，王冲等译，上海交通大学出版社 2010 年版，"总序"第 3 页。

④ 张成岗：《技术专家在风险社会中的角色及其限度》，《南京师大学报》（社会科学版）2013 年第 5 期。

民间知识（地方社区知识，街头科学）① 对于风险评估与决策的重要性，公众或相关的公民团体由于长期关怀某一风险议题而发展出准科学知识，或者以公众本身的经验或智慧累积而成的知识，往往能够提供或突破狭隘科学风险评估与决策的视野，"知识也分不同的层次和不同的程度，一定要假定或者说承认每个人都有独特的知识，这些独特的知识对风险预防和规避，以及减少风险造成的损失，都有很大的价值"②。应当扩大审查专业社群，主张进行科学之外的社会层面风险评估，将民间知识纳入专业审查的范围，直接参与科学风险评估与决策。第四，风险评估包括基于科学的理解，也包括对于政治、社会、伦理与文化上的评估，形成对于风险知识的不同解释，甚至形成对于风险评估的方法、准则、内涵等不同的理解。③ 第五，对于环境风险评估与决策，应当立基于风险交流的理念，区分科学风险评估与社会经济风险评估，包括以科学专业知识为主的评估、社会经济效益的成本分析方法与社会伦理的考量等。重视环境议题对生态、健康，甚至社会文化与社会分配等问题的冲击。环境作为一种外部变量，对社会系统的冲击，包括环境危害或风险的社会分配问题，也包括环境风险是否会直接激起社会系统的真实反应等。④ 寻求进行更广泛、多元与互动对话的程序，评估开发与总体社会发展的目的，考虑公众对未来社会发展的选择与替代性等。

三　权利要求与信息流通变革

民众对于环境公共事务越来越关心，对环境风险决策要求有知晓的权利。有效的公共决策必须强调民众代表性、响应性和职责，提供民众参与决策的机会。"在现代民主社会，可接受风险水平的确定并不纯粹是科学问题，同时是一个民主决策的问题。"⑤ 有效的公众参与系统，必须包含公民的主体性（适当的参与主体范围）、信息透明、直接参与的管道与权

---

① Corburn, Jason, *Street Science: Community Knowledge and Environmental Health Justice*, Cambridge: The MIT Press, 2005.

② 宋国君：《公众参与在环境风险评估中的作用》，《绿叶》2011 年第 4 期。

③ 周桂田：《新兴风险治理典范之刍议》，《政治与社会哲学评论》2007 年第 22 期。

④ 洪大用：《环境社会学的研究与反思》，《思想战线》2014 年第 4 期。

⑤ 金自宁：《风险规制时代的授权与裁量——"美国货运协会案"的启示》，《法学家》2014 年第 3 期。

利的正当行使，① 经由公部门行政与公共事务相关知识和信息的吸收，通过平等公开的参与管道，将自己的意志与行动表达于公共事务的行动之中，这种参与对于公共决策有实质上的影响。公众参与不仅使环境风险决策过程增加代表性和响应性，对于决策结果也可以提供较大的讨论和弹性空间，更符合现今重视民主价值的治理理念。

公众参与是环境风险治理过程中非常重要的因素，民众不知情或不被重视是造成反对的主要根源，若能给予民众适当的参与并提供相应的信息，促进公部门与私人之间的互动，增加彼此信任，特别是让项目周边民众保有更大的发言权，② 将有助于改善当地民众的激烈抗争，从而提高邻避设施的接受意愿。尽管公众参与在短期内可能引发许多争议与耗费许多行政成本，但有效的参与和信息透明能减低当地民众的抗争。详言之，只有行政部门体认到私人于环境风险治理的实质参与意义，并导向民主化、透明化与公开化，才能经由交流而提升环境类项目建设与决策的质量。

有效的公众参与反映了环境风险治理中民主的价值。风险交流是个人、群体与组织间对于人类健康或环境的风险，潜在风险的信息与观点进行交流互动的过程。③ "专家对风险科学和理性的分析在得到容易理解的解说时通常能够有力地矫正公众的认知错误，公众对风险的多角度多方面的评价则有时可以矫正专家因细密分工造成的褊狭"，这就意味着"公众在现代民主社会里理应对于政治性的风险规制决策掌握最终发言权，而专家理性可以起到促使决策过程成为'慎议民主'而非'多数人的暴政'的积极作用"④。通过双向、互动、参与、开放的沟通管道，科技专家与行政官僚将环境风险知识传递给公众，是民主政治与环境善治的根本要求。基于信息公开的公私协力邻避风险治理已有成功的案例可寻。如发生在2014年5月杭州反对中泰垃圾焚烧厂邻避抗议事件，杭州余杭区通过近1年时间与群众协商沟通，2015年4月14日，切实提出补贴"利益"

① 王青斌：《论公众参与有效性的提高》，《政法论坛》2012年第4期。

② 何羿、赵智杰：《环境影响评价在规避邻避效应中的作用与问题》，《北京大学学报》（自然科学版）2013年第6期。

③ Lundgren, Regina E. & Andrea H. Mc Makin, *A Handbook for Communicating Environmental, Safety, and Health Risks*, Hoboken, NJ: John Wiley & Sons, 2013.

④ 金自宁：《作为风险规制工具的信息交流——以环境行政中 TRI 为例》，《中外法学》2010年第3期。

等实际办法，最终让垃圾焚烧发电厂项目实现原址开工建设。在这一年的时间里，余杭区中泰乡共组织了82批、4000多人次赴外地考察。垃圾焚烧发电项目周边的4个核心村，80%的农户都有人参加了考察。同时，为了提升群众的获得感，杭州市专门给中泰街道拨了1000亩的土地空间指标，用来保障当地产业发展。余杭区计划投资20.8亿元，在附近几个村子打造一片城郊休闲"慢村"。此外，区里还投入1.4亿元，为中泰街道实施117项改善生态、生产、生活环境的实事工程，其中71项已经启动。① 媒体认为，杭州已经破题"邻避效应"，解开了"邻避"这个结，并认为这是新时期社会治理创新的经验。

　　环境风险决策成为不同利益行动者相互竞逐的场域，充满了高度的政治性与不确定性，通过风险交流，所有利益相关者得以理解环境风险决策过程，以达到有效告知，平衡事实知识与多元关怀。因此，从个人感知与当地经验出发，发展开放性、协商式的对话，容纳多元声音，可以缩短专家与民众在环境风险议题上认知的差距，进而产生互动的专门知识，更重要的是，建立社会对于专家系统的"信任"。② 民众的知识也许欠缺清晰的科学思维与逻辑，这恰恰可能是真实世界的运作生态与宝贵的生活经验，是一种社会理性。这正好印证了"没有社会理性的科学理性是空洞的，但没有科学理性的社会理性是盲目的"③。因为"专家与民众进行交流互动，共同生产科学知识。"④ 欧洲新近发展出的协商论坛（如公众论坛、公民陪审团、公民会议等）就是这种理念的制度与体制落实。

第四节　公私协力的治理结构模型

　　邻避风险治理体系应当是国家、市场和社会共同发力与有效制衡的共

① 王慧敏、江南：《杭州解开了"邻避"这个结》，《人民日报》2017年3月24日第19版。

② P. M. Sandman, *Responding to Community Outrage：Strategies for Effective Risk Communication*, America Industrial Hygiene Association, 1993.

③ ［德］乌尔里希·贝克：《风险社会》，何博闻译，译林出版社2004年版，第30页。

④ Bucchi, Massimiano & Federico Neresini, "Science and Public Participation", In Edward Hackett, Olga Amsterdamska, Michael Lynch & Judy Wajcman（Ed.），*The Handbook of Science and Technology Studies*, Cambridge, MA：MIT Press, 2008, pp.449-472.

治体系，治理结构转型要求由传统的"命令—控制"型治理框架转变为民主共治的"参与—回应"型治理框架，即以一种公私协力的方式实现环境善治。对于国家与政府来说，要求政府具有邻避风险政策制定和执行能力；对于市场来说，要求工商企业集团，特别是邻避设施建造企业有将邻避设施外部风险成本内化的能力与绿色创新的能力；对于社会来说，要求具有公民意识与参加邻避风险议题的民主知识与能力。而这些能力的发挥与保障需要有良好的制度环境与适当的激励体系方能实现。

一　国家立法主体和行政主体的政策制定与执行能力

在政策与法律的制定和执行过程中，始终要贯彻公私协力的理念，以公私协力指导全过程。在涉及邻避议题的政策制定时，应当吸收各利益相关方的广泛参与，并且达成共识。现代治理理论认为，治理反映了人们希望在无须政治强制的条件下达成共识和一致行动的愿望，然而，权力的分配总是存有各种不确定性因素。福山指出，如果不能清楚地区分国家职能范围的最小化和国家政权强度的最大化，"在缩减国家职能范围的进程中，它们一方面削弱国家力量的强度，另一方面又产生出对另一类国家力量的需要，而这些力量过去不是很弱就是并不存在"①。这意味着，现代治理并不是对政治权力的全线削弱与收缩，只是对权力结构的调整，以适应各方力量的此消彼长，并且保证在权力总量上维持不同性质权力的均衡关系。因此，治理是对权力结构的再调整和权力总量的重新分配，这实际上是法权结构的调整与法权能力增进的问题，在此基础上，形成治理的话语转型，即从"命令—控制"型治理体制转向"参与—回应"型治理体制。环境邻避治理正是这一制度逻辑的展开与践行。公共机构的应然职能发挥是促使邻避治理由泛政治化和非理性化转向法治与理性的必然路径，是少数群体利益保障的必然选择。②

政府治理理念的转变至为重要，推进基层政府创新与提升基层政府治理能力，在可控范围内塑造"环境公共领域"，通过政府能力提升，开展

---

① ［美］弗朗西斯·福山：《国家构建——21 世纪的国家治理与世界秩序》，黄胜强、许铭原译，中国社会科学出版社 2007 年版，第 15—16 页。

② 王奎明、钟杨：《"中国式"邻避事件核心议题探析——基于民意视角》，《上海交通大学学报》（哲学社会科学版）2014 年第 1 期；张效羽：《环境公害设施选址的困境及其化解——以宁波市镇海 PX 项目争议为例》，《行政管理改革》2012 年第 12 期。

环境论题辩论与达成共识，这是维护社会秩序与稳定的关键所在。基于公私协力的理念，让政策制定过程中的专家知识更易为公众所接受，获得良好的沟通效果，并且建立责任与权力分配的一致性，各主体基于权力作出的决定明确各主体应该承担的责任与后果，特别是科学知识在邻避决策中的作用，知识不能为政府专家所垄断。非常清楚的是，正是由于专业知识和信息缺失阻碍科学决策，并且由于原则性的规定无法保证多方利益主体的有序参与。所以，促进知识的沟通能力与多样化的参与尤其重要。同时，在政策执行过程中，也需要提高执行机关与执行人员的能力，建立权力、责任与能力匹配的政策执行能力。在提高公职人员的环保意识与绿色转型能力的同时，确保制度的内在和谐与考虑官员在职务晋升中的环境绩效非常重要，这是提高政策执行能力的重要制度性措施。随着公私协力治理格局的形成，行政的目标和治理方式将会发生改变，越来越多传统上属于行政主体提供的社会功能将会通过授权、分权、契约等形式转移给市场和社会主体。

二　市场主体将邻避风险成本内化与绿色创新的能力

邻避风险治理中的市场主体主要指的是邻避设施建造企业，企业作为邻避风险治理最为重要的一方，在中国当下的邻避风险议题中往往是缺席的，这是极不正常的。行政主体应当创造宽松公平具有竞争力的环境，让市场主体以自己的能力参与市场行为，在涉及和社区居民的利益纠纷时，在行政主体的中立主持下，企业和社区居民进行良好的沟通。这一切的前提是，企业能够将邻避风险成本内化与具有绿色创新的能力，以提高企业在社区的公信力并进行利益弥补。这就要求，企业在寻求利润最大化与成本最小化平衡之时，谋求和社区之间的良好关系。因此，社会责任的承担对企业来说非常重要。

完善相应环境资源类产品的制度与体系，强化企业在环保方面的声誉与信任，通过正向的激励确保可持续发展的实现。充足的经费是邻避风险治理的保障，我国邻避风险治理的经费短缺问题严重，虽然可能有相应的税收、费用、专项资金、基金，甚至是 PPP 模式等多种渠道，但推动邻避风险治理中各主体的广泛参与、筹集足够的费用，开展风险治理，仍是亟待解决的问题。良好的制度设计与激励安排能促进企业进行绿色创新，并且可以将企业的社会声誉和信任转换为企业的经济收入。如果所有企业都能够进入绿色供应链体系，将对邻避治理产生不可估量的影响。市场主体是邻避风险共治非常重要的主体，是多元化主体伙伴关系中的重要主体，与行政主体和社会主体共同构成社会治理的综合体系，实现公共部门和私人部门社会治理权力的分享。在基于公私协力的治理结构中，行为体的行为是相互影响的。"当博弈各方协调一致地去寻找有利共同盈利的战略时，就会出现协同性均衡状态。"① 在多次重复的博弈中，合作策略是最利己的策略，互惠合作与建立长远的互动关系是最佳的行动策略。有研究认为，在基于互惠以及存在互动的群体中，合作关系一旦建立，可以有效地防止其他不合作的侵入。②

　　市场主体能力的提升，形成新的治理格局与治理空间，打破了二元的"国家和社会、公共和个人"的传统思维模式，③ 是一种多元协作式的治理体系，即公私协力的共治范式。

三　社会主体参与邻避风险决策的知识与能力

　　"参与—回应"型的邻避风险治理是随着公众环境权利意识的觉醒与环境政治参与能力的不断提升而发展出来的，是基于社会与政治环境改变而不断开发自我的过程。这是回应型法之于社会治理的理性选择，是达致和谐社会与秩序要求的基本治理结构与制度逻辑。在一个公众权利意识不断上升、公众参与不可避免的时代，与公众环境利益有关的公共决策必须向更多的阶层开放，而不能仅仅是强势利益集团之间的交易。而要实现此目的，对垄断权力和物质资源的强势集团的限制，以及对弱势群体的利益集团化（组织化）的支持都是必需的。一个社会如果不能保护少数人的利益，也就无法保护多数人的利益。公平的环境权必须要建立在被平等尊重的公民权利之上。只有当民众超越"部分公民权"而获得应得的"完备公民权"的时候，其历史与社会意义才能够真正凸显。④ 中国未来的发展困境，很可能就是受限于无法达成一套有效的利益博弈和达成共识的

---

　　① ［美］保罗·A. 萨缪尔森、威廉·D. 诺德豪斯：《经济学》（上册），胡代光等译，北京经济学院出版社1996年版，第385页。

　　② Robert Axelrod, *The Evolution of Cooperation*, New York: Basic Books, 1984, p.21.

　　③ Eva Sorensen, Jacob Torfing, "Making Governance Networks Effective and Democratic through Metagovernance", *Public Admonutration*, Vol.87, No.2, 2009, pp.234-258.

　　④ 方文：《部分公民权：中国体验的忧伤维度》，《探索与争鸣》2012年第2期。

机制，因此，通过法权能力增进的制度化的利益表达与共识的达成是邻避治理的基础，也是社会良性秩序运行的根基。包括完善公众参与环境治理的法律制度，促进环境保护社会组织的有序发展，提升其威信与话语力量，建立起公众的绿色价值体系等。

具体来说，就是公民权利不受挫折，通过权利来表达抗争，并以法治程序维护。诉求表达只是利益博弈的起点，利益的衡平需要相关主体在法治的框架内通过沟通、交流与协商的方式达成，并实现社会正义的最终目的。所有社会制度设置的最终目的在于实现公民联合和政治正义，达致全体公民的和平共处，让国家成为公民的政治联合体、市民的生活方式与国民的文明共同体的统一体。因此，"群体性事件"的去政治化，实现公民集体行动的表达权，实在是可为、当为而能为者也。① 在这个过程中，程序公正与合法是最基本的要求，在这个意义上，为了达成协商目的，政府具有帮助民众提高协商能力的义务，以此才能跨越对于邻避风险专业知识的鸿沟，政府应当特别注意制度性非正式行为的谦抑性。由此，才可降低社会治理的成本，基于利益分化基础上的相关主体提高自身的组织化程度，提高社会自我治理水平，协商各方出现具有远见与卓识的领导者，降低协商与对话的成本，提高社会的整合程度，起到消解邻避风险的可能性的目的。

推动社会主体进入邻避决策过程，是在分权化改革与公民社会发展的背景下进行的，行政政府提供更多公众参与政策决策的机会。但作为非常专业的邻避议题，公众需要具有相关的知识才能具有较为平等的话语权。因为从行动和认知的维度来说，民众会被分为从众者、抗争者、隐忍者和无知者，提高民众对于邻避风险的认知对于降低邻避冲突起着重要作用。② 因此，对公众专业知识的补充就显得尤为必要，这样，抗议的公众的视野才不会受到局限，协商与沟通的僵局才可能被打破。很多学者认为公众进入决策进程为各方利益群体提供了沟通的机会，并且

---

① 许章润：《多元社会利益的正当性与表达的合法化——关于"群体性事件"的一种宪政主义法权解决思路》，《清华大学学报》（哲学社会科学版）2008 年第 4 期。

② 何艳玲、陈晓运：《从"不怕"到"我怕"："一般人群"在邻避冲突中如何形成抗争动机》，《学术研究》2012 年第 5 期。

能够展开与公共机构的对话。① 社会组织在这一过程中显得尤为重要，通过社会组织建立社会矛盾解决的"缓冲带"，社会组织是公民利益聚焦和利益表达的有效途径和社会稳定维护的重要组织基础，也是形成良性社会治理与多元社会建立的基础。

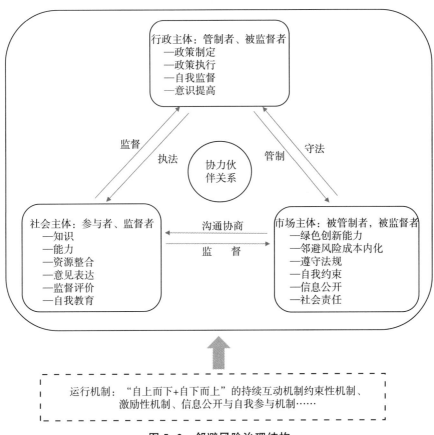

图 5-2　邻避风险治理结构

　　① 陈芳、陈振明：《当代中国地方治理中的公民参与——历程、现状与前景》，《东南学术》2008 年第 4 期；郭小平：《"邻避冲突"中的新媒体，公民记者与环境公民社会的"善治"》，《国际新闻界》2013 年第 5 期；李永政、王李霞：《邻避型群体性事件实例分析》，《人民论坛》2014 年第 2 期。

第六章　邻避风险的治理制度

　　社会转型与社会变迁中的制度及制度能力是风险社会的重要关注面向。无论对于社会转型早期的由社会变迁推动的制度变迁，抑或社会转型后期制度和社会的同时变迁来说，制度及制度能力始终是风险社会治理的核心考量因素，也是社会治理现代化的主要决定方面。由于有效的邻避风险治理法律制度未能建立，环境利益表达通道不畅，邻避风险信息获取不能，环境法治框架内的邻避风险合作治理未能实现。邻避风险治理体系与框架制度化是解决当前我国邻避风险规制所遭遇挑战的恰当途径。

　　随着公众环境和权利意识的提高，参与公共事务诉求增强，环保非政府力量的成长，传媒的助力，环境议题的提出、表达和形成已开始逐步由"政府主导型"和"精英主导型"向"环境利益相关者共构型"过渡，这暗藏着深层的社会变化。"中国最大的希望之一就在于可以通过这些新的公众参与方式及信息公开，尤其是新媒体领域的信息公开，解决其面临的环境问题。"[1] "在成熟的民主制度中，公民将发挥两种重要作用：一种是作为政治竞赛的裁判者，另一种是作为政治决策过程的参与者，如果只强调公民的裁判作用却忽视了公民对政治决策过程的参与是不对的。"[2] "现代国家的治理能力并不仅仅取决于国家专制权力所提供的稳定秩序，而是在更大程度上取决于国家基础权力所构建的国家

---

　　① ［英］山姆·吉尔、希尔顿·伊莎贝尔：《中国在危机时刻的环境治理》，《中外对话》，https://www.chinadialogue.net/article/show/single/ch/6962 - Culture - of - secrecy - behind - China-s-pollution-crisis，71-72，2016 年 12 月 26 日。

　　② ［美］罗纳德·德沃金：《至上的美德——平等的理论与实践》，冯克利译，江苏人民出版社 2003 年版，第 414 页。

与社会关系及其所提供的公共治理水平。"① 这种交流、参与与协商的政制结构是通往中国环境善治的基本路径。

第一节　公私协力邻避风险治理的制度框架

邻避风险治理的要旨在于，多方主体通过有效的风险交流，对环境公共决策构成实质参与，并通过此进行有效的环境协商，以制度实现政府与公众的双向互动，达成社会共识。这样转变的机会只出现在"合作博弈"中，即各环境利益相关主体都能从信息与激励途径进行有效的沟通与协商，并通过有效的机制设计，达成具有约束力的协议，并且该协议被强制执行，实现各方利益的最大化，在集体理性、效率、公正的基础上，沿着公共利益的方案寻找社会价值的制度安排，以此思维思考中国邻避风险的治理策略。公私协力的邻避风险治理制度框架由基本制度与操作性制度构成。

一　基本制度

基本制度是规范或调整邻避风险规制主体在风险规制行为中的规则体系。

（一）邻避风险交流制度

风险交流制度的关键词是全过程、双向、反思与开放，这完全不同于当前邻避规制中的自上而下、单向与封闭。② 当前学界讨论风险交流的文献也较多，但多集中于管理学领域。大众与行政机关之间的风险交流则探讨得不多，大众因为专业知识不足而交流能力的短缺提出的因应对策则是宣传和教育。通过风险交流可以进行知识启蒙与理念传递，并通过此使公众的态度改变，风险交流制度的目的在于"政策利害关系人之间能够相互了解彼此的立场，及时解决公害纷争，公正制定彼此都能接受的管制标准"③。在邻避风险议题形成、安全标准制定、风险评估

---

① 邵春霞、彭勃：《国家治理能力与公共领域的合法性功能——论国家权力与社会结构的相互联结》，《南京社会科学》2014 年第 8 期。

② 杜健勋：《交流与协商：邻避风险治理的规范性选择》，《法学评论》2016 年第 1 期。

③ 丘昌泰：《公害社区风险沟通之问题与对策》，《法商学报》1999 年第 34 期。

与风险管理方面，风险交流都应当扮演重要角色，而处于风险交流中的行政机关、邻避设施建设方、受项目影响的民众与技术专家等都处于平等的地位，以开放的态度提供有关邻避风险的信息，相互进行补充与讨论。"提供适当的规则、制度或原则，为公众和专家运用不同的风险知识创造平台，既能够促进专家运用科学知识和科学工具，又能够为公众的参与创造更多的机会和条件，从而促使这两种知识的融合与统一。"① 风险交流制度希望邻避风险规制中的不同主体就相关的议题展开对话，增强对于邻避风险议题的理解，以推动邻避风险规制共识的达成。借此，可以重塑行政机关与公众之间的信任，维系社会秩序，邻避风险交流包括相关邻避信息的获取和对邻避信息的反馈与回应。

（二）环境协商制度

环境协商是在"在协商民主理念的引导下，受环境资源因素决策结果影响的各相关社会行动主体参与环境资源决策过程，经过公开立场阐明，审慎地权衡各方利益诉求，采取讨论、辩论、协商的方式达到统合意见，作出环境资源决策"②。通过环境协商制度，首先能促进决策民主化与强化民众参与行政决策的能力，因为"商谈过程是多方主体合意交流和对抗交流的过程，与过度回应特定政治利益的传统政治过程相隔离"，"公众期待通过个体行动或者组织化的方式参与治理或形成一定范围内的社会自治"。③ 其次，可以促进利益团体的成熟，就邻避议题而言，我国各利益团体、公益或弱势团体之间仍处于极端对立、相互猜疑的状态之中，难以针对各方的利益进行谈判。通过协商，可使利益团体的活动空间加大，促其成熟发展。最后，通过环境协商，可以促进信息收集与交流，"每一位参与者均愿意根据讨论修正自己的偏好，愿意回应性地提供新的信息或者主张"④。在协商式规则下，不论行政机关或是各利益关系人，都不太会隐匿信息，而较能开诚布公地将有关信息贡献到协商会议中。

---

① 戚建刚：《风险规制过程的合法性》，载沈岿主编《风险规制与行政法新发展》，法律出版社 2013 年版，第 80 页。

② 杜健勋：《环境利益分配法理研究》，中国环境出版社 2013 年版，第 260 页。

③ 杜辉：《论制度逻辑框架下环境治理模式之转换》，《法商研究》2013 年第 1 期。

④ Simone Chambers，"Deliberative Democratic Theory"，*Rev. Pol. Sci*，No. 6，2003，p. 307，309.

（三）动议制度

所谓动议制度是指申请人向特定的邻避风险监管机关提出建议，要求其依法启动邻避风险议题形成、制定风险标准、实施风险评估与风险交流、开展风险管理等，特定行政机关对申请人提出的建议予以审查，并作出相应处理的制度。① 如果申请人对邻避风险规制行政机关的处理决定不服，可以依法请求法律救济。申请人包括受邻避设施影响的民众、与邻避风险没有直接利害关系的普通公众、环保非政府组织，以及新闻媒体等对邻避风险监管感兴趣的主体等。动议制度体现民主与自治的价值，还可以督促行政机关履行责任。

二　操作性制度

操作性制度是指为推进基本制度的顺利进行而需要的工具与方法。

（一）技术专家研讨会

专家研讨会是环境协商与风险交流的基础操作性制度，邻避风险涉及科学上的不确定性与争议性，可借助专家研讨针对风险在技术上达成一定的共识，并以此作为风险规制的基础。专家研讨会的组织者是风险规制行政机关，其邀请相关领域的技术专家就风险规制议题中的专业技术问题进行研讨与辩论，让科学与技术事实问题在辩论中得到明晰化。会议中形成的所有材料，包括专家对邻避风险与不确定性的科学评估，以及专家对风险的解释和判断都应该如实记录并进行卷宗整理归档，这些连同会议过程都应当向社会公开。

（二）共识会议

共识会议被称为是公众理解科学的新模式。② 基于认知模式的差异，公众倾向于不相信技术专家，这已经对风险规制措施造成了许多负面影响。③ 因此，凝聚公众与专家之间的风险共识就成为风险规制的重要任务。共识会议可作为达成这一目标的尝试，"专家对邻避风险的科学和理性判断在得到容易理解的解释时通常能够有力地矫正公众的认知错

---

① 戚建刚、郑理：《论公共风险监管法中动议权制度之建构》，《中国高校社会科学》2015 年第 5 期。

② 刘锦春：《公众理解科学的新模式：欧洲共识会议的起源及研究》，《自然辩证法研究》2007 年第 2 期。

③ 戚建刚：《风险认知模式及其行政法制之意蕴》，《法学研究》2009 年第 5 期。

误，同时，公众对邻避风险的社会学视野分析则可以矫正专家因为社会分工而可能形成的偏狭"①。

除此之外，还有协商式民意调查、愿景工作坊，以及公民陪审团等具体的操作性制度。协商式民意调查是针对特定的议题，随机选择接受调查的公民，对这些公民进行第一次民意调查，然后，把受访的公民集合起来，安排政府官员、专家与公民对话，让被调查的公民在具备有关知识的基础上进行审慎和理性的讨论，之后，仍然针对原来的议题对受访的公民重新进行一次民意调查的协商民主制度形式。② 愿景工作坊是让专家学者、政府官员、社会各利益团体和普通公民针对社会议题，通过讨论、质疑和批判等方式寻求解决问题的方案，提出未来发展的愿景的协商民主制度形式。公民陪审团是由专门的官方委员会设立，该委员会选择专家、证人和随机抽选陪审团成员，公民陪审团的会议和所讨论的议题对社会开放，其产生的决议或建议，形成公民报告，向社会公布，以促进公民与国家的对话。③

第二节　基本制度之风险交流：跨越专业门槛的知识流动与信息共享

风险交流本质上是一种信息传递（沟通）的方式，是"在风险环境中不同利益群体之间及时、公开地传递风险的危害程度，风险的重要

---

① 金自宁：《作为风险规制工具的信息交流》，《中外法学》2010 年第 3 期。

② James Fishkin and Cynthia Farrar, "Deliberative Polling-From Experiment to Community Resource", in John Gastil and Peter Levine（eds.）, *The Deliberative Democrary Handbook*：*Strategies for Effective Civil Engagement in the Twenty-first Century*, San Francisco：Jossey-Bsss, 2005, pp. 68-79；黄东益：《审慎思辨民调——研究方法的探讨与可行性评估》，《民意调查季刊》2000 年第 1 期。

③ Ned Crosby and Doug Nethercut, "Citizens Juries-Creating a Trustworthy Voice of the People", in John Gastil and Peter Levine（eds.）, *The Deliberative Democrary Handbook*：*Strategies for Effective Civil Engagement in the Twenty-first Century*, San Francisco：Jossey-Bsss, 2005, pp. 111-119；［南非］毛里西奥·帕瑟林·登特里维斯：《作为公共协商的民主——新的视角》，王英津等译，中央编译出版社 2006 年版，第 100—118 页。

性或意义以及风险控制的决策与行动"①。是"一个及时的信息交换与公开意见互动的过程"②，其"目的在于政策利害关系人之间能够相互了解彼此的立场，及时解决公害纷争，公正制定彼此都能接受的管制标准"③。良好的风险交流具有知识启蒙、理念传递、态度改变等功能，还具有公共涉入和公众参与功能。在已研究的所有邻避事件中，无一例外地都遇到了知识鸿沟与信息异化问题，普通民众根本不理解环评模型建构、变量指标选择，乃至计算过程等，同时，技术理性也不能对社会价值作出合理与正当的解释。通过风险交流可以跨越专业门槛使知识流动与信息共享，使得邻避设施的利害关系人能够判断自身的风险遭遇，进而能参与决策进程，这对公众来说意义重大。

一　心理的、文化的、社会的风险交流

邻避风险的专业壁垒导致了专家与公众在风险认知与风险评估中的巨大差异，在心理学的研究进展方面，心理学家认为"认知架构"的差异是导致人们对风险事实、风险议题、风险决策产生不同看法的真正原因。④ 在很多的邻避抗议中，公众心理感知愤怒与不公是致使其参与行动的重要原因。也就是说，公众的风险认知远比专家复杂，不能认为公众是无知的、非理性的和感情用事的，比起单纯的计算、统计、分析，人们更愿意相信经验的因果关系分析，对于邻避风险判断，"这是一个经验性的主观处理外在信息的过程，并非客观世界的镜像反映"⑤。即"公众对风险的认知并不取决于现实中具体发生了什么，它与人们的

① Covello, V. T. , Sandman, P. M. , Slovic, P. , *Risk Communication, Risk Statics, and Risk Comparisons: A manual for Plans Mangers*, Washinglon, D. C. : Chemical Manufactures Association, 1988.

② National Research Council, *Florida Fresh-marker Vegelable Production: Integrated Pest ManagemenL, Ahernalive agriculLure*, Washinglon, D. C. : National Academy Press, 1989, pp. 336 - 349.

③ 丘昌泰:《公害社区风险沟通之问题与对策》,《法商学报》1999 年第 34 期。

④ Wynne, B. , "Public Perceptions of Risk", in J. Aurrey (ed.), The Urban Transportation of Irradiated Fuel, London: Macmillan, 1984, pp. 246-259.

⑤ TorbjØrn Rundmo, "Associations between Affect and Risk Perception", *Journal of Risk Research*, No. 2, 2002, pp. 119-135.

记忆、情感等潜意识相关，反映的是现实事件的个人主观印象"[①]。"如果受众有着强烈的关切或者负面的印象，那么在给他们新的信息之前首先聆听，这是至关重要的"，即邻避心理影响了民众对于邻避项目初始看法，[②] "人们除了想被告知实情之外，还想得到尊重"[③]。只有当人们认为他们的关切受到重视，他们才愿意接受新信息或者其他观点。也就是说，公众基于个人主观价值来建构风险，并通过对于风险信息的沟通建立信任来维系对风险的界定和认知。[④] 在邻避设施项目规划与建设过程中，决策者应当对可能会有的抗议行动进行预测，从公众的体会与视角来了解公众的需求，采取有效的方式来回应公众抗议及改变公众的负面感知。[⑤] 因此，应当打破专家的风险话语垄断，不能通过艰涩的专业术语和复杂的数据来阻止公众的参与。

在文化学的意义上，风险认知是与文化因素密切相关的，是和其社会地位、职业类型、文化背景、地域知识相联系的，不同的文化群体对于邻避风险有不同的立场和态度。民间"社会运动"乃是"一种集体意志和集体行动的表现"，不仅是对现有支配体系的抗争，更是蕴含某种文化取向的行动形式。其目的不仅是要改变运动的参与者群体的现有处境与地位，还有意塑造当前社会的历史性与重组在"社会力场"和"文化力场"的诸多权力关系。[⑥] 对于相对保守的地区来说，风险系数越高，风险事件越容易被抑制，四川什邡的邻避抗争，则是其典型表

① Claret, Twigger-Ross and Glynis M., Brea Kwell, "Relating Risk Experience, Venture Some Ness and Risk Perception", *Journal of Risk Research*, Vol. 2, No. 1, 1999, pp. 73-83.

② Twrwel B. W. Daamen D. D. L. Morr E. T., "Not in My Back Yard (NIMBY) Sentiments and the Structure of Initial Local Attitudes toward CO_2 Storage Plans", *Energy Procedia*, Vol. 37, 2013, pp. 7462-7463.

③ Fischhoff, B., "Risk Perception and Communication Unplugged: Twenty Years of Process", *Risk Analysis*, Vol. 15, No. 2, 1995, pp. 137-145.

④ 因此，风险认知伴随着风险交流的每个步骤，是一个动态的过程。具有差异性的个人的风险知识判断体系决定了人们的风险认知。参见 Misse Wester-Herber and Lars-Erik Warg, "Gender and Regional Differences in Risk Perception: Results from Implementing the SevesoII Directive in Sweden", *Journal of Risk Research*, Vol. 5, No. 1, 2002, pp. 69-81。

⑤ Scally C P., Tighej R., "Democracy in Action: NIMBY as Impediment to Equitable Affordable Housing Siting", *Housing Studies*, Vol. 30, No. 5, 2015, pp. 749-769.

⑥ 参见萧新煌《台湾新兴社会运动的剖析：自主性与资源分配》，载《解剖台湾经济：垄断与剥削》，台湾前卫出版社1992年版，第12页。

现，事后官方也承认沟通不足。① 而相对开放地区则对风险的接受度较高，也较容易获得交流，厦门 PX 事件引发强大社会关注并形成公众压力后，政府意识到管制思维需要重新调整，开始"以政府、公众及其他利益相关方在公众参与程序中的理性协商为基础，积极回应公众呼声、升级环评层次并正式启动公众参与"②，最终以项目的迁建结束危机。因为，"在环境公共领域中开放、理性、绿色的文化氛围使邻避事件参与者的环境责任感越来越强，这种责任感敦促公民产生对环境公益的追求，并建设性地寻求出路"③。

在邻避风险的社会学意义上，风险是由社会建构的。因此，风险的社会性扮演着非常重要的角色，"虽然知识的争议是科学不确定性的源头，但通常很快会转变成社会价值的争议"④。专家对邻避风险的科学解释无论多么专业，也不能和社会切割开来，必须将其置于整个社会结构与社会环境中来看待，有学者从社会政策制定者的角度，认为风险交流需经过七个阶段。包括："第一，保证数据的准确与真实；第二，告诉公众这些数据；第三，向公众解释这些数据的意义；第四，告诉公众他们曾经承受过的类似的风险；第五，告诉公众在风险中应该怎么做才是对的；第六，友善的对待公众；第七，把公众当作同等的风险参与者。"⑤ 这七个阶段也是邻避风险演进的过程，我们看到从科学理性向社会理性的递进，只有落脚于社会理性，在坚实的公众的社会价值之上，才是有效的邻避风险的治理。风险交流体现了公众参与社会决策的民主意愿和政治回应，通过风险交流，公众希望能取得与潜在威胁人的联系，以及要求政府在决策做出之前俯身倾听公众的意见。

在现代民主制度下，对于风险项目提供包括风险交流在内的符合公

---

① 参见崔文官《什邡：百亿钼铜项目夭折真相》，《中国经营报》2012 年 7 月 9 日第 A9 版。

② 参见田飞龙《公众参与的时代标本——厦门 PX 事件的过程分析与模式归纳》，载王锡锌主编《公众参与和中国新公共运动的兴起》，中国法制出版社 2008 年版。

③ 谭爽：《邻避事件与环境公民社会建构——一项"后传式"的跨案例研究》，《公共管理学报》2017 年第 2 期。

④ See Schwarz, M. and Thompson, M., *Divided We Stand: Redening Politics, Technology, and Social Choice*, Philadelphia: University of Pennsylvania Press, 1990.

⑤ Fischhoff, B., "Risk Perception and Communication Unplugged: Twenty Years of Process", *Risk Analysis*, Vol. 15, No. 2, 1995, pp. 137–145.

共价值观念与精神的制度与体系已成为风险规制机构的重要工作，这也是其正当性所在。有学者通过研究发现，风险交流是保证风险项目获得正当性的前提，但这并不能改变专家在科学知识方面的优势地位，因为，"大多数居民即使在多次与专业人员对话之后，仍然不明白环评专业人员对模型公式的建构、变量指标的选择和具体的计算过程等技术性内容"①。但是这并不能妨碍公众进入决策体系的价值，作为利害关系人，社区民众不需要任何专家的帮助，就天然地知道其自身利益所在，就天然地知道社区周边的邻避设施对于自身生活的影响等。因此，公众是不能被随便地以专业知识与理性技术为由拒之风险交流的大门之外的。当然，风险规制过程的风险交流与参与也是有代价的，但是，面对工业化、专业化和科技化的社会，风险交流已成为环境保护、食品安全等风险规制领域里难以回避的议题。②

二　通过风险交流的知识流动和信息共享

我国当前正处于社会转型期，传统的环境风险管理模式已不适应大规模具有邻避性质的风险规制的要求，邻避风险规制需要各相关主体更加密切地合作，也需要运用更加灵活的治理手段与政策。公众和专家对邻避风险判断的客观差异是风险交流的基础，承认知识的不同掌握得出不同的风险结论是风险交流的前提，通过风险交流使相关知识在专家和公众之间流动，最终寻得对于风险治理的共识是风险交流的目的。通过风险交流，鼓励公众参与环境风险决策，建立多元共治的邻避风险交流制度体系是我国依法治国的必然选择。在邻避设施环评中，专家和公众之间的知识鸿沟并非无法跨越。③ 引入公共政策价值判断可以填补专家

---

① 金自宁：《跨越专业门槛的风险交流与公众参与——透视深圳西部通道环评事件》，《中外法学》2014 年第 1 期。

② Covello, Vincent T., Detlof von Winterfeldt, and Paul Slovic, *Communicating Scientific Information about Health and Environmental Risks: Problems and Opportunities from a Social and Behavioral Perspective, Uncertainty in Risk Assessment, Risk Management, and Decision Making*, Boston: Springer US, 1987, pp. 221-239.

③ 参见金自宁《风险规制中的信息交流及其制度建构》，《北京行政学院学报》2012 年第 5 期。

在"知识和数据方面的缺口"①。"只有将公众参与塑造成容纳多元信息和认同专业与民意的差异格局,才能实现这种程序目标,才更有可能就科学问题形成可接受的合意立场。"② 通过风险交流可以使原本可能被排除在外的社区民众进入决策体系之中,进入传统被认为公众无能力参与的具有科学知识的争议之中,并通过此,重建对专家提供科学评估和立基于此评估基础上的行政决策信任,消除公众对于环境风险的担忧。政府持开放而理性的态度对待公众的疑虑,技术专家通过交流与辩论捍卫了专业知识的权威,公众也获得对政府与邻避设施的理解,这创造了邻避风险事件和平解决的可能性。

邻避风险具有不确定性,这给风险规制带来难题,如果不能获取有关邻避风险的信息,行动者就没有能力处理相应的风险问题,当然也就没有能力理性和平地选择行动方案。同时,所有行动者的利益追求与动机是不同的,在某些方面可能是利益共同体,但在某些方面也具有利己的倾向,这就特别要求各行动主体通过不断的对话交流,克服其有限理性的不足。通过合作与多次博弈,减少各行动主体机会主义行为的动机,并在与各行动主体互动的过程中,学习积累经验,改进行为模式,提高社会适应能力。更为重要的是,在这样持续互动的过程中,公共机构与私人机构学会尊重对方并实现在利益最大化基础上的合作,追求行动参与者都可以接受的结果。

环境风险披露制度在北美和欧洲的一些国家已成为环境风险规制的主要制度之一,即通过证券交易机构,将环境风险纳入公司财务报告中。美国要求通过证券交易委员会进行环境风险信息披露,加拿大要求通过证券监管机构的信息披露规则,③ 欧盟有一项关于企业非财务(环境与社会方面)信息披露的新指令,④ 并且在英国、法国与德国等已经建立了强制性的

① Edwin L. Johnson, *Risk Assessment in an Administrative Agency*, 转引自 Miron L. Straf, "Risk Assessment in Environmental Decision Making", *The American Statistician*, Vol. 36, No. 3, 1982, p. 222。

② [美]希拉·加萨诺夫:《科学型规制中的程序选择》,宋华琳译,载姜明安主编《行政法论丛》第 12 卷,法律出版社 2009 年版,第 224—239 页。

③ https://www.osc.gov.on.ca/en/SecuritiesLaw_sn_20091218_51-717_corp-gov-enviro-disclosure.htm, 2016 年 12 月 27 日。

④ http://ec.europa.eu/finance/accounting/non-financial_reporting/index_en.htm, 2016 年 12 月 27 日。

财务报告中对于环境风险披露的指南。① 通过风险交流回应公众对于风险的疑虑，风险与效益之间的平衡等。具体来说，风险交流一方面可以获知公众的需求与偏好，满足受影响公众的诉求，另一方面可以建立公众对于风险的正确认识，弥补风险感知与风险评估之间的差异，进而可以建立公众、政府与邻避设施建造者之间的信任关系。相关的国际经验也印证了环境风险交流的重要性与实践意义。②

构建透明、有效的环境风险交流平台，这是由于环境风险的多样性与复杂性的客观要求而来，需要利益攸关方基于平等地位的交流、协商与合作。如果没有这样的基础，可能造成邻避风险被放大传播，抑或邻避风险被忽略，造成风险应对的被动。更为重要的是，通过风险交流可以为环境决策提供正当性的支持，这种正当性来源于相关群体对于环境风险的认知与经验，包括但不限于技术专家、受设施影响的周边民众、设施建造单位、社会组织，以及现代传媒等。通过风险交流可以在以下方面满足这种正当性的要求：③（1）决策的透明度。将邻避设施潜在的风险告知公众，并同时提供公共机构在应对风险方面的计划等。（2）收集并且回馈公众的关切与需求。通过调查分析，对于受影响民众与关切环保的群体的关注点予以聚焦，并将这些信息运用于风险交流过程。（3）共同制定风险政策与决策。根据公众的反馈与应对计划，在风险交流的基础上，利益攸关方共同制定政策并作出决策。要求在环境风险决策中，各相关方运用其知识与经验进行合作，即"各利益相关方纳入环境风险管理政策制定过程中并倾听各利益相关方对政策和规划制定的反馈，推进政策、规划等层面战略环评和项目环评过程中的公众参与"④。

三　风险交流的制度过程

建立有效的邻避风险交流制度体系。信息共享机制与信息披露机制是

---

① https：//halshs. archives-ouvertes. fr/halshs-00658734/document，2016 年 12 月 27 日。

② BfR（German Federal Institute for Risk Assessment），*ERiK-Development of a Multi-Stage Risk Communication Process*，edited by R. F. Hertel and G. Henseler，BfR-Wissenschaft 04/2007，BFR：Berlin，2007.

③ OECD，"Guidance Document on Risk Communication for Chemical Risk Management"，*Series on Risk management*，No. 16，Paris：OECD Press；Renn，O.，*Risk Governance*，London：Earthscan，2002，p. 203.

④ 中国环境与发展国际合作委员会：《国家绿色转型治理能力研究报告》，2015 年 11 月。

最重要的制度基础。建立涵盖政府公共机构、私人机构、社会组织，以及媒体等利益主体的透明、多维的信息传递平台，并将信息传递、公众参与等予以制度化。使得公众对于环境风险的认知通过比较的途径来完善，当然，也包括使得政府等公共机构了解公众的需求与偏好，形成多方风险交流的基本知识框架。

首先，完整的邻避风险信息公开。"获取相关信息既是风险交流的内容之一，也是公众有效参与的前提。"① 我国《政府信息公开条例》和《环境信息公开办法（试行）》2007 年颁行。2014 年修订的《环境保护法》专章对于公众参与和信息公开进行规定，即"信息公开"。环境保护部于 2014 年 12 月 19 日发布了《企业事业单位环境信息公开办法》，但最为公众所关心的政府环境信息公开却鲜有提及，"不便提供""不易公开，容易引起媒体炒作"等都是环保部门的拒绝理由。② 这些规定使邻避风险信息的公开与获取取得了较大进步，但仍然"体现为发布—接受的单向公开模式，没有确立政府的回应义务，不足以确保政府的公信力"③。《环境信息公开办法》规定了公开的信息种类，同时也规定"环保部门不得公开涉及国家秘密、商业秘密、个人隐私的政府环境信息"④。虽然对于豁免的信息只规定这一条，"但它却成了一个口袋，什么都可以往里装"⑤。而合理的规定应是把例外公开的规定出来，没有列入例外的都应公开。《政府信息公开条例》第八条规定，行政机关公开政府信息，不得危及国家安全、公共安全、经济安全和社会稳定。这"三个安全、一个稳定"已经成为相关信息不公开的经常性的理由。国务院办公厅 2010 年《关于做好政府信息与申请公开的意见》规定，行政机关对申请人申请公开与本人生产、生活、科研、特殊需要无关的信息可以不予提供，并且明确"一

---

① 金自宁：《跨越专业门槛的风险交流与公众参与》，《中外法学》2014 年第 1 期。

② 参见孟斯《环境信息公开，有法难执行》，《中外对话》，https：//www.chinadialogue.net/article/show/single/ch/4290-Access-still-barred，2016 年 12 月 27 日。

③ 虽然新《环境保护法》在信息公开方面有了诸多进步，如明确了公民的环境知情权，政府信息公开范围的具体化，设置了企业环境信息公开的法定义务，环评报告书公开等。但单向公开模式，无政府回应的问题依然存在。参见陈海嵩《国家环境保护义务的溯源与展开》，《法学研究》2014 年第 3 期。

④ 《环境信息公开办法》第十二条第三款。

⑤ 孟斯：《环境信息公开，有法难执行》，《中外对话》，https：//www.chinadialogue.net/article/show/single/ch/4290-Access-still-barred，2016 年 12 月 27 日。

事—申请"原则,这对公民申请信息公开形成了很大限制。最容易获得的是地方环境保护规划和环境质量状况等笼统信息,而对于邻避设施等对人群健康重要的信息是最难获取的信息。信息不能共享,无助于风险信息的传递,也无助于风险共识的达成,更无助于最后的妥协和协商。环境信息公开不仅是立法问题,更是深层次的体制改革与社会发展问题。企业应当按照法律法规要求诚实准确地公开有关邻避的信息,虽然我国法律尚无政府环境信息公开的具体规定,但是政府也应当基于法律规范的精神公开相应的邻避信息,因为规范不只包括法律规则,还包括了原则和法理。①

其次,通过专业知识和公众常识的双向交流而非单向传递,互相矫正和互相补充。信息公开并不等同于信息交流,② 典型的如美国的 TRI (Toxics Release Inventory,即有害物质排放目录) 制度,通过环保团体和大众传媒的介入,TRI 公开的信息流动到希望了解风险信息的主体,同时,信息接受者又将对这些信息的"反应"流动到相关的企业,这成为企业减少污染排放的社会压力。风险交流强调交涉性、协商性,而非单纯的信息传递或者向公众发放调查问卷进行信息收集。对于公开的信息有效的反馈与回应是风险交流的核心,真正的交流不应是单向的灌输或教育,而应是双向的互动,③ 是跨越邻避风险专业门槛的知识流动与信息共享。在这个意义上,《环境保护法》关于信息公开的规定,即"发布—接受"式的单向模式显然不足以收获更大掌声与确保政府公信力。④ 成功的风险交流能够消除民众对于邻避风险的担忧,重建其对技术专家所进行的科学评估并基于此所形成行政决策的信任。通过风险交流,最终会打消民众的疑问,以开放的心态来接受邻避设施;行政机关也会以此证明其决策的正当与合法;项目建设方也能够让项目顺利进行;技术专家则捍卫了其专业知识的权威。

公众是邻避风险的最终承受者,决定风险的"可容忍水平"以及规避风险中应该如何分配社会资源这种政治判断,最终的发言权理应由公众

---

① Ronald Dworkin, "The Model of Rules", *U. Chi. L. Rev.*, Vol. 35, 1967, p. 22.

② 参见 [日] 黑川哲志《环境行政的法理与方法》,肖军译,中国法制出版社 2008 年版,第 70—71 页。

③ National Research Council, *Improving Risk Communication*, Washington D. C. : National Academy Press, 1989, p. 21.

④ 陈海嵩:《国家环境保护义务的溯源与展开》,《法学研究》2014 年第 3 期。

掌握。"反对意见应该被理解为公众需要更加民主的技术控制"①，所以，"环评义务单位应奉行几项基本信条：不能让公众觉得暗地里有利益的交换；不能让公众觉得有违背大众利益的事情正被有计划地酝酿或进行；不能让公众觉得受骗；要让人们觉得开发单位或者执行单位里，有人相当清楚未来的状况并能提供一个可信任的回答"②。有研究者业已指出，在关于健康和环境领域的风险交流中，专家决策已经遭遇困境，应当加强公众和民间团体的参与。因此，对于邻避风险这类议题，专家和公众的知识鸿沟越大，判断分歧越大，通过风险交流的知识与信息流动就越重要，如果只是认识层面的问题，这种交流可以让知识和信息得到流动，消除误会，如果涉及科学理性与社会价值的分歧，通过风险交流也可以为民主协商提供一定的知识与信息基础。

最后，通过风险交流，增进公众理性，寻求邻避风险共识。有效的风险交流希望达成的是政府、工商业集团、科学界和公众之间对于环境风险问题矛盾的调和和通过对话形成新伙伴关系，它重视公众认知和多元沟通，"在邻避设施的法律与政策规划中，他们要求有平等的机会参与决策和平等的权力来控制议程，他们应该积极地扮演参与者和监督者，而非事后的抱怨者或受害者"③。即"接受和容纳公众作为合法的合作伙伴，风险交流的目标是培养知情的、参与的、有兴趣的、理性的、有理想的、致力于解决问题的合作群体"④。通过邻避风险交流，公众获得有关邻避风险的专业知识和风险评估的详细信息，促成公众对邻避风险的客观认识和理性态度，以科学的精神来看待邻避风险，有学者认为，风险交流是"公众理性建立的桥梁"⑤。同时，专家、企业和政府可以知晓公众的担忧、焦虑、关切和诉求，"专家对邻避风险的科学和理性判断在得到容易理解的解释时通常能够有力地矫正公众的认知错误，同时，公众对邻避风

---

① [英]克里姆斯基、戈尔丁：《风险的社会理论学说》，徐元玲等译，北京出版社 2005 年版，第 256 页。

② 参见叶俊荣《环境政策与法律》，中国政法大学出版社 2003 年版，第 207 页。

③ Jeffrey N. Wasserstrom, "Middle-class Mobilization", *Journal of Democracy*, Vol. 20, 2009, pp. 29–32.

④ 张洁、张涛甫：《美国风险沟通研究：学术沿革、核心命题及其关键因素》，《国际新闻界》2009 年第 9 期。

⑤ 谢晓非、郑蕊：《风险沟通与公众理性》，《心理科学进展》2003 年第 4 期。

险的社会学视野分析则可以矫正专家因为社会分工而可能形成的偏狭"①。
交流可能促使认识的一致，化解冲突，实践也证明，风险交流确实对邻避
风险的治理有效。

第三节　基本制度之环境协商：通过民主的信任重建与价值凝聚

对社会"需求"作出适当的"回应"是民主社会对政府的基本要求，
也就意味着通过冷冰冰的科学数据与统计图表来敷衍公众的需求是不民主
的，也是不明智的。邻避风险有效治理的措施需要得到公众的信任和支
持，应当反映公众的话语与参与，公众"有一种有竞争力的理性"②，公
众运用自己特有的价值体系对邻避风险的认知可能比专家的理性更"充
分"。"大力推进环境民主"③，通过民主的参与与协商程序，在促进知识
流动与信息共享的同时，在邻避风险治理中能收获政府、专家、工商业集
团和公众之间的信任，并重建社会价值体系，收到良法善治之效果。

一　环境协商：基于对代议制民主改进的邻避风险决策基础

协商民主是对竞争式代议制民主的改进，主要通过公民之间在理性、
反思及公共判断的条件下，共同思索公共的问题以及公共议题的解决方
案。在协商民主的治理模式下，政治共同体各主体基于平等、自由的身
份，通过对话、讨论与包容的方式及公正和程序参与社会政治生活，通过
理性、平和和有序的协商，达成公共问题决策的共识，并通过此赋予政治
合法性的民主模式。协商民主试图解决一个重要的问题：如何建构出一种
在各方皆有意愿理解彼此价值、观点及利益的前提下，共同寻求公共利益
以及各方均可接受方案，并重新评估界定自己利益及观点的可能性，以真
正落实民主的基本价值。④ 它强调决策过程的开放性和参与性，注重不同

---

① 金自宁：《作为风险规制工具的信息交流》，《中外法学》2010 年第 3 期。

② Cass R. Sunstein, "The Laves of Fear", *Harv. L. Rev.*, Vol. 113, 2002, p. 1119.

③ 吕忠梅：《中国生态法治建设的路线图》，《中国社会科学》2013 年第 5 期。

④ See Bohman, *Public Deliberation: Pluralism, Complexity, and Democracy*, Cambridge: The MIT Press, 1996.

利益群体在决策过程中的平等协商，通过对公共事务的理性对话，培育公民责任、完善公民美德，提升民主品质。"协商是一种政治过程，协商的参与者自由、公开地表达或倾听各种不同的理由，通过理性、认真地思考，审视各种理由，或者改变自身偏好，或者说服他人，进而做出合理的选择。"① 只有通过公共协商，为所有人提供平等的表达机会，所有公民政治平等的信念才能够完整地表达出来，形成所有公民能够自由参与的协商过程。因此，邻避风险交流是环境协商的基础与前提，而环境协商则是风险交流的最终承载体。

对于邻避风险决策而言，"实践的结果只有一种类型的民主，那就是沿着协商民主的方向拓展和加强自由民主，只有它才能使风险社会从容应对生态灾难并实现可持续性发展的目标"②。通过我国邻避抗议的现实，我们知道，正是协商性对话渠道的缺失，使原本可以通过常规途径解决的问题被"挤压"成为一个必须通过非常规手段才可能解决的问题。"如果有足够的制度化的协商渠道以疏解邻避冲突参加者的不满，则冲突或者抗争带来的不良影响将会弱化甚至消失。"③ "邻避问题的关键是社会政治的，对于邻避问题的解决更直接地指向一个错综复杂的主体协商过程。"④ 环境协商就是"在协商民主理念的引导下，受环境资源因素决策结果而影响的各相关社会行动主体参与环境资源因素决策过程，经过公开立场阐明，审慎地权衡各方利益要求，采取讨论、辩论、协商的方式达到统合意见，作出环境资源决策"⑤。质言之，针对特定的环境资源政策议题或计划，民众被保有发言权，且其意见受到相当程度的重视及采纳。参与协商的主体包括：（1）受环境资源因素影响地的居民；（2）民间（环保）团体；（3）其他团体，如专家学者、有关机关部门等。"专业人士应立足专长做出客观中立的事实判断；普通大众会基于各自立场表达凝聚利益诉求的价值判断；社会团体可基于专业技能和公益宗旨分别发挥事实和

---

① 陈家刚：《协商民主引论》，《马克思主义与现实》2004 年第 3 期。

② 薛晓源、周战超：《全球化与风险社会》，社会科学文献出版社 2005 年版。

③ Dear, M., "Understanding and Overcoming the NIMBY Syndrome", *Journal of the American Planning Association*, Vol. 58, 1992, pp. 288-300.

④ Sarah M., "Stitzlein Stitzlein, Sarah Marie, Deliberative Democracy in Teacher Education", *Journal of Public Deliberation*, Vol. 6, No. 1, 2002, Article 5.

⑤ 杜健勋：《环境利益分配法理研究》，中国环境出版社 2013 年版，第 260 页。

价值判断的功能。"① 环境协商试图建立一个全新的环境正义架构，建立一个网络联合的合作方式，统合不同的计划方案。通过协商民主使环境立法与环境决策更具有理性化，人们通过协商民主程序有能力对各种现实环境问题的复杂性、不确定性作出集体行动的反应。

在邻避风险决策过程中，给予"利益相关者"表达意见的机会，可满足民主法治国家赋予相关当事人"知情权"及"意见受尊重的权利"。"民众参与管道的欠缺，是造成公害纠纷事件发生与激烈化的一大原因。由于环境保护事务牵涉广泛的利益冲突与未知的风险，因此在性质上必须借由民众的参与来增强其决策的正当性。"② 另一方面，纳入民众的广泛参与，能达到集思广益的有效功能，提高对政府环境政策的了解及接受程度，虽引进民众参与进程可能会造成成本增加及时间延宕，③ 但在民主政治的潮流影响之下，政府为获得民众对于公共事务的响应及支持，必须积极地鼓励民众参与。在协商之前，政府与邻避设施建造方需对相关方案的设计与说明进行官方渠道的公开，以充分尊重公众的知情权，公众借此了解邻避设施相关信息。在协商过程中，政府需与公众以平等与伙伴化的身份进行讨论、交流、沟通，并以社会化的语言解释关于邻避设施及其建设的所有公众关心的问题，最重要的是，应当对公众提出的所有质疑进行具有说服力的回应。在美国的环境决策中，民众参与权利分为三个层次，第一层次是知情权，第二层次是评论权，第三层次是当事人适格。

表 6-1　　　　　　　　　美国环境决策中公众参与模式④

法定权利	参与模式	法源依据
知情权	可提出文件申请所需资讯；拥有使用公开文件的机会等	美国信息自由法；美国有毒物质排放清册；美国清洁水法；美国阳光法案
评论权	在听证会上发言并成为证词，参与咨询委员会；以书写方式表达自己的评论（如信件或电子邮件）	美国国家环境政策法

① 王灿发：《论生态文明建设法律保障体系的构建》，《中国法学》2014 年第 3 期。

② 叶俊荣：《环境影响评估的公共参与——法规范的要求与现实的考虑》，《经社法治论丛》1993 年第 11 期。

③ Kweit, R. W., and M. G. Kweit, *Implementing Citizen Participation in Bureaucratic Society*, New York：Praeger Publisher, 1981.

④ Cox, R., *Environmental Communication and The Public Sphere*, Thousand Oaks, CA：Sage, 2006, p. 85.

法定权利	参与模式	法源依据
当事人适格	可为诉讼案中的原告；可在案件中陈述非当事人意见	美国清洁水法和其他法规；美国最高法院判决 Sierra Club*vs* Morton 一案等案例

从风险交流到环境协商，有赖于环境公民社会的建立。在现有的环境决策模式下，由于科学性与复杂性，首先往往是由专家对环境议题进行分析，列出有关环境政策的备选项，由政府对备选项进行选择。因此，与环境政策有利害关系的公众以无知识、无能力和影响效率等借口被排除在外。在这样的模式下，公众没有知情权，更没有评论权，自己的环境权益得不到维护，由专家和政府机构所制定的环境法律与环境决策往往指向短期的经济和政治利益，忽视环境保护和少数团体以及弱势族群的利益，造成了环境正义的缺失。① 随着"生态文明建设在国家治理体系中的地位不断上升"②，环境协商的民主范式被称为"生态民主"③，记录工业社会向生态社会的转变，生态民主的建设与完善需要人们积极行动起来，自愿地相互合作、对话、交流与协商，以实现人类的生态文明指向。

二　通过环境协商的信任重建和价值凝聚

在邻避风险认知方面，专家并不是与公众完全隔离的封闭群体，要作为"诚实的代理人"④，专家的可信度就非常关键，即卢曼所谓的"系统信任"⑤，公众对专家的"信任"是陌生人之间建立在制度基础上的信任。信任的建立在很大程度上系于共享的价值观念，而价值观念"往往通过各种故事或者通过各种组织机构的叙述来传递，感知到的共享的价值观念

---

① 环境正义以社会关怀为取向，重视环境损益的公平分配，甚至以此作为其价值的核心关怀，环境正义也重视自然环境与资源的保育。参见杜健勋《环境正义：环境法学的范式转移》，《北方法学》2012 年第 6 期。

② 吕忠梅：《论生态文明建设的综合决策法律机制》，《中国法学》2014 年第 3 期。

③ See Dryzek J. S., Stevenson H., "Globaldemoeracy and Earth System Govenrance", *Ecological Economics*, Vol. 70, 2011, pp. 1865—1871.

④ ［美］小罗杰·皮尔克：《诚实代理人》，李正风、缪航译，上海交通大学出版社 2010 年版，第 16—20 页。

⑤ 参见［德］尼克拉斯·卢曼《信任：一个社会复杂性的简化机制》，瞿铁鹏、李强译，上海世纪出版集团 2005 年版，第 41—51 页。

还会影响到对风险和收益的判断"①。正因为此，有学者从社会制度的视角提出，"重建信任可能需要一定程度的公开性和公众参与，它们应远远超出一般的公共关系和'双向沟通'，而应包含高出以往水平的权力共享和公众参与决策"②。邻避风险治理，信任是最重要的，在风险交流基础上的环境协商，重新塑造决策者与实施者、专家与公众、政府与公民之间稳定的社会关系，维持彼此的信任。经过协商过程形成的决策结果，"可以在参与者之间产生更多的政治支持、正当性与信任，推动社会公共政策的执行，并为以后的合作互动积累起长期的信任与社会资本，促使民主政治朝着良性的方向健康发展"③。这即是巴伯意义上的"强势民主"，"在这里，积极的公民进行直接的自我管理，他们并不必要在每个层次和每个事件上进行具体管理，但是，在做出基本决策和进行重大权力部署的时候他们必须经常充分地和详尽地参与"④。协商的结果是使公众"认为自己的论点和理由已经获得了被公平倾听的机会，并且他人认真地考虑过了他们不得不表达的内容"⑤。如此，邻避风险协商作出的决策就比简单投票更具有合法正当性。

首先，以社会权力约制邻避行政决策程序。随着社会的多元与国家的民主法治进步，政治权力结构被不断解构，社会权力凸显化，⑥ 其是"社会自治，与国家公权力相应而生，是国家权力向社会的拓展"⑦，这是"国家生态权力—公民生态权利""国家防御义务—公民防御义务"⑧ 的构造样态。社会权力能力增强是一个多元社会的基础，通过权力多元才有可能实现意见的多元表达与利益的多元实现。在政府失灵和市场失灵的两

---

① Katherine A. Mccomas, "Defining Moments in Risk Communication Research: *1996-2005*", *Journal of Health Communication*, Vol. 11, 2006, pp. 75-91.

② [美] 保罗·斯洛维奇：《风险的感知》，冯欣、林垚、赵延东译，北京出版社2007年版，第365页。

③ 陈剩勇：《协商民主理论与中国》，《浙江社会科学》2005年第1期。

④ [美] 本杰明·巴伯：《强势民主》，彭斌、吴润洲译，吉林人民出版社2006年版，第180页。

⑤ [加] 威尔·金里卡：《当代政治哲学》，刘莘译，上海三联书店2004年版，第523—524页。

⑥ 郭道晖：《社会权力：法治新模式与新动力》，《学习与探索》2009年第5期。

⑦ 徐靖：《论法律视域下社会公权力的内涵、构成及价值》，《中国法学》2014年第1期。

⑧ 邓海峰：《生态法治的整体主义自新进路》，《清华法学》2014年第4期。

难困境下，社会治理中社会权力的作用就特别凸显，通过社会权力能够保障权利，避免权力对权利的侵害。[①] 社会权力制约行政决策也是参与型行政的基本形态，可以促进行政的民主化、公开化，增加行政决策的透明度和社会认同度。在邻避风险行政决策中，社会权力制约可以打破信息优势主体在"知识—权力"上的垄断，减少邻避风险决策的不确定性和风险性。[②] 同时，由于多元主体的参与，行政过程的权利义务得以重新安排，邻避利益主体多元表达的机会得以满足，这在客观上起到"以权利制约权力"的效果，实质上减轻了邻避风险利益主体之间的紧张与冲突，增强了各主体之间的信任基础与价值共识。

其次，基于协商的环境治理转变。受邻避风险影响的所有主体，包括传统上被认为是"私人"的非政府主体都参与到风险决策中来，成为"公共"行为的决定者，这符合科技争议法律议题由"统治"向"治理"的转变趋势，这是一种基于社群的合作与集体行动的民主形式。[③] 国家权力的治理绩效在本质上取决于社会力量的支持，而非直接的高强度的国家控制，通过公开对话、讨论、协商，将相关专业知识置于民主的控制之下，不要背离社会理性与价值，在这一协商的公共领域，才能"将科学的精华从糟粕中分离出来，允许以制度指导技术，'政治与法律'得以实施，从而争取到其自身应该拥有的做出判断与裁决的权力"[④]。市场资本、政府资本和公民社会资本在哈贝马斯的"交往理性"中寻求"私人领域"和"公共领域"之间的平衡和共识，[⑤] 以合法性、透明性、责任性、回应性、有效性和法治为基本特征。学界也提出"软法之治"，即实行"自下而上"形成的"自治规范"或"自我管制规范"等。[⑥] 这意味着在"硬

---

① 王宝治：《社会权力概念、属性及其作用的辩证思考》，《法制与社会发展》2011年第4期。

② 杜健勋：《邻避事件中的法权配置与风险治理》，《法制与社会发展》2014年第4期。

③ ［美］丹尼尔·A. 科尔曼：《生态社会：建设一个绿色社会》，梅俊杰译，上海人民出版社2006年版，第138—142页。

④ 薛晓源、周战超：《全球化与风险社会》，社会科学文献出版社2005年版，第131页。

⑤ 参见郑杭生、杨敏《社会互构导论：世界眼光下的中国特色社会学理论的新探索——当代中国"个人与社会关系研究"》，中国人民大学出版社2010年版，第1页；陈琼、曾保根《对当代西方治理理论的解读》，《行政论坛》2004年第9期。

⑥ 参见罗豪才《公域之治中的软法》，载罗豪才等《软法与公共治理》，北京大学出版社2006年版，第1页。

法"无法提供规则对未知邻避风险治理的地方，仍有可能以法律的名义规制邻避风险。涉及公众利益的政府决策，政府不仅要为利益相关者提供明确的参与渠道，而且在实质上把一定的决策权交给了公众，进而取得公众的支持和信任，使得在"公共领域进行交往和论辩，抑制特殊利益集团对政策制定和国家治理可能造成的垄断和影响，均衡其政治作用，制定出合乎民意的公共政策，开创出审慎思辨并符合生态文明的官民共治的治理结构"①。

再次，重塑协商的民主与公正价值。邻避设施建设决策中涉及的主体主要有政府、设施建设方、社区民众，以及关心环境与健康的社会公众等。相关主体以平等地位与身份参与协商并作出决策，是邻避设施建造具有合法性、公正性与科学性的前提。因此，协商的民主价值对于决策的达成具有十分重要的意义。20世纪六七十年代，美国开始受邻避冲突困扰，在多方探索的基础上，于1990年制定了"设施设置准则"，该准则不再提倡行政命令的形式，而是鼓励"通过志愿程序得出可接受选址"和"考虑竞争选址程序"等社会权力发挥的方式完成邻避设施的建造。如此的话，则是将邻避设施选址交由民众来决定，这是民主与平等原则在邻避设施决策上的体现，自从推行以来，在美国获得普遍欢迎。日本也曾受邻避冲突之困扰，仿效美国之做法，垃圾焚烧厂的建设需经过与社区居民、各级代表充分协商与沟通，达成相关的意愿后才能开工建设。这就意味着，在邻避设施的决策体系中，必须有公众作为平等主体的参与决策，以一种协商方式对于决策的合法性与正当性提供来源。这种协商一方面可以提供邻避设施选址本身的科学性与合理性；另一方面，更重要的是达成利益的平衡，即设施建造本身的利益与社区民众利益的平衡。通过相应的补偿方案提高社区民众的可接受度。美国有学者通过研究认为，采取补偿回馈与风险减轻方案后，公众对于邻避设施反对的比例从71%降到了47%。② 在提供补偿方案时，应当注意：（1）补偿的范围应当与遭受邻避设施伤害的人群范围一致，这是公平性最基本的要求；（2）补偿的金额

---

① 秦鹏：《环境公民身份：形成逻辑、理论意蕴与法治价值》，《法学评论》2012年第3期。

② Carnes, S. A. et al., "Incentives and Nuclear Waste Siting: Prospects and Constraints", *Energy Systems and Policy*, Vol. 7, No. 4, 1982, pp. 323-351.

应当与遭受邻避设施伤害相一致。"过度补偿与补偿不足，都是不公正的。"① 邻避设施的补偿方案应当包括补偿方式、补偿额度、补偿范围等，通过协商民主的路径来实现，以实现民主与公正的价值重塑。

复次，环保非政府组织的信任传递。环保非政府组织的积极参与是环境协商的重要推动力量，有学者认为，德国高度发展、组织多样、成长成熟的环保组织是德国许多成功环境政策的主要推动力。② 在德国，环境运动并不是由一个整合的组织来完成，而是由不同成分、松散的团体集结的力量来推动。环境运动主要由小的地方组织、专业组织及全国性会员组织进行。环境运动整体而言温和、务实。③ 环保非政府组织是现代社会环境法治领域的重要权力源，他们具有"分权""参权""监权"的能力，"在松散结构的团体和开放的社会里，冲突的目标在于消解对抗者之间的紧张，它可以具有稳定和整合的功能"④。环境协商必须发展阶层式的架构，环保团体应当有对等的、固定的人事作为与政府对话的窗口。⑤ 同时，政府也应当"展示对于环保团体的包容、信任，予以制度化的参与，展示政治吸纳的效果"⑥。环保团体的制度化运作，促进了环境立法与环境决策的科学化与正当化，提高了环境法律与政策的社会可接受度，环保团体

① 俞海山：《邻避冲突的正义性分析》，《江汉论坛》2015 年第 5 期。

② Brand, K. W., "Environmental Consciousness and Behavior: The Greening of Lifestyles", in M. Redclift and G. Woodgate（eds.）, *The International Handbook of Environmental Sociology*, Cheltenam, U.K.: Edward Elgar, 1997, pp. 204–217; Rootes, C., "The Transformation of Environmental Activism: An Introduction", in C. Rootes（ed.）, *Environmental Protest in Western Europe*, Oxford: Oxford University Press, 2003, pp. 1–19; Dryzek, J., D. Downes, C. Hunold, D. Schlosberg, & H-K. Hernes, *Green States and Social Movements: Environmentalism in the United States, United Kingdom, Germany and Norway*, N. Y.: Oxford University Press, 2003.

③ Rucht, D., & J. Roose, "The German Environmental Movement at a Crossroads?", In C. Rootes（ed.）, *Environmental Movements: Local, National and Global*, London: Frank Cass, 1999, pp. 59–80.

④ ［美］科塞：《社会冲突的功能》，孙立平等译，华夏出版社1989 年版，第137 页。

⑤ The German Council of Environmental Advisors（SRU）, *Implementing Environmentally Sound, Sustainable Development*, in the German Council of Environmental Advisor Environmental Report, Germany: German Council of Environmental Advisor, 1996, pp. 220–250.

⑥ Dryzek, J., D. Downes, C. Hunold, D. Schlosberg, & H-K. Hernes, *Green States and Social Movements: Environmentalism in the United States, United Kingdom, Germany and Norway*, N. Y.: Oxford University Press, 2003.

在环境协商中扮演着十分重要乃至关键的角色。

最后，现代传媒在环境协商中承担着重要角色，因为传媒会影响舆论对环境议题的看法。[①] 因为"一般民众对于环境议题，最重要的消息来源是主流新闻媒体"[②]。媒体话语隐含着社会权力关系，通常会窄化潜在的或竞争的世界观的范围，而偏向主流的定义。现代传媒对于社会发展与进步具有非常重要的作用，特别是网络等新媒体具有开放性、便捷性与平等性的特点，这为决策的民主性提供了可能性，使得公众对于邻避设施选址方案的制定、补偿方案的确定等，都能够通过网络等方式表达意见及参与决策过程。因此，需要对媒体持平等开放的心态，利用网络等满足公众参与的需求，"使网络成为邻避设施决策民主协商体系的一个重要途径，以达成政府与公众理性的共识"[③]。这些由媒体所建立起来受到大众认同的表达话语被不断地使用，因而增强了这些话语所传达的意义的共通性与合法性。

三　环境协商的可能模型

通过风险交流的知识流动与信息共享，使得环境协商成为可能，环境协商提供了一个全民参与环境治理的平台，这是一种有巨大潜能的治理形式。环境协商模型可包括两个空间——公共空间和授权空间。公共空间以多元讨论与流动为基础，是环境治理的交流空间，公众是活动主体，包括环保主义者、公民记者、网络声音等，这是社会权力的力量展示，[④] 除了听证会、咨商会等正式形式外，会议室、咖啡馆、网络论坛等，也可以作为交流与互动的空间。授权空间是由具有权威的机构或集体作出决策，代表政治权力的结构，包括立法机关、法院、行政机构、国际组织等。

首先，通过公共空间的公共讨论，基于风险交流和文化传输的路径，最终影响并改变授权空间的观点；其次，根据现代民主政治的基本原理，授权空间向公共空间负责，公共空间作出的决策必须有授权空间的参与为

---

① See Anderson, A., *Culture and The Environment*, London: UCL Press, 1997.

② Cox, R., *Environmental Commumcation and The Public Sphere*, Thousand Oaks, CA: Sage, 2006.

③ 周亚越、周鹏飞、俞海山：《邻避设施选址决策中的供需分析》，《浙江社会科学》2016年第6期。

④ 参见杜健勋《邻避事件中的法权配置与风险治理》，《法制与社会发展》2014年第4期。

合法性来源；最后，在这种双向互动决策的基础上，环境协商也应当有纠错与自省的能力，即后继协商，即使满足前两条也可能出现决策失误的情形，必得及时纠正。这个环境协商模型包含了多元化的声音，使得公共空间和授权空间交流的通道被打通。在不断的民主对话中促进信任重建和价值凝聚，在邻避风险的主体之间产生更多的支持，获得正当性。只有在自由开放的论辩中，发表各种不同的观点、价值观及目标，民众不但可以获得足够的资讯，也可与"专家"平起平坐，① 在这种多元多层合作治理中，关键是要作出有约束力的决策，将行动者的不同偏好转化成"分配价值"的政策。这种政策的形成不是自上而下的行政安排，而是行动者在共同学习与互动中形成的。这种集体行动便是"涉及特定政策问题的行动者的集合"②，政策网络中各主体对话、协商、交流、分享，减少分歧与增进合意，形成各方都可接受的政策方案，"防止社会制度和价值碎片化"③。环境协商制度设计，将环境立法与环境政策的讨论扩展到超越有组织利益而容纳普通公民参与的范围，并因此而形成环境法律制度与环境决策，从而有利于邻避风险的治理。环境协商制度形式有：公民会议、公民陪审团、审慎的民意调查与社区对话等。④ 环境协商的步骤如下：

（1）预告。将所拟邻避设施规划与建设登载于行政机关公报、媒体及网站等。内容须包括规划的目的，选址的依据，相关程序的时间，以及项目可能会带来的不利影响等，使利害关系人与公众了解并有助于评论。

（2）选定召集人，成立协商委员会。一般来说，召集人应为中立第三人，根据我国情况，召集人宜由行政机关具有良好声誉的工作人员担任。行政机关工作人员、项目建设方代表、受项目影响的民众、技术专家、行业协会、环保非政府组织、媒体代表等组成协商委员会。Boyer 教

---

① See O'Hara, S. U., "Discuusive Ethics in Ecosystems Valuation and Environmental Policy", *Ecological Economics*, Vol. 16, No. 2, 1996, pp. 95-107; Prugh, T., Constanza, R. and Daly H., *The Local Politics of Global Sustainability*, Washington, D. C. and Covelo, CA: Island Press, 2000.

② B. Guy Peter, *Public Policy Instruments: Evaluating the Tools of Public Administration*, Cheltenham: Edward Elgar Publishing, 1998, p. 60.

③ Steven A. Resell, *Renewing Governance: Governance By Learning In Information Society*, New York: Oxford University Press, 1999, p. 60.

④ See Dryzek, John S., *Rational Ecology: Environment and Political Economy*, New York: Basil Blackwell, 1987; Dryzek, John S., *The Politics of the Earth: Environmental Discourses*, New York: Oxford University Press, 1997.

授以政府对水污染的管制为例,指出利害关系人选择应当考虑:工厂所有人及工厂股票持有人的利益、附近民众的健康与就业率、附近的生态环境、下游民众对干净河水的使用权、中下层民众低价货品的需求利益,其他同类竞争之货品业主的利益,甚至国民生产总值等。① 实际来看,首先,利害关系人将受邻避设施的重要影响,且具有一定的代表性;其次,利害关系人须有诚意,对采用协商方式有强烈的诱因与一定的共识;再次,部分利害关系人就某些方面已有共同的立场;最后,利害关系人须认清与行政机关的关系。

(3)协商会议的召开。在协商会议召开之前,应该将协商会议的议题、参与人员、日期、日程、协商规则等进行公告。同时,行政机关应当安排适当的训练课程,帮助把握议题的主要争议和协商目的,熟悉协商规则等,有利于将来协商之达成。协商会议一般应当公开进行,协商委员会的成员地位平等,通过说理和沟通,对于邻避设施的规划与修建达成一致协议。这里的一致协议可以理解为一般协议,即虽有人不同意,但其所不同意的事项并非那么重要,也不致因而破坏决议或提起诉讼,就算是成功的协商。而对非重要事项持反对意见之利害关系人,可以发表声明,以示对其所代表之利益负责。②

(4)评论。协商会议达成一致意见后,行政机关应当对于协商的内容与结论进行公告,接受公众评论。利害关系人及社会公众在一定期间内,以书面或口头陈述的方式,对协商的任何事项提出资料、意见或辩论。一般说来,经过协商达成的意见,在协商中提出意见者都希望推动协议执行,会声援协议的执行。③

(5)形成正式的议题并公布。评论期间过后,行政机关将公众评论的意见进行整理,并反馈于协商委员会,协商委员会再据此对协商会议形成的结论进行修正,行政机关最终确定结论,行政机关负有说理的义务,对所有的评论意见采纳与否都应当作出清楚的说明,并依行政程序要求公布。

---

① Boyer, "Alternatives to Administrative Trial Type Hearings for Resolving Complex Scientific, Economic And Social Issues", *Mich. L. Rev.*, Vol. 71, 1972, p. 111.

② Henry Perritt, Jr., "Negotiated Rulemaking and Administrative Law", *Admin. L. Rev.*, Vol. 475, 1986, pp. 90-101.

③ 叶俊荣:《环境理性与制度抉择》,台湾地区翰芦图书出版有限公司 2001 年版,第259 页。

第四节　基本制度之邻避动议制度

公私协力的邻避风险治理的核心是公共机构与私人机构之间的交流与协作，这种合作治理的基础性制度是风险交流制度和环境协商制度，但要使风险交流制度和环境协商制度予以实效化，则需要动议制度的坚实支撑。邻避设施关涉社区众多民众的环境安全与健康保障，利益民众有权对邻避设施提出相应的申请与建议，而作为作出决策的公共机构应当正式回应相应的疑问，同时，如果利益民众不满公共机构的决定，则应该有相应的法律救济途径，这是动议制度的核心。基于邻避设施的高风险性与利益关联性，法制框架内的动议制度具有正当性与合理性。

一　邻避动议权的含义

动议权是在公共事务与社会治理中，公民向特定的公共机构提出建议和主张的权利。学界现有对动议权的研究多从立法事务的视角进行，认为动议权是公众提出立法建议、立法创议等，其权利行使的主体既可以直接向行政机关行使，也可以通过法院向行政机关行使。该项权利行使的最终目的是行为人请求行政机关履行职责确保其权利不受侵犯或恢复到初始状态。在邻避风险规制中，邻避动议权指的是邻避设施利益相关人向行政机关提出建议，要求其在邻避设施风险议题形成、邻避设施安全标准制定、邻避设施风险安全评估、邻避设施风险交流、邻避设施协商实施等方面，行使风险规制的权利，行政机关对申请人提出的问询与建议进行审查，并依法作出决定。如果申请人不满意行政机关的回复与决定，则可以依法进行法律救济。

因为邻避风险"具有社会建构的属性，因而如何对风险进行定义以及多安全才足够安全等问题与每一个人的人生哲学有关"①。在这样的前提之下，邻避动议权的申请主体则具有广泛性。首先，邻避设施利害关系人是最主要的邻避动议权申请人。由于邻避设施的修建，行政主体、修建

---

① 参见［英］巴鲁克·费斯科霍夫等《人类可接受风险》，王红漫译，北京大学出版社2009年版，第1—3页。

企业与设施周边民众自然地形成一种法律上的权利义务关系，关心其周围环境与健康的安全，利益民众自然有权向推行设施修建的政府机关提出申请，就设施的相关信息进行询问，并提出改进建议等。另外，环保非政府组织基于其宗旨也可向行政主体提出动议权，环保非政府组织在专业知识的基础上代表社会向政府提出质询与建议，既是基于合作治理的需要，也可督促政府提高治理绩效与邻避设施决策的正当性与公正性，避免"为大多数人的利益而牺牲少数人的利益"。作为风险性的动议权，权利行使的基础不限于申请人的基础性权利已遭受侵害，即申请人的基础性权利如人身权、财产权、自由权等处于侵害之虞时，申请人即可进行动议，这不同于传统行政法上的"请求权"，请求权行使的基础则是其权利人的权利已经遭受行政行为或他人的侵害，权利要求恢复至初始状态等。同时，需要注意的是，邻避动议权的申请不仅在于维护利害关系人的权利，对于维护社会公共利益也具有重要的作用。动议权的行使，可以约束行政权力，作出符合社会公共利益的决策。邻避风险动议权指向的对象为负有邻避风险监管的行政主体，申请的内容则是这些行政主体负有法定的职责。《环境保护法》规定，"地方各级人民政府应当对本行政区域的环境质量负责"（第六条）；"国务院环境保护主管部门，对全国环境保护工作实施统一监督管理；县级以上地方人民政府环境保护主管部门，对本行政区域环境保护工作实施统一监督管理"（第十条）；"国务院有关部门和省、自治区、直辖市人民政府组织制定经济、技术政策，应当充分考虑对环境的影响，听取有关方面和专家的意见"（第十四条）；"地方各级人民政府应当根据环境保护目标和治理任务，采取有效措施，改善环境质量"（第二十八条）等。很明显，政府及其相应的机关对环境保护负有法定的职责。而邻避动议权就是权利人向负有法定职责的机关提出要求其履行职责与合理的建议，如此，确保法律的实施与实效。

如此看来，邻避动议权是在公私协力治理的背景下，一种权利人享有的决策参与权，具有公法权利属性。是在涉及国家与社会公共事务治理中，维护私人利益与公共利益而进行的权利诉求。动议权利主体通过动议督促行政主体履行法定行政职责，约束行政主体的权力行使。邻避动议制度是邻避风险治理的基本制度，同风险交流与环境协商制度一道，保证公私协力邻避风险治理模式的转变与治理结构的重塑。

二　邻避动议的制度过程

动议权的行使是一个制度过程，由权利人以书面形式向有关行政主体提出对于邻避风险规制的建议，包括建议的内容、理由及需要说明的问题等，行政主体应当依照法定职责正式回应该项建议，并作出相应的说明。如对建议不予采纳，应当在规定时间内告知权利人，同时告知权利人可行的救济路径。当然，动议权的实现必须具有资讯公开与时效期间的保障。一般来说，邻避动议包括以下阶段。

（1）提出动议申请。申请人就邻避风险议题形成、邻避风险相应标准、风险评估、风险交流，以及风险管理等过程以书面形式向邻避风险规制行政主体提出建议，要求其履行邻避风险规制职责。申请书中应当列明建议的内容、理由、法律依据，以及相应的佐证材料等。

（2）动议申请书的审查与受理。邻避风险规制行政机关对动议申请书进行审查，如果材料齐全，内容清楚，符合法定要件的，予以正式受理。为体现动议的价值，应当设立专门的机构来收集动议材料，对审查与受理的期限进行规定，受理与否应当及时告知。在这个过程中，受理机关应当与申请人保持沟通，将受理的进程及时告知申请人，其实这也是环境协商与风险交流所要求的。

（3）审核与作出决定。经过正式受理的动议，邻避风险规制行政机关应当对申请的内容进行实质的调查和核实。如果申请人动议的内容属实，属于规制机关法定职责，规制机关应当接受申请人的建议，作出相应的决定，明确规制程序启动的时间等；如果认为动议内容缺乏依据，或是不属于法定职责范围，则驳回动议，并说明理由。

（4）申请救济。救济也是动议制度的基本内容，邻避风险规制机关拒绝受理动议，或是超出规定时间没有作出决定，或是申请人对邻避风险规制机关作出的处理决定不服的，都可以在法律规定的期限内提起行政复议或提起行政诉讼。

第五节　操作性制度之共识会议

共识会议，或称公民会议，是起源于丹麦的新兴公民参与模式，其让不具有专业知识的公众，能够具有充分的信息来进行公共讨论，让公民有机会表达意见，以提高一般公民对于公共政策的参与度。① 促成社会公众针对政策议题进行广泛、理性和知情的争辩与讨论，并且邀请不具有专业知识背景的一般公民，针对具有争议性的公共政策，预先阅读相关资料并相互讨论，以设定这个议题领域中他们想要探查的问题，然后在公开的论坛中，针对这些问题咨询与问谈相关的专家及学者，最后他们在具有一定知识讯息的基础上，对争议性的问题相互辩论并作出判断，且将他们讨论后的共识观点，写成正式会议报告书，向社会大众及公众媒体公布，并提供给政府与国会作为决策的重要参考。② 在这种双向式的对话交流协商下，除了要用说来表达自己的意见与需求，更重要的是要去听对方的意见与想法，以获得对问题的共识。公民会议包括议题挑选—组成执行委员会—挑选参与者—举行预备会议—召开正式公民会议等阶段。

共识会议的流程大致可以分为以下几个阶段：

（1）组建指导委员会。指导委员会监督会议的组织与运行，一般包括规制机关工作人员、技术专家、项目建设方代表、公众代表各一名。规制机关工作人员扮演会议过程中的调解者角色。

（2）确定会议代表。风险规制行政机关根据志愿报名，选择参加共识会议的普通公众代表，应当注意代表的广泛性，根据共识会议起源地丹麦的经验，共识会议中公众小组的成员以20人左右为宜。

（3）召开第一次预备会。第一次预备会召开的目的是让公众小组对邻避风险议题进行深入了解与学习，以掌握相应的知识与能力。在预备会中，规制机关扮演调解者的工作人员帮助公众小组成员学习与讨论邻避风险的专业文献资料，公众小组提出他们所关心的问题。

（4）召开第二次预备会。在第一次预备会议的基础上，公众小组可以再次深入学习相关知识并提出问题。同时，指导委员会指定专家研讨会的专家小组对公众小组的问题进行回应与答复，注意回应与答复不应以晦涩难懂的科学术语表达，应当跨越专业的门槛以普遍公众能理解的话语进行说明。

---

① Ida-Elisabeth Andersen and Birgit Jaeger, "Danish Participatory models", *Science and Public Policy*, Vol. 26, No. 5, 1999, pp. 331-340.

② See Vig, N. J. & Paschen, H., *Parliaments and Technology: The Development of Technology Assessment in Europe*, Albany, NY: State University of New York, 2000.

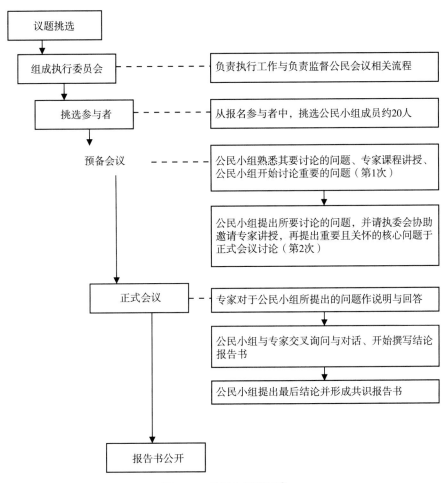

图 6-1 共识会议流程①

（5）共识会议正式召开。指导委员会召集专家小组和公众小组，营造良好的会议氛围。在会议的第一天，由专家发言，阐释邻避风险的相关知识，并对公众小组提出的问题进行回应。会议第二天，公众小组与专家小组进行交互式询问与对质，进一步澄清事实与观点，对一些理解的歧义观点进行辩论。第三天，公众小组形成书面报告，即已经达成共识的结论或建议；对于没有达成共识的问题，专家小组可以再次提供信息并进行指导，公众小组根据情形变化修改结论或建议。会议第四天，对于报告的实

---

① See Einsiedel, E. F. & Eastlick Deborah L., "Consensus Conferences as Deliberative Democracy: A Communications Perspective", *Science Communication*, Vol. 21, No. 4, 2000, pp. 323-343.

质内容不作改变，专家小组更正报告中的表述性错误，公众小组通过新闻发布会发布报告。

共识会议所形成的报告在邻避风险规制中发挥着非常重要的作用，支持环境协商与风险交流制度的顺利推进，邻避风险规制机关应当认真考虑共识会议报告，作为风险决策的基础性资料支撑。

参考文献

一　中文著作

陈家刚：《协商民主与国家治理：中国深化改革的新路向新解读》，中央编译出版社 2014 年版。

陈泉生：《环境法原理》，法律出版社 1997 年版。

陈振明：《公共管理学——一种不同于传统行政学的研究途径》，中国人民大学出版社 2003 年版。

杜健勋：《环境利益分配法理研究》，中国环境出版社 2013 年版。

国际组织可持续发展科学咨询调查分析委员会：《知识与外交：联合国系统中的科学知识》，王冲等译，上海交通大学出版社 2010 年版。

贺雪峰：《新乡土中国——转型期乡村社会调查笔记》，广西师范大学出版社 2003 年版。

黄仁宇：《中国大历史》，台湾联经出版事业股份有限公司 1993 年版。

孔繁斌：《公共性的再生产——多中心治理的合作机制建构》，江苏人民出版社 2012 年版。

李惠斌、杨雪冬：《社会资本与社会发展》，社会科学文献出版社 2000 年版。

林水波、李长晏：《跨域治理》，台湾五南图书出版公司 2005 年版。

林喆：《黑格尔的法权哲学》，复旦大学出版社 1999 年版。

陆学艺：《当代中国社会结构》，社会科学文献出版社 2010 年版。

罗豪才等：《软法与公共治理》，北京大学出版社 2006 年版。

马长山：《法治进程中的民间治理——民间社会组织与法治秩序关系的研究》，法律出版社 2006 年版。

丘昌泰：《邻避情结与社区治理——台湾地区环保抗争的困局与出

路》,韦伯文化国际出版有限公司 2007 年版。

　　沈岿:《风险规制与行政法新发展》,法律出版社 2013 年版。

　　沈宗灵:《法理学》,北京大学出版社 2000 年版。

　　沈宗灵、周楠森:《西方人权学说》(下册),四川人民出版社 1994 年版。

　　孙国华、朱景文:《法理学》,中国人民大学出版社 2004 年版。

　　孙立平:《博弈——断裂社会的利益冲突与和谐》,社会科学文献出版社 2006 年版。

　　孙立平:《断裂——20 世纪 90 年代以来的中国社会》,社会科学文献出版社 2003 年版。

　　孙立平:《转型与断裂:改革以来中国社会结构的变迁》,清华大学出版社 2004 年版。

　　唐代兴:《生态理性哲学导论》,北京大学出版社 2005 年版。

　　童之伟:《法权与宪政》,山东人民出版社 2001 年版。

　　汪劲:《中外环境影响评价制度比较研究——环境与开发决策的正当法律程序》,北京大学出版社 2006 年版。

　　王锡锌:《公众参与和行政过程——一个理念和制度分析的框架》,中国民主法制出版社 2007 年版。

　　王锡锌:《公众参与和中国新公共运动的兴起》,中国法制出版社 2008 年版。

　　翁岳生:《行政法》,中国法制出版社 2002 年版。

　　吴卫星:《环境权研究:公法学的视角》,法律出版社 2007 年版。

　　萧新煌:《解剖台湾经济:威权体制下的垄断与剥削》,台湾前卫出版社 1992 年版。

　　许章润:《坐待天明》,广西师范大学出版社 2013 年版。

　　薛晓源、周战超:《全球化与风险社会》,社会科学文献出版社 2005 年版。

　　燕继荣:《投资社会资本——政治发展的一种新维度》,北京大学出版社 2006 年版。

　　叶俊荣:《环境理性与制度抉择》,台湾翰芦图书出版有限公司 2001 年版。

　　叶俊荣:《环境政策与法律》,中国政法大学出版社 2003 年版。

俞可平：《治理与善治》，社会科学文献出版社 2000 年版。

张国清：《社会治理研究》，浙江出版联合集团、浙江教育出版社 2013 年版。

张晋藩：《中国法律的传统与近代转型》，法律出版社 2005 年版。

张五常：《中国的经济制度》，香港花千树出版社 2008 年版。

张小劲、于晓虹：《推进国家治理体系和治理能力现代化六讲》，人民出版社 2014 年版。

赵鼎新：《社会与政治运动讲义》，社会科学文献出版社 2006 年版。

郑杭生、杨敏：《社会互构导论：世界眼光下的中国特色社会学理论的新探索——当代中国"个人与社会关系研究"》，中国人民大学出版社 2010 年版。

郑杭生：《中国社会结构变化趋势研究》，中国人民大学出版社 2004 年版。

二　中文译著

［英］安德鲁·多布森：《绿色政治思想》，郇庆治译，山东大学出版社 2005 年版。

［英］安东尼·吉登斯：《失控的世界——全球化如何重塑我们的生活》，周红云译，江西人民出版社 2001 年版。

［英］巴鲁克·费斯科霍夫等：《人类可接受风险》，王红漫译，北京大学出版社 2009 年版。

［法］邦雅曼·贡斯当：《古代人的自由与现代人的自由》，阎克文等译，商务印书馆 1999 年版。

［美］保罗·A. 萨缪尔森、威廉·D. 诺德豪斯：《经济学》（上册），胡代光等译，北京经济学院出版社 1996 年版。

［美］保罗·斯洛维奇：《风险的感知》，赵延东等译，北京出版社 2007 年版。

［美］本杰明·巴伯：《强势民主》，彭斌、吴润洲译，吉林人民出版社 2006 年版。

［美］伯·霍尔茨纳：《知识社会学》，傅正元、蒋琦译，湖北人民出版社 1984 年版。

［美］达尔：《民主理论的前言》，顾昕译，生活·读书·新知三联书

店 1999 年版。

　　［美］丹尼尔·A. 科尔曼：《生态社会：建设一个绿色社会》，梅俊杰译，上海人民出版社 2006 年版。

　　［美］狄恩·普鲁特、金盛熙：《社会冲突》，王凡妹译，人民邮电出版社 2013 年版。

　　［美］弗朗西斯·福山：《国家构建——21 世纪的国家治理与世界秩序》，黄胜强、许铭原译，中国社会科学出版社 2007 年版。

　　［美］弗里德曼：《法律制度》，李琼英、林欣译，中国政法大学出版社 1994 年版。

　　［美］G. 沙布尔·吉玛、丹尼斯·A. 荣迪内利：《分权化治理：新概念与新实践》，唐贤兴、张进军等译，格致出版社、上海人民出版社 2013 年版。

　　［美］H. 乔治·弗雷德里克森：《新公共行政》，丁煌、方兴译，中国人民大学出版社 2011 年版。

　　［德］哈贝马斯：《交往行动理论》，洪佩郁等译，重庆出版社 1994 年版。

　　［德］哈贝马斯：《在事实与规范之间》，童世骏译，生活·读书·新知三联书店 2003 年版。

　　［德］汉斯·J. 沃尔夫、奥托·巴霍夫、罗尔夫·施托贝尔：《行政法》（第 3 卷），高家伟译，商务印书馆 2007 年版。

　　［美］汉娜·阿伦特：《人的条件》，兰乾威等译，上海人民出版社 1999 年版。

　　［英］汉考克：《环境人权：权力、伦理与法律》，李隼译，重庆出版社 2007 年版。

　　［日］黑川哲志：《环境行政的法理与方法》，肖军译，中国法制出版社 2008 年版。

　　［美］吉尔伯特·罗兹曼：《中国的现代化》，沈宗美译，江苏人民出版社 1988 年版。

　　［美］凯尔森：《法与国家的一般理论》，沈宗灵译，中国大百科全书出版社 1996 年版。

　　［美］凯斯·R. 孙斯坦：《风险与理性——安全、法律与环境》，师帅译，中国政法大学出版社 2005 年版。

［德］康德：《法的形而上学原理——权利的科学》，沈叔平译，商务印书馆1991年版。

［美］科尔曼：《生态政治：建设一个绿色社会》，梅俊杰译，上海世纪出版集团2006年版。

［英］克里姆斯基、戈尔丁：《风险的社会理论学说》，徐元玲等译，北京出版社2005年版。

［美］L. A. 科塞：《社会冲突的功能》，孙立平等译，华夏出版社1989年版。

［法］莱昂·狄骥：《公法的变迁：法律与国家》，郑戈、冷静译，辽海出版社、春风文艺出版社1999年版。

［英］赖恩·特纳：《公民身份与社会理论》，郭忠华、蒋红军译，吉林出版集团有限责任公司2007年版。

［美］李侃如：《治理中国——从革命到改革》，胡国成等译，中国社会科学出版社2010年版。

［美］理查德·B. 斯图尔特：《美国行政法的重构》，沈岿译，商务印书馆2002年版。

［美］列奥·施特劳斯：《自然权利与历史》，彭刚译，生活·读书·新知三联书店2003年版。

［法］卢梭：《社会契约论》，何兆武译，商务印书馆2003年版。

［美］伦纳德·奥托兰诺：《环境管理与影响评价》，郭怀成译，化学工业出版社2004年版。

［美］罗伯特·阿格拉诺夫、迈克尔·麦圭尔：《协作性公共管理：地方政府新战略》，李玲玲、鄞益奋译，北京大学出版社2007年版。

［美］罗伯特·希斯：《危机管理》，王成等译，中信出版社2004年版。

［美］罗尔斯：《正义论》，何怀宏、何包钢、廖申白译，中国社会科学出版社1988年版。

［美］罗尔斯：《作为公平的正义：正义新论》，姚大志译，上海三联书店2002年版。

［美］罗纳德·德沃金：《至上的美德——平等的理论与实践》，冯克利译，江苏人民出版社2003年版。

［英］洛克：《政府论》（下篇），叶启芳等译，商务印书馆1964

年版。

[德] 马克斯·韦伯：《经济与社会》，林荣远译，商务印书馆 1997 年版。

[德] 马克斯·韦伯：《支配社会学》，康乐、简惠美译，广西师范大学出版社 2004 年版。

[美] 玛格丽特·波洛玛：《当代社会学理论》，孙立平译，华夏出版社 1989 年版。

[美] 曼瑟尔·奥尔森：《集体行动的逻辑》，陈郁、郭宇峰、李崇新译，上海人民出版社 1995 年版。

[南非] 毛里西奥·帕瑟林·登特里维斯：《作为公共协商的民主——新的视角》，王英津等译，中央编译出版社 2006 年版。

[德] 尼克拉斯·卢曼：《信任：一个社会复杂性的简化机制》，瞿铁鹏、李强译，上海世纪出版集团 2005 年版。

[英] 尼克·皮金等：《风险的社会放大》，谭宏凯译，中国劳动社会保障出版社 2010 年版。

[美] P. 诺内特、P. 塞尔兹尼克：《转变中的法律与社会：迈向回应型法》，张志铭译，中国政法大学出版社 2002 年版。

[法] 皮埃尔·布迪厄、[美] 华康德：《实践与反思——反思社会学导引》，李猛、李康译，中央编译出版社 2004 年版。

[法] 皮埃尔·卡蓝默：《破碎的民主：试论治理的革命》，高凌瀚译，生活·读书·新知三联书店 2005 年版。

[美] 乔尔·S. 米格代尔：《强社会与弱国家：第三世界的国家社会关系及国家能力》，张长东等译，江苏人民出版社 2009 年版。

[法] 让-雅克·拉丰：《规制与发展》，聂辉华译，中国人民大学出版社 2009 年版。

[美] 斯蒂芬·戈德史密斯、威廉·D. 埃格斯：《网络化治理——公共部门的新形态》，孙迎春译，北京大学出版社 2008 年版。

[美] 托夫勒：《第三次浪潮》，朱志焱、潘琪译，生活·读书·新知三联书店 1983 年版。

[加] 威尔·金里卡：《当代政治哲学》，刘莘译，上海三联书店 2004 年版。

[美] 文森特·奥斯特罗姆、罗伯特·比什、埃莉诺·奥斯特罗姆：

《美国地方政府》，井敏、陈幽泓译，北京大学出版社 2004 年版。

［德］乌尔里希·贝克等：《自由与资本主义》，路国林译，浙江人民出版社 2001 年版。

［德］乌尔里希·贝克：《风险社会》，何博闻译，译林出版社 2004 年版。

［德］乌尔里希·贝克：《世界风险社会》，吴英姿、孙淑敏译，南京大学出版社 2004 年版。

［德］乌尔里希·贝克、［英］安东尼·吉登斯等：《自反性现代化——现代社会秩序中的政治、传统与美学》，赵文书译，商务印书馆 2001 年版。

［美］小罗杰·皮尔克：《诚实代理人》，李正风、缪航译，上海交通大学出版社 2010 年版。

［美］谢茨施耐德：《半主权的人民》，任军锋译，天津人民出版社 2000 年版。

［英］伊丽莎白·费雪：《风险规制与行政宪政主义》，沈岿译，法律出版社 2012 年版。

［瑞典］英瓦尔·卡尔松、［圭亚那］什里达特·兰法尔：《天涯成比邻——全球治理委员会报告》，赵仲强，李正凌译，中国对外翻译出版公司 1995 年版。

［加］约翰·汉尼根：《环境社会学》（第二版），洪大用等译，中国人民大学出版社 2009 年版。

［英］约翰·密尔：《论自由》，程崇华译，商务印书馆 1959 年版。

三　中文论文

艾志强、沈元军：《风险与技术风险概念界定的关系研究》，《科技管理研究》2013 年第 12 期。

包双叶：《社会转型、时空压缩与生态文明建设》，《华东师范大学学报》（哲学社会科学版）2014 年第 4 期。

［加］彼得·哈里斯-琼斯：《"风险社会"传统、生态秩序与时空加速》，周战超编译，《马克思主义与现实》2005 年第 6 期。

蔡翠红：《国家—市场—社会互动中网络空间的全球治理》，《世界经济与政治》2013 年第 9 期。

蔡守秋：《论环境权》，《金陵法律评论》2002 年春季卷。

蔡宗秀：《邻避情结之冲突协商》，《亚太经济管理评论》2004 年第 1 期。

曹正汉：《中国上下分治的治理体制及其稳定机制》，《社会学研究》2011 年第 1 期。

陈德敏、杜辉：《环境维权群体性行动的法制化探讨》，《清华法治论衡》2013 年第 3 期。

陈德敏：《我国循环经济立法若干问题研究》，《现代法学》2008 年第 2 期。

陈芳、陈振明：《当代中国地方治理中的公民参与——历程、现状与前景》，《东南学术》2008 年第 4 期。

陈海春、陈婷：《合作主义及其在中国转型社会中的适用性探析》，《理论与改革》2013 年第 2 期。

陈海嵩：《国家环境保护义务的溯源与展开》，《法学研究》2014 年第 3 期。

陈海嵩：《环境保护权利话语的反思——兼论中国环境法的转型》，《法商研究》2015 年第 2 期。

陈海嵩：《绿色发展中的环境法实施问题：基于 PX 事件的微观分析》，《中国法学》2016 年第 1 期。

陈海嵩：《雾霾应急的中国实践与环境法理》，《法学研究》2016 年第 4 期。

陈海嵩：《新"环境保护法"中政府环境责任的实施路径——以环保目标责任制与考核评价制度为中心的考察》，《社会科学家》2017 年第 8 期。

陈慧荣、张煜：《基层社会协同治理的技术与制度：以上海市 A 区城市综合治理"大联动"为例》，《公共行政评论》2015 年第 1 期。

陈家刚：《协商民主引论》，《马克思主义与现实》2004 年第 3 期。

陈俊宏：《邻避（NIMBY）症候群、专家政治与民主审议》，《东吴政治学报》1999 年第 10 期。

陈俊宏：《永续发展与民主：审议式民主理论初探》，《东吴政治学报》1998 年第 9 期。

陈琼、曾保根：《对当代西方治理理论的解读》，《行政论坛》2004

年第 9 期。

　　陈剩勇：《协商民主理论与中国》，《浙江社会科学》2005 年第 1 期。

　　陈剩勇、徐珣：《参与式治理：社会管理创新的一种可行性路径——基于杭州社区管理与服务创新经验的研究》，《浙江社会科学》2013 年第 2 期。

　　陈剩勇、于兰兰：《网络化治理：一种新的公共治理模式》，《政治学研究》2012 年第 2 期。

　　陈剩勇、赵光勇：《"参与式治理"研究述评》，《教学与研究》2009 年第 8 期。

　　陈晓正、胡象明：《重大工程项目社会稳定风险评估研究——基于社会预期的视角》，《北京航空航天大学学报》（社会科学版）2013 年第 2 期。

　　仇立平、刘博、肖日葵、张军：《社会转型与风险控制：回到实践中的中国社会》，《江海学刊》2015 年第 1 期。

　　褚松燕：《开放型社会的公共权力配置迷局——多主体协作治理的潜在风险与解决方案》，《人民论坛·学术前沿》2013 年第 17 期。

　　单光鼐、蒋兆勇：《县级群体性事件的特点及矛盾对立》，《领导者》2009 年第 29 期。

　　党国英：《利益主体多元化与中国未来走向》，《同舟共济》2007 年第 9 期。

　　邓海峰：《生态法治的整体主义自新进路》，《清华法学》2014 年第 4 期。

　　邓穗欣、湛学勇、鲍勇剑：《走向规则主导型社会——一个关于中国公共治理转型的研究与实践框架》，《复旦公共行政评论》2012 年第 2 期。

　　董嘉明：《群体性事件社会心理机制探析及对策建议》，《决策咨询通讯》2008 年第 6 期。

　　董正爱：《社会转型发展中生态秩序的法律构造》，《法学评论》2012 年第 5 期。

　　董正爱、王璐璐：《迈向回应型环境风险法律规制的变革路径》，《社会科学研究》2015 年第 4 期。

　　杜辉：《论环境私主体治理的法治进路与制度建构》，《华东政法大学学报》2016 年第 2 期。

杜辉：《论制度逻辑框架下环境治理模式之转换》，《法商研究》2013年第1期。

杜健勋：《环境正义：环境法学的范式转移》，《北方法学》2012年第6期。

杜健勋：《交流与协商：邻避风险治理的规范性选择》，《法学评论》2016年第1期。

杜健勋：《邻避事件中的法权配置与风险治理研究》，《法制与社会发展》2014年第4期。

杜健勋：《论我国邻避风险规制的模式及制度框架》，《现代法学》2016年第6期。

杜文苓：《环评决策中公民参与的省思：以中科三期开发案争议为例》，《公共行政学报》2010年第35期。

范如国：《复杂网络结构范型下的社会治理协同创新》，《中国社会科学》2014年第4期。

方文：《部分公民权：中国体验的忧伤维度》，《探索与争鸣》2012年第2期。

冯辉：《公共治理中的民粹倾向及其法治出路——以PX项目争议为样本》，《法学家》2015年第2期。

冯仕政：《沉默的大多数：差序格局与环境抗争》，《中国人民大学学报》2007年第1期。

高全喜：《变法图强与保守的现代性》，《法学研究》2011年第5期。

龚文娟：《环境风险在人群中的社会空间分配》，《厦门大学学报》（哲学社会科学版）2014年第3期。

龚文娟：《约制与建构：环境议题的呈现机制》，《社会》2013年第1期。

巩固：《政府激励视角下的〈环境保护法〉修改》，《法学》2013年第1期。

管在高：《邻避型群体性事件产生的原因及预防对策》，《管理学刊》2011年第6期。

郭道晖：《社会权力：法治新模式与新动力》，《学习与探索》2009年第5期。

郭苏建：《中国国家治理现代化视角下的社会治理模式转型》，《学海》2016 年第 4 期。

郭小平：《"邻避冲突"中的新媒体，公民记者与环境公民社会的"善治"》，《国际新闻界》2013 年第 5 期。

韩大元：《宪法实施与中国社会治理模式的转型》，《中国法学》2012 年第 4 期。

何江波：《论工程风险的原因及其规避机制》，《自然辩证法研究》2010 年第 2 期。

何翔舟、金潇：《公共治理理论的发展及其中国定位》，《学术月刊》2014 年第 8 期。

何艳玲、陈晓运：《从"不怕"到"我怕"："一般人群"在邻避冲突中如何形成抗争动机》，《学术研究》2012 年第 5 期。

何艳玲：《"邻避冲突"及其解决：基于一次城市集体抗争的分析》，《公共管理研究》2006 年。

何艳玲：《中国式邻避冲突：基于事件的分析》，《开放时代》2009 年第 12 期。

何羿、赵智杰：《环境影响评价在规避邻避效应中的作用与问题》，《北京大学学报》（自然科学版）2013 年第 6 期。

贺海波：《选择性合作治理：国家与农村精英的关系变迁》，《社会主义研究》2014 年第 3 期。

赫莉：《多元参与与城乡基层社会治理》，《甘肃社会科学》2013 年第 6 期。

洪大用：《当代中国社会转型与环境问题——一个初步的分析框架》，《东南学术》2000 年第 5 期。

洪大用：《环境社会学的研究与反思》，《思想战线》2014 年第 4 期。

洪大用：《西方环境社会学研究》，《社会学研究》1999 年第 2 期。

侯光辉、王元地：《邻避危机何以愈演愈烈——一个整合性归因模型》，《公共管理学报》2014 年第 3 期。

胡象明、王锋：《一个新的社会稳定风险评估分析框架：风险感知的视角》，《中国行政管理》2014 年第 4 期。

郇庆治：《绿色变革视角下的环境公民理论》，《鄱阳湖学刊》2015 年第 2 期。

郇庆治：《政治机会结构视角下的中国环境运动及其战略选择》，《南京工业大学学报》（哲学社会科学版）2012 年第 4 期。

黄东益：《审慎思辨民调——研究方法的探讨与可行性评估》，《民意调查季刊》2000 年第 1 期。

黄建武：《法权的构成及人权的法律保护》，《现代法学》2008 年第 4 期。

黄杰、朱正威、赵巍：《风险感知、应对策略与冲突升级——一个群体性事件发生机理的解释框架及运用》，《复旦学报》（社会科学版）2015 年第 1 期。

霍伟亚：《回望：这半年，环保组织都在忙些什么》，《青年环境评论》2012 年第 3 期。

江必新、王红霞：《法治社会建设论纲》，《中国社会科学》2014 年第 1 期。

金自宁：《风险规制时代的授权与裁量——"美国货运协会案"的启示》，《法学家》2014 年第 3 期。

金自宁：《风险规制中的信息交流及其制度建构》，《北京行政学院学报》2012 年第 5 期。

金自宁：《跨越专业门槛的风险交流与公众参与》，《中外法学》2014 年第 1 期。

金自宁：《作为风险规制工具的信息交流——以环境行政中 TRI 为例》，《中外法学》2010 年第 3 期。

敬乂嘉：《合作治理：历史与现实的路径》，《南京社会科学》2015 年第 5 期。

康晓光、韩恒：《分类控制：当前中国大陆国家与社会关系研究》，《社会学研究》2005 年第 6 期。

柯坚：《我国"环境保护法"修订的法治时空观》，《华东政法大学学报》2014 年第 3 期。

孔繁斌：《多中心治理诠释——基于承认政治的视角》，《南京大学学报》（哲学·人文科学·社会科学版）2007 年第 6 期。

孔繁斌：《社会治理的多中心场域构建——基于共和主义的一项理论解释》，《湘潭大学学报》（哲学社会科学版）2009 年第 2 期。

李汉林、魏钦恭、张彦：《社会变迁过程中的结构紧张》，《中国社会科学》2010 年第 2 期。

李后建：《市场化、腐败与企业家精神》，《经济科学》2013 年第 1 期。

李培林：《中国社会结构转型对资源配置方式的影响》，《中国社会科学》1995 年第 1 期。

李小敏、胡象明：《邻避现象原因新析：风险认知与公众信任的视角》，《中国行政管理》2015 年第 3 期。

李醒民：《科学与政治刍议》，《学术界》2013 年第 12 期。

李一：《网络社会治理的目标取向和行动原则》，《浙江社会科学》2014 年第 12 期。

李永展、陈柏廷：《从环境认知的观点探讨邻避设施的再利用》，《台湾大学建筑与城乡研究学报》1996 年第 8 期。

李永展：《邻避设施冲突管理之研究》，《台湾大学建筑与城乡研究学报》1998 年第 9 期。

李永政、王李霞：《邻避型群体性事件实例分析》，《人民论坛》2014 年第 2 期。

林伯强、邹楚沅：《发展阶段变迁与中国环境政策选择》，《中国社会科学》2014 年第 5 期。

林光彬：《等级制度、市场经济与城乡收入差距扩大》，《管理世界》2004 年第 4 期。

林卡、易龙飞：《参与与赋权：环境治理的地方创新》，《探索与争鸣》2014 年第 11 期。

凌斌：《规则选择的效率比较：以环保制度为例》，《法学研究》2013 年第 3 期。

刘德海：《群体性突发事件中政府机会主义行为的演化博弈分析》，《中国管理科学》2010 年第 2 期。

刘锦春：《公众理解科学的新模式：欧洲共识会议的起源及研究》，《自然辩证法研究》2007 年第 2 期。

刘能：《怨恨解释、动员结构和理性选择——有关中国都市地区集体行动发生可能性的分析》，《开放时代》2004 年第 4 期。

刘平：《新二元社会与中国社会转型研究》，《中国社会科学》2007 年第 1 期。

刘岩：《"风险社会"三论及其应用价值》，《浙江社会科学》2009 年第 3 期。

　　刘燕、万欣荣：《中国社会转型的表现、特点与缺陷》，《社会主义研究》2011 年第 4 期。

　　刘泽照、朱正威：《公共管理视域下风险及治理研究图谱与主题脉系——基于国际 SSCI 的计量分析（1965—2013）》，《公共管理学报》2014 年第 3 期。

　　刘作翔：《权利相对性理论及其争论》，《清华法学》2013 年第 6 期。

　　娄胜华、姜姗姗：《邻避事件在澳门的兴起及其治理——以美沙酮服务站选址争议为个案》，《中国行政管理》2012 年第 4 期。

　　陆世宏：《协同治理与和谐社会的构建》，《广西民族大学学报》（哲学社会科学版）2006 年第 6 期。

　　吕忠梅：《论生态文明建设的综合决策法律机制》，《中国法学》2014 年第 3 期。

　　吕忠梅：《再论公民环境权》，《法学研究》2000 年第 6 期。

　　吕忠梅：《中国生态法治建设的路线图》，《中国社会科学》2013 年第 5 期。

　　罗豪才、宋功德：《公域之治的转型——对公共治理与公法互动关系的一种透视》，《中国法学》2005 年第 5 期。

　　罗亚娟：《乡村工业污染中的环境抗争——东井村个案研究》，《学海》2010 年第 2 期。

　　马奔、王昕程、卢慧梅：《当代中国邻避冲突治理的策略选择——基于对几起典型邻避冲突案例的分析》，《山东大学学报》（哲学社会科学版）2014 年第 3 期。

　　马金芳：《社会组织多元社会治理中的自治与法治》，《法学》2014 年第 11 期。

　　［法］玛丽-克劳德·斯莫茨：《治理在国际关系中的正确运用》，肖孝毛译，《国际社会科学杂志》（中文版）1999 年第 1 期。

　　孟甜：《环境纠纷解决机制的理论分析与实践检视》，《法学评论》2015 年第 2 期。

　　聂伟：《社会经济地位与环境风险分配——基于厦门垃圾处理的实证研究》，《中国地质大学学报》（社会科学版）2013 年第 4 期。

　　彭锦鹏：《全观型治理：理论与制度化策略》，《政治科学论丛》2005

年第 23 期。

彭小兵、邹晓韵：《邻避效应向环境群体性事件演化的网络舆情传播机制——基于宁波镇海反 PX 事件的研究》，《情报杂志》2017 年第 4 期。

戚建刚：《风险规制过程合法性之证成——以公众和专家的风险知识运用为视角》，《法商研究》2009 年第 5 期。

戚建刚：《风险认知模式及其行政法制之意蕴》，《法学研究》2009 年第 5 期。

戚建刚：《极端事件的风险恐慌及对行政法制之意蕴》，《中国法学》2010 年第 2 期。

戚建刚、郑理：《论公共风险监管法中动议权制度之建构》，《中国高校社会科学》2015 年第 5 期。

钱伯章：《中国对二甲苯产能与需求分析》，《上海化工》2015 年第 3 期。

钱福臣：《现代宪政的法权配置与运作规律》，《法学研究》2008 年第 3 期。

［美］乔尔·赫尔曼等：《转轨国家的政府俘获、腐败以及企业影响力》，周军华译，《经济社会体制比较》2009 年第 1 期。

乔艳洁等：《从公共政策角度探析邻避效应》，《郑州航空工业管理学院学报》（社会科学版）2007 年第 2 期。

秦鹏：《环境公民身份：形成逻辑、理论意蕴与法治价值》，《法学评论》2012 年第 3 期。

秦鹏、李奇伟：《协调各方利益冲突，规范环境立法途径》，《环境保护》2013 年第 4 期。

丘昌泰：《从"邻避情结"到"迎臂效应"：台湾地区环保抗争的问题与出路》，《政治科学论丛》2002 年第 17 期。

丘昌泰：《公害社区风险沟通之问题与对策》，《法商学报》1999 年第 34 期。

邱大昕、罗淑霞：《邻避与被邻避：身心障碍机构与设施抗争处理经验之研究》，《社会政策与社会工作学刊》2011 年第 1 期。

渠敬东、周飞舟、应星：《从总体性支配到技术治理——基于中国 30 年改革经验的社会学分析》，《中国社会科学》2009 年第 6 期。

冉冉：《"压力型体制"下的政治激励与地方环境治理》，《经济社会体制比较》2013 年第 3 期。

荣婷、谢耘耕：《环境群体性事件的发生、传播与应对——基于2003—2014 年 150 起中国重大环境群体事件的实证分析》，《新闻记者》2015 年第 6 期。

沙勇忠、曾小芳：《基于扎根理论的环境维权类群体性事件演化过程分析——以厦门 PX 事件为例》，《兰州大学学报》（社会科学版）2013 年第 4 期。

邵春霞、彭勃：《国家治理能力与公共领域的合法性功能——论国家权力与社会结构的相互联结》，《南京社会科学》2014 年第 8 期。

沈岿：《风险交流的软法构建》，《清华法学》2015 年第 6 期。

宋道雷、郝宇青：《当代中国政治议程的变迁与领导精英的转换》，《福州大学学报》（哲学社会科学版）2014 年第 3 期。

宋国君：《公众参与在环境风险评估中的作用》，《绿叶》2011 年第 4 期。

宋煜萍：《公众参与社会治理：基础、障碍与对策》，《哲学研究》2014 年第 12 期。

孙立平：《改革开放以来中国社会结构的变迁》，《中国浦东干部学院学报》2009 年第 1 期。

孙立平：《利益关系形成与社会结构变迁》，《社会》2008 年第 3 期。

孙立平：《中国社会结构的变迁及其分析模式的转换》，《南京社会科学》2009 年第 5 期。

孙佑海：《影响环境资源法实施的障碍研究》，《现代法学》2007 年第 2 期。

谭鸿仁、王俊隆：《邻避与风险社会：新店安坑掩埋场设置的个案分析》，《地理研究》2005 年第 5 期。

谭爽、胡象明：《邻避型社会稳定风险中风险认知的预测作用及其调控——以核电站为例》，《武汉大学学报》（哲学社会科学版）2013 年第 5 期。

谭爽：《邻避事件与环境公民社会建构——一项"后传式"的跨案例研究》，《公共管理学报》2017 年第 2 期。

汤汇浩：《邻避效应：公益性项目的补偿机制与公民参与》，《中国行政管理》2011 年第 7 期。

唐皇凤：《风险治理与民主：西方民主理论的新视阈》，《武汉大学学报》（哲学社会科学版）2009 年第 5 期。

唐庆鹏：《邻避冲突治理：价值契合与路径优化》，《学习与实践》2017 年第 1 期。

唐瑭、王曦：《法律规范主义视角下政府与公民理性互动范式的选择——以上海松江垃圾焚烧事件为例》，《清华法治论衡》2013 年第 3 期。

唐文玉：《从"工具主义"到"合作治理"——政府支持社会组织发展的模式转型》，《学习与实践》2016 年第 9 期。

陶鹏、童星：《邻避型群体事件及其治理》，《南京社会科学》2010 年第 8 期。

童星：《从科层制管理走向网络型治理——社会治理创新的关键路径》，《学术月刊》2015 年第 10 期。

童之伟：《法权中心的猜想与证明——兼答刘旺洪教授》，《中国法学》2001 年第 6 期。

童之伟：《法权中心主义要点及其法学应用》，《东方法学》2011 年第 1 期。

童之伟：《权利本位说再评议》，《中国法学》2000 年第 6 期。

万江：《中国的地方法治建设竞争》，《中外法学》2013 年第 4 期。

汪海霞、郭维汉：《法治视阈下社会协同治理的制度创新》，《南京师大学报》（社会科学版）2013 年第 6 期。

王宝治：《社会权力概念、属性及其作用的辨证思考》，《法制与社会发展》2011 年第 4 期。

王灿发：《论生态文明建设法律保障体系的构建》，《中国法学》2014 年第 3 期。

王超锋、朱谦：《重大环境决策社会风险及其评估制度构建》，《哈尔滨工业大学学报》（社会科学版）2015 年第 6 期。

王佃利：《邻避冲突的属性分析与治理之道——基于邻避研究综述的分析》，《中国行政管理》2012 年第 12 期。

王家峰、孔繁斌：《政府与社会的双重建构：公共治理的实践命题》，《南京社会科学》2010 年第 4 期。

王京京：《国外社会风险理论研究的进展及启示》，《国外理论动态》2014 年第 9 期。

王娟、胡志强：《专家与公众的风险感知差异》，《自然辩证法研究》
2014 年第 1 期。

王凯民、檀榕基：《环境安全感、政府信任与风险治理——从"邻避
效应"的角度分析》，《行政与法》2014 年第 2 期。

王奎明、钟杨：《"中国式"邻避事件核心议题探析——基于民意视
角》，《上海交通大学学报》（哲学社会科学版）2014 年第 1 期。

王名、蔡志鸿、王春婷：《社会共治：多元主体共同治理的实践探索
与制度创新》，《中国行政管理》2014 年第 12 期。

王浦劬：《国家治理、政府治理和社会治理的含义及其相互关系》，
《国家行政学院学报》2014 年第 3 期。

王青斌：《论公众参与有效性的提高》，《政法论坛》2012 年第 4 期。

王全权、陈相雨：《网络赋权与环境抗争》，《学海》2013 年第 4 期。

王若宇、冯颜利：《从经济理性到生态理性：生态文明建设的理念创
新》，《自然辩证法研究》2011 年第 7 期。

王绍光、何建宇：《中国的社团革命——中国人的结社版图》，《浙江
学刊》2004 年第 6 期。

王绍光：《中国公共政策议程设置的模式》，《中国社会科学》2006
年第 5 期。

王树义、蔡文灿：《论我国环境治理的权力结构》，《法制与社会发
展》2016 年第 3 期。

王锡锌：《公众参与：参与式民主的理论想象及制度实践》，《政治与
法律》2008 年第 6 期。

王锡锌：《我国公共决策专家咨询制度的悖论及其克服——以"美国
联邦咨询委员会法"为借鉴》，《法商研究》2007 年第 2 期。

王锡锌、章永乐：《我国行政决策模式之转型——从管理主义模式到
参与式治理模式》，《法商研究》2010 年第 5 期。

王锡锌、章永乐：《专家、大众与知识的运用——行政规则制定过程
的一个分析框架》，《中国社会科学》2003 年第 3 期。

王新才、聂云霞：《信息剩余与信息短缺：政府信息公开中的悖论解
析》，《情报科学》2014 年第 1 期。

王亚男：《中国环评制度的发展历程及展望》，《中国环境管理》2015
年第 2 期。

王义:《从管制到多元治理:社会管理模式的转换》,《长白学刊》2012 年第 4 期。

王玉明:《暴力环境群体性事件的成因分析——基于对十起典型环境冲突事件的研究》,《四川行政学院学报》2012 年第 3 期。

王云霞:《近代欧洲的法典编纂运动》,《华东政法大学学报》2006 年第 2 期。

魏波:《多主体多中心的社会治理与发展模式》,《社会科学》2009 年第 8 期。

魏娜、韩芳:《邻避冲突中的新公民参与:基于框架建构的过程》,《浙江大学学报》(人文社会科学版)2015 年第 4 期。

吴畅畅:《去邻避化、素朴的自由主义与中产阶级的"表演式书写"》,《新闻学研究》2012 年第 112 期。

吴庆华:《社会治理主体多元化:模式及机制建构——以温州多中心治理模式为例》,《学习与实践》2008 年第 11 期。

吴素雄:《国家建构的社会逻辑:从权力结构的均衡考察》,《浙江社会科学》2008 年第 12 期。

吴晓燕、任耀杰:《社会管理创新:从一元管理到多元治理——以温江区永宁镇社会管理创新为例》,《社会主义研究》2012 年第 4 期。

吴元元:《环境影响评价公众参与制度中的信息异化》,《学海》2007 年第 3 期。

萧功秦:《强政府与弱社会》,《中国企业家》2012 年第 18 期。

肖唐镖:《当代中国的"群体性事件":概念、类型与性质辨析》,《人文杂志》2012 年第 4 期。

谢晓非、郑蕊:《风险沟通与公众理性》,《心理科学进展》2003 年第 4 期。

熊炎:《邻避型群体性事件的实例分析与对策研究——以北京市为例》,《北京行政学院学报》2011 年第 3 期。

熊易寒:《市场"脱嵌"与环境冲突》,《读书》2007 年第 9 期。

徐靖:《论法律视域下社会公权力的内涵、构成及价值》,《中国法学》2014 年第 1 期。

徐双敏、宋元武:《协同治理视角下的县域社会治理创新路径研究》,《学习与实践》2014 年第 9 期。

徐祥民：《对"公民环境权论"的几点疑问》，《中国法学》2004 年第 2 期。

徐祥民：《环境质量目标主义：关于环境法直接规制目标的思考》，《中国法学》2015 年第 6 期。

徐勇：《治理转型与竞争——合作主义》，《开放时代》2001 年第 7 期。

许章润：《从政策博弈到立法博弈——关于当代中国立法民主化进程的省察》，《政治与法律》2008 年第 3 期。

许章润：《多元社会利益的正当性与表达的合法化——关于"群体性事件"的一种宪政主义法权解决思路》，《清华大学学报》（哲学社会科学版）2008 年第 4 期。

许章润：《论国家利益的合法性转向》，《中国政法大学学报》2007 年创刊号。

许章润：《论人的联合与双向承认法权》，《政法论坛》2007 年第 6 期。

荀丽丽、包智明：《政府动员型环境政策及其地方实践——关于内蒙古 S 旗生态移民的社会学分析》，《中国社会科学》2007 年第 5 期。

颜佳华、吕炜：《协商治理、协作治理、协同治理与合作治理概念及其关系辨析》，《湘潭大学学报》（哲学社会科学版）2015 年第 2 期。

颜添增、戴凡：《公众参与在公共治理中的角色与实际运用——来自"厦门 PX 事件"的启示》，《经济研究导刊》2009 年总第 30 期。

燕继荣：《协同治理：社会管理创新之道——基于国家与社会关系的理论思考》，《中国行政管理》2013 年第 2 期。

杨登峰：《国家任务社会化背景下的行政法主题》，《法学研究》2012 年第 4 期。

杨华锋：《社会治理协同创新的郝堂试验及其可持续性》，《北京师范大学学报》（社会科学版）2015 年第 6 期。

杨槿、朱竑：《"邻避主义"的特征及影响因素研究——以番禺垃圾焚烧发电厂为例》，《世界地理研究》2013 年第 1 期。

杨立华、张云：《环境管理的范式变迁：管理、参与式管理到治理》，《公共行政评论》2013 年第 6 期。

杨丽、赵小平、游斐：《社会组织参与社会治理：理论、问题与政策选择》，《北京师范大学学报》（社会科学版）2015 年第 6 期。

杨小敏、戚建刚：《风险规制与专家理性——评布雷耶的〈粉碎邪恶循环：面向有效率的风险规制〉》，《现代法学》2009 年第 6 期。

杨小敏、戚建刚：《风险最糟糕情景认知模式及行政法制之改革》，《法律科学》2012 年第 2 期。

杨雪冬：《压力型体制：一个概念的简明史》，《社会科学》2012 年第 11 期。

叶俊荣：《环境影响评估的公共参与——法规范的要求与现实的考虑》，《经社法治论丛》1993 年第 11 期。

郑益奋：《网络治理：公共管理的新框架》，《公共管理学报》2007 年第 1 期。

于建嵘：《当前压力维稳的困境与出路》，《探索与争鸣》2012 年第 9 期。

于建嵘：《共治威权与法治威权——中国政治发展的问题和出路》，《当代世界社会主义问题》2008 年第 4 期。

于水：《多中心治理与现实应用》，《江海学刊》2005 年第 5 期。

俞海山：《邻避冲突的正义性分析》，《江汉论坛》2015 年第 5 期。

俞可平：《大力建设创新型政府》，《探索与争鸣》2013 年第 5 期。

俞可平：《全球治理引论》，《马克思主义与现实》2002 年第 1 期。

俞可平：《推进国家治理体系和治理能力现代化》，《前线》2014 年第 1 期。

俞可平：《治理和善治：一种新的政治分析框架》，《南京社会科学》2001 年第 9 期。

郁建兴、任泽涛：《当代中国社会建设中的协同治理——一个分析框架》，《学术月刊》2012 年第 8 期。

曾繁旭：《国家控制下的 NGO 议题建构——以中国议题为例》，《传播与社会学刊》2009 年第 8 期。

张成福、李丹婷：《公共利益与公共治理》，《中国人民大学学报》2012 年第 2 期。

张成岗：《技术专家在风险社会中的角色及其限度》，《南京师大学报》（社会科学版）2013 年第 5 期。

张红、王世柱：《通过法治的社会治理》，《中国高校社会科学》2016

年第 2 期。

张洁、张涛甫：《美国风险沟通研究：学术沿革、核心命题及其关键因素》，《国际新闻界》2009 年第 9 期。

张金俊：《国外环境抗争研究述评》，《学术界》2011 年第 9 期。

张康之：《合作治理是社会治理变革的归宿》，《社会科学研究》2012 年第 3 期。

张康之：《论主体多元化条件下的社会治理》，《中国人民大学学报》2014 年第 2 期。

张康之：《走向合作治理的历史进程》，《湖南社会科学》2006 年第 4 期。

张可创：《群体事件的社会心理分析及应对策略》，《理论导刊》2009 年第 5 期。

张乐、童星：《"邻避"冲突管理中的决策困境及其解决思路》，《中国行政管理》2014 年第 4 期。

张铃：《工程的风险分配及其正义刍论》，《马克思主义与现实》2014 年第 2 期。

张敏：《协商治理：一个成长中的新公共治理范式》，《江海学刊》2012 年第 5 期。

张树旺、李伟、王郅强：《论中国情境下基层社会多元协同治理的实现路径——基于广东佛山市三水区白坭案例的研究》，《公共管理学报》2016 年第 2 期。

张文龙：《中国式邻避困局的解决之道：基于法律供给侧视角》，《法律科学》2017 年第 2 期。

张文显：《法治与国家治理现代化》，《中国法学》2014 年第 4 期。

张文显：《全面推进法制改革，加快法治中国建设》，《法制与社会发展》2014 年第 1 期。

张向和、彭绪亚：《基于邻避效应的垃圾处理场选址博弈研究》，《统计与决策》2010 年第 20 期。

张效羽：《环境公害设施选址的困境及其化解——以宁波市镇海 PX 项目争议为例》，《行政管理改革》2012 年第 12 期。

张玉林：《政经一体化开发机制与中国农村的环境冲突》，《探索与争鸣》2006 年第 5 期。

郑杭生：《改革开放三十年：社会发展理论和社会转型理论》,《中国社会科学》2009 年第 2 期。

钟丁茂、徐雪丽：《"生态殖民主义"VS 第三世界的"环境正义"》,《台湾人文生态研究》2008 年第 11 卷第 1 期。

周飞舟：《锦标赛体制》,《社会学研究》2009 年第 3 期。

周光辉：《当代中国决策体制的形成与变革》,《中国社会科学》2011 年第 3 期。

周桂田：《全球化下风险挑战下发展型国家之治理创新——以台湾地区公民知识监督决策为分析》,《政治与社会哲学评论》2013 年第 44 期。

周桂田：《新兴风险治理典范之刍议》,《政治与社会哲学评论》2007 年第 22 期。

周雪光：《权威体制与有效治理：当代中国国家治理的制度逻辑》,《开放时代》2011 年第 10 期。

周亚越、周鹏飞、俞海山：《邻避设施选址决策中的供需分析》,《浙江社会科学》2016 年第 6 期。

朱德米、平辉艳：《环境风险转变社会风险的演化机制及其应对》,《南京社会科学》2013 年第 7 期。

朱德米、虞铭明：《社会心理、演化博弈与城市环境群体性事件——以昆明 PX 事件为例》,《同济大学学报》(社会科学版) 2015 年第 2 期。

朱海忠：《污染危险认知与农民环境抗争——苏北 N 村铅中毒事件的个案分析》,《中国农村观察》2012 年第 4 期。

朱力：《中国社会风险解析——群体性事件的社会冲突性质》,《学海》2009 年第 1 期。

朱谦：《抗争中的环境信息应该及时公开——评厦门 PX 项目与城市总体规划环评》,《法学》2008 年第 1 期。

朱正威、王琼、吴佳：《邻避冲突的产生与演变逻辑探析》,《南京社会科学》2017 年第 3 期。

四　英文著作

Alan R. White, *Right*, Oxford: Oxford University Press, 1984.

Alter Catherin, Jerald Hage, *Organizations Working Together*, Newbury Park, CA: Sage Publications, 1993.

Anderson, A., *Culture and The Environment*, London: UCL Press, 1997.

Andrew Dobson, Citizenship and the Environment, Oxford: Oxford University Press, 2003.

Angus, I. &Jhally, S. (eds.), *Cultural Politics in Contemporary America*, London: Rutledge, 1989.

Barry G. Rabe, *Beyond NIMBY: Hazardous Waste Siting in Canada and the United States*, Washington, D. C. : Brookings, 1994.

Beck, U., *Risk Society: Towards a New Modernity*, London and New York: Sage Publications, 1992.

B. Guy Peter, *Public Policy Instruments: Evaluating the Tools of Public Administration*, Cheltenham: Edward Elgar Publishing, 1998.

Bohman, *Public Deliberation: Pluralism, Complexity, and Democracy*, Cambridge: The MIT Press, 1996.

Bryant Bunyan, *Environmental Justice: Issues, Policies, and Solutions*, Washington, D. C. : Island Press, 1995.

Bullard, R., *Anatomy of Environmental Racism. In Toxic Struggles: The Theory and Practice of Environmental Justice. edited by richard Hofrichter*, Philadelphia: New Society Publishers, 1993.

Bullard, R., *Dumping in Dixie: Race, Class, and Environmental Quality*, Boulder: Westview, 1990.

Conrad Johnson (ed.), Philosophy of Law, New York: Macmillan Publishing Company, 1993.

Corburn, Jason, *Street Science: Community Knowledge and Environmental Health Justice*, Cambridge: The MIT Press, 2005.

Cox, R., *Environmental Communication and The Public Sphere*, Thousand Oaks, CA: Sage, 2006.

C. Rootes (ed.), *Environmental Movements: Local, National and Global*, London: Frank Cass, 1999.

C. Rootes (ed.), *Environmental Protest in Western Europe*, Oxford: Oxford University Press, 2003.

C. Wright Mills, *The Power Elite*, New York: Oxford University Press, 1956.

Donald F. Kettl, *The Transformation of Governance: Public Admiaistralion for Twenty-First Century America*, Baltimore and London: the Johns Hopkins University Press, 2002.

Dryzek, J., D. Downes, C. Hunold, D. Schlosberg, & H-K. Hernes, *Green States and Social Movements: Environmentalism in the United States, United Kingdom, Germany and Norway*, N.Y.: Oxford University Press, 2003.

Dryzek, John S., *Rational Ecology: Environment and Political Economy*, New York: Basil Blackwell, 1987.

Dryzek, John S., *The Politics of the Earth: Environmental Discourses*, New York: Oxford University Press, 1997.

Edward Hackett, Olga Amsterdamska, Michael Lynch & Judy Wajcman (ed.), *The Handbook of Science and Technology Studies*, Cambridge, MA: MIT Press, 2008.

Elizabeth J. Perry and Merle Goldman, *Grassroots Political Reform in Contemporary China*, Cambridge: Harvard University Press, 2007.

Fisher F. Haz ardous Waste Policy, *Community Movements and the Politics of NIMBY: Participatory Risk Assessment in the USA and Canada*, London: Palgrave Macmillan, 1995.

Frank Fischer, *Reframing Public Policy*, Oxford: Oxford University Press, 2003.

Giddens, A., *The Cousequences of Modernity*, Cambridge: Polity Press, 1990.

Hannah Arendt, *On Vilence*, New York: Harcourt, Brace & World, 1970.

Hofrichter Richard, *Toxic Struggles: The Theory and Practice of Environmental Justice*, Philadelphia: New Society Publishers, 1993.

James Bohman and William Rehg (eds.), *Deliberative Democracy: Essays on Reason and Politic*, Cambridge: The MIT Press, 1997.

James Bohman, *Public Deliberation: Pluralism, Complexity and Democracy*, Cambridge: The MIT Press, 1996.

James M. Landis, *The Administrative Process*, New Haven: Yale University Press, 1938.

Jean C. Oi, *Rural China Takes Off: Institutional Foundations of Economic Reform*, Berkeley: University of California Press, Berkeley, 1999.

John Gastil and Peter Levine (eds.), *The Deliberative Democrary Handbook: Strategies for Effective Civil Engagement in the Twenty - First Century*, San Francisco: Jossey-Bsss, 2005.

John Rawls, *Political Liberalism*, New York: Columbia University Press, 1993.

Kassiola J. J., Su Jian Guo, *China's Environmental Crisis: Domestic and Global Political Impacts and Responses*, New York: Palgrave Macmillan, 2010.

Kweit, R. W., and M. G. Kweit, *Implementing Citizen Participation in Bureaucratic Society*, New York: Praeger Publisher, 1981.

Leach R., Percy - Smith J., *Local Governance in Britain*, Asingstoke: Palgrave, 2001.

Lesbirel S. H. Shaw D. (eds.), Managing Conflict in Facility Siting: An International Comparison, Cheltenham, Uk: Northampton, MA: Edward Elgar, 2005.

Lieberthal, K., *China's Governing System and Its Impact on Environmental Policy Implementation China Environment Series*, Washington, D. C.: Woodrow Wilson, 1997.

Lundgren, Regina E. & Andrea H. Mc Makin, *A Handbook for Communicating Environmental, Safety, and Health Risks*. Hoboken, NJ: John Wiley & Sons, 2013.

Maadamd, Tarrow S., Tilly C., *Dynamics of Contention*, Cambridge: Cambridge University Press, 2001.

Margaret E. Keek and Kathryn Sikkink, *Activists Beyond Borders: Advocacy Network in International Politics*, Ithaca: Cornell University, 1998.

Marshall, T. H., *Sociology at the Crossroads and Other Essays*, London: Heinemann, 1963.

Max Weber, *Economy and Society: An Outline Interpretive Sociology*, trans. by E. Fischoff et al., Berkeley: University of California, 1978.

Mcavooy G. E., *Controlling Technology: Citizen Rationality and the NIMBY Syndrome*, Washington, D. C.: George Town University Press, 1999.

M. Redclift and G. Woodgate (eds.), *The International Handbook of Environmental Sociology*, Cheltenam, U. K.: Edward Elgar, 1997.

National Research Council, *Alternative Agriculture*, Washington, D. C.: National Academy Press, 1989.

Paul Wapner, *Environmental Activism and World Civic Politics*, New York: University of New York Press, 1996.

Prugh, T., Constanza, R. and Daly H., *The Local Politics of Global Sustainability*, Washington, D. C. and Covelo, CA: Island Press, 2000.

Robert Agranoff, Michael McGuire, *Collaborative Pablic Management*, *New Strategies for Local Governments*, Washington D. C.: Georgetown University Press, 2003.

Robert Axelrod, *The Evolution of Cooperation*, New York: Basic Books, 1984.

Robert D. Bullard, *Confronting Environmental Racism: Voices from the Grassroots*, Boston: South End Press, 1993.

Robert D. Bullard, *Dumping in Dixie: Race, Class, and Environmental Quality*, Boulder: Westview, 1990

Schwarz, M. and Thompson, M., *Divided We Stand: Rede. ning Politics, Technology, and SocialChoice*, Philadelphia: University of Pennsylvania Press, 1990.

Stephen Breyer, *Breaking the Vicious Circle: Toward Effective Risk Regulation*, Cambridge: Harvard Press, 1993.

Steven A. Resell, *Renewing Governance: Governance By Learning In Information Society*, New York: Oxford University Press, 1999.

Tarrow, Sidney G., *Power in Movement: Social Movement and Contentious Politics*, Cambridge: Cambridge University Press, 2011.

Ted R. Gurr., *Why Men Rebel*, Princeton: Princeton University Press. 1970.

The Commission of GlobalGovernance, *Our Global Neighborhood: the Report of the Commission on Global Governance*, Oxford: Oxford University Press, 1995.

Thompson, M. & Wikdavsky, A., *A Proposal to Create a Cultural Theory of Risk*, *The Risk Analysis Controve*rsy, Berlin: Springer Berlin Heidelberg, 1982.

US-National Research Council, *Improving Risk Communication*, Washington, D. C. : National Academy Press, 1989.

V. Covello Lester B.Lave Alan Moghissi & V.R.R.Uppuluri, *Uncertainty in Risk Assessment*, *Risk Management*, *and Decision Making*, Boston: Springer, 1987.

Vig, N.J.& Paschen, H., *Parliaments and Technology*: *The Development of Technology Assessment in Europe*, Albany, NY: State University of New York, 2000.

Von Neumann J, Morgenstern O. , *Theory of Games and Economic Behavior*, Princeton: Princeton University Press, 1947.

Walter Baber and RobertBartlett, *Deliberative Environmental Politics*: *Democracy and Ecological Rationality*, Cambridge: The MIT Press, 2005.

Williamson, 0. E. , *The Economic Institutions of Capitalism*, New York: Free Press, 1985.

Wynne, B.*Public Perceptions of Risk*, J. Aurrey (ed.), *The Urban Transportation of Irradiated Fuel*, London: Macmillan, 1984.

五　英文论文

Bachrach K. M. , Zautra A. J. , "Coping with a Community Stressor: The Threat of a Hazardous Waste Facility", *Journal of Health and Social Behavior*, Vol. 26, No. 2, 1985.

Bacow Lawrence S. , Milkey James R. , "Overcoming Local Oppositon to Hazardous Waste Facilities, The Massachusetts Approach", *Harvard Environmental Law Review*, No. 6, 1982.

Becker, Gary S. , and Kevin M. Murphy, "The Division of Labor, Coordination Costs and Knowledge", *Quarterly Journal of Economics*, Vol. 107, No. 4, 1992.

Boyer, "Alternatives to Administrative Trial Type Hearings for Resolving Complex Scientific, Economic And Social Issues", *Mich. L. Rev.* , Vol. 71, 1972.

Capek Stella M. , "The Environmental Justice Frame: A Conceptual Discussion and an Application", *Social Problems*, Vol. 40, No. 1, 1993.

Carnes, S. A. et al. , "Incentives and Nuclear Waste Siting: Prospects and Constraints", *Energy Systems and Policy*, Vol. 7, No. 4, 1982.

Cascetta E. , Pagliara F. , "Public Engagement for Planning and Designing Transportation Systems", *Procedia – Social and Behavioral Sciences*, Vol. 87, 2013.

Cass R. Sunstein, "Beyond the Republican Revival", *The Yale Law Journal*, Vol. 97, No. 8, 1988.

Cass R. Sunstein, "The Laves of Fear", *Harv. L. Rev.*, Vol. 113, 2002.

Chou, Kuei – Tien, "Risk Communication of Disputable Technology: From the Perspective of Genetically Modified Engineering", *Newsletter of Biotechnology and Law*, Vol. 18, 2005.

Chris Ansell & AlisonGash, "Collaborative Governance in Theory and Practice", *Journal of Public Administration Research and Theory*, Vol. 18, No. 4, 2008.

Claret, Twigger–Ross and Glynis M. Brea Kwell, "Relating Risk Experience, Venture Some Ness and Risk Perception", *Journal of Risk Research*, Vol. 2, No. 1, 1999.

Clayton P. Gillette & James E. Krier, "Risk, Courts, and Agencies", *U.Pa. L.Rev.*, Vol. 138, 1990.

Dan M. Kahan, Pail Slovic, Donald Braman and John Gastil, "Fear of Democracy: A Cultural Evaluation of Sunstein on Risk", *Harvard Law Review*, Vol. 119, 2006.

David E. DeCosse, "Beyond Law and Economics: Theological Ethics and the Regulatory Takings Debate", *B. C. Envtl. Aff. L. Rev.*, Vol. 23, 1996.

Dear, M. , "Understanding and Overcoming the NIMBY Syndrome", *Journal of the American Planning Association*, Vol. 58, 1992.

Dobson A. , "Environmental Citizenship: Towards Sustainable Development", *Sustainable Development*, Vol. 15, 2007.

Dominique Custos & JohnReitz, "Public – Private Partnerships", *Am. J. Comp.L.*, Vol. 58, 2010.

Dryzek J. S. , Stevenson H. , "Globaldemoeracy and Earth System Govenrance", *Ecological Economics*, Vol. 70, 2011.

Durant J. , "Participatory Technology Assessment and the Democratic Model of the Public Understanding of Science", *Science and Public Policy*, Vol. 26, No. 5, 1999.

Einsiedel, E. F. & Eastlick Deborah L. , "Consensus Conferences as Deliberative Democracy: A Communications Perspective", *Science Communication*, Vol. 21, No. 4, 2000.

E. Peters and P. Slovic, "The Springs of Action: Affective and Analytical Information Processing in Choice", *Pers. Soc. Psychol. Bull.* , Vol. 26, 2000.

Eva Sørensen, Jacob Torfing, "Making Governance Networks Effective and Democratic through Metagovernance", *Public Administration*, Vol. 87, No.2, 2009.

Fiorino D. J. , "Technical and Democratic Values in Risk Analysisl", *Risk Analysis*, Vol. 9, No. 3, 1989.

Fischhoff, B. , "Risk Perception and Communication Unplugged: Twenty Years of Process", *Risk Analysis*, Vol. 15, No. 2, 1995.

F. J. Popper, "Siting of LULUs", *Planning*, Vol. 47, 1981.

Freeman & Jody, "Collaborative Governance in the Administrative State", *Uc La L. Rev.* , Vol. 45, No. 1, 1997.

G. F. Loewenstein, E. U. Weber, C. K. Hsee & E. Welch, "Risk as Feelings", *Psychological Bulletin*, Vol. 127, 2001.

Hank, C. , Carlol, L. & Matthew, C. , "Overcoming NIMBY: Partisanship, Ideology, and Change in Risk Perception", *Midwestern Political Science Association*, Vol. 23, No. 3, 2009.

Henry Perritt, Jr. , "Negotiated Rulemaking and Administrative Law", *Admin. L. Rev.* , Vol. 475, 1986.

Hé lè ne Hermansson, "The Ethics of NIMBY Conflicts", *Ethical Theory and Moral Practice*, Vol. 10, No. 1, 2007.

Hunter S. , Leyden K. M. , "Beyond NIMBY", *Policy studies journal*, Vol. 23, No. 4, 1995.

Ida-Elisabeth Andersen and BirgitJaeger, "Danish Participatory models", *Science and Public Policy*, Vol. 26, No. 5, 1999.

Jacquet, J. B. & Stedman, R. C. X., "The Risk of Social-psychological Disruption as an Impact of Energy Development and Environmental change", *Journal of Environmental Planning and Management*, Vol. 57, No. 9, 2014.

Jan Kooiman, "Social-Political Governance; Overview, Reflections and Design", *Public Management*, Vol. 1, No. 1, 1999.

J. D. Ruhl & James Salzman, "Climate Change, Dead Zones, and Massive Problems in the Administrative State: A Guide for Whittling Away", *Cal. L.Rev.*, Vol. 70, 2010.

Jeffrey N. Wasserstrom, "Middle-class Mobilization", *Journal of Democracy*, Vol. 20, 2009.

J. Kooiman, "Social Political Governannce: Overview, Reflection and Design", *Public Management*, No. 1, 1999.

Jody Freeman, "Collaborative Governance in Administrative State", UCLA L. Rev., Vol. 45, 1997.

Joseph H. Guth, "Cumulative Impacts: Death-Knell for Cost-benefit Analysis in Environmental Decisions", *Barry L. Rev.*, Vol. 23, 2008.

Katherine A. Mccomas, "Defining Moments in Risk Communication Research: 1996-2005", *Journal of Health Communication*, Vol. 11, 2006.

Kraft M. E., Clary B. B., "Citizen Participation and the NIMBY Syndrome: Public Response to Radioactive Waste Disposal", *The Western Political Quarterly*, Vol. 44, No. 2, 1991.

Kuhn, R.G.& Ballard, K.R., "Canadian Innovation in Siting Hazardous Waste Management Facilities", *Environmental Management*, Vol. 22, No. 4, 1998.

Lake R. W., "Rethinking NIMBY", *American Planning Association Journal*, Vol. 59, No. 1, 1993.

Lam, K. C. & Woo, L. Y., "Public Perception of Locally Unwanted Facilities in Hong Kong: Implications for Conflict Resolution", *Local Environment*, Vol. 14, No. 9, 2009.

Leonardo Freitas deMoraes e Castro, "Project Finance and Public-Private Partnerships: A Legal and Economic View from Latin American Experience", *Bus. L. Int'l*, Vol. 11, No. 3, 2010.

Lober, D. J. & Green, D. P. , "NIMBY or NIABY: A Logit Model of Opposition to Solid-Waste-disposal Facility Siting", *Journal of Environmental Management*, Vol. 40, No. 1, 1994.

Lowe, P. , & Morrison D. , "Bad News or Good News: Environmental Politics and the Mass Media", *The Sociological Review*, Vol. 32, 1984.

Major Christopher E. Martin, "Sovereignty, Meet Globalization: Using Public-Private Partnerships to Promote the Rule of Law in a Complex World", *MIL. L. REV*, Vol. 202, 2009.

Maloney M. P. , Ward M. P. , "Ecology: Let's Hear from the People: An Objective Scale for the Measurement of Ecological Attitudes and Knowledge", *American Psychologist*, Vol. 28, No. 7, 1973.

Masashi Y. , Yuichiro Y. , "Does the NIMBY Strategy Really Promote a Self-Interest?: Evidence from England's Waste Management Policy", *National Graduate Institute for Policy Studies*, No. 10, 2012.

M. Elliot Vittes, Philip H. , Pollock Ⅲ, "Stuart A Lilie Factors Contributing to NIMBY Attitudes", *Waste Management*, Vol. 13, 1993.

Michael Dear, "Understanding and Overcoming the NIMBY Syndrome", *Journal of the American Planning Association*, No. 3, 1992.

Misse Wester-Herber and Lars-Erik Warg, "Gender and Regional Differences in Risk Perception: Results from Implementing the SevesoII Directive in Sweden", *Journal of Risk Research*, Vol. 5, No. 1, 2002.

Morell D. , "Siting and the politics of Equity", *Hazardous Waste*, Vol. 4, No. 1, 1984.

O' Hara, S. U. , "Discuusive Ethics in Ecosystems Valuation and Environmental Policy", *Ecological Economics*, Vol. 16, No. 2, 1996.

Orly Lobel, "The Renew Deal: The Fall of Regulation and the Rise of Governance in Contemporary Legal Thought", *Minn. L. Rev.* , Vol. 342, 2004.

Patrick Devine-Wright, "Public Engagement with Large-scale Renewable Energy Technologies: Breaking the Cycle of NIMB Yism", *Wiley Interdisciplinary Reviews: Climate changes*, Vol. 2, No. 1, 2011.

Patrick Devine-wright, "Rethinking NIMBYism: The Role of Place Attachment and Place ldentity in Explaining place—protective Action", *Journal* of Community & Applied Social Psychology J. Community Appl. Soc. Psychol. , Vol. 19, 2009.

P. Corrigan and Joyce, "Five Arguments for Deliberative Democracy", *Political Studies*, Vol. 48, No. 5, 1997.

Popper, F. J. , "Siting LULUs", *Planning*, Vol. 47, 1981.

Richard Baum, "The Limits of Authoritarian Resilience", *Journal of Democracy*, NO. 1, 2003.

Richard Hindmarsh & Catherine Matthews, "Deliberative Speak at the Turbine Face: Community Engagement, Wind Farms, and Renewable Energy Transitions, in Australia", *Journal of Environmental Policy & Planning*, No. 10, 2008.

Richard H. Pildes & Cass R. Sunstein, "Reinventing the Regulatory State", *U. Chi. I. Rev.* , Vol 62, 1995.

Rob Courtney, "Evolving Hazardous Waste Policy for the Digital Era", *Stan. Envtl. L. J.* , Vol 25, 2006.

Ronald Dworkin, "The Model of Rules", *U. Chi. L. Rev*, Vol. 35, 1967.

Rowe G. , Wright G. , "Differences in Expert and Lay Judgments of Risk: Myth or Reality?", *Risk Analysis*, Vol. 21, No. 2, 2001.

Saha R. & Mohai P. , "Historical Context and Hazardous Waste FacilitySiting: Understanding Temporal Patterns in Michigan", *Social Problems*, Vol.52, No.4, 2005.

Sarah M. , Stitzlein Stitzlein, Sarah Marie, "Deliberative Democracy in Teacher Education", *Journal of Public Deliberation*, Vol. 6, No. 1, 2002, Article 5.

Scally C. P. , Tighej R. , "Democracy in Action: NIMBY as Impediment to Equitable Affordable Housing Siting", *Housing Studies*, Vol. 30, No. 5, 2015.

Schively, C. , "Understanding the NIMBY and LULU Phenomena: Reassessing our Knowledge Base and Informing Future Research", *Journal of Planning Literature*, Vol. 21, No. 3, 2007.

Sellers Martin P. , "NIMBY: A case study in conflict Politics", Public Administration Quarterly, No. 4, 1993.

S. Epstein, "Integration of the Cognitive and the Psychodynamic Unconscious", *Psychologist*, Vol. 49, 1994.

Seth Eaton & William D. Locher, "Give PPPs a Chance: Public-Private Partnerships May Be a Solution to California's Infrastructure Funding Crisis", *Jan L. A. Law*, Vol. 31, No. 20, 2009.

Shanoff Barry, "Not In My Backyard, The Sequel", *Waste Age*, No. 8, 2000.

Simone Chambers, "Deliberative Democratic Theory", *Rev. Pol. Sci.*, Vol. 6, 2003.

Slovit, P. , "Perception of Risk", *Science*, Vol. 236, 1987.

Stoker, Gerry, "Governance As Theory: Five Propositions", *International Social Science Journal*, Vol. 50, No. 1, 1998.

Sue Cowan, "NIMBY Syndrome and Public Consultation Policy: the Implications of a Discourse Analysis of Local Responses to the Establishment of a Community Mental Health Facility", *Health and Social Care in the Community*, Vol. 11, No. 5, 2003.

Theda Skocpol, "Cultural Idioms and Political Ideologies in the Revolutionary Reconstruction of State Power: A Rejoinder to Sewell", *The Journal of Modern History*, Vol. 57, No. 1, 1985.

Torbjørn Rundmo, "Associations between affect and risk perception", *Journal of Risk Research*, No. 2, 2002.

Twrwel B. W. Daamen D. D. L. Morr E. T. , "Not in My Back Yard (NIMBY) Sentiments and the Structure of Initial Local Attitudes toward CO_2 Storage Plans", *Energy Procedia*, Vol. 37, 2013.

VanZomeren, M. , T. Postmes, and R. Spears, "Toward an Integrative Social Identity Model of Collective Action: a Quantitative Research Synthesis of Three Sociopsychological Perspectives", *Psychological Bulletin*, Vol. 134, 2008.

Vittes M. E, Pollock P. H, Lilie S. A, "Factors Contributing to NIMBY Attitudes", *Waste Management*, Vol. 13, 1993.

V. M. Bier, "On the state of the art: risk communication to the public", *Reliability Engineering and System Safety*, Vol. 71, 2001.

Wolsink, M., "Entanglement of interests and motives: Assumptions behind the NIMBY-theory on facility siting", *Urban Studies*, Vol. 31, No. 6, 1994.

六　报纸文章

崔文官:《什邡:百亿钼铜项目夭折真相》,《中国经营报》2012 年 7 月 9 日。

代玉启:《群众工作思维与邻避型群体事件治理》,《学习时报》2013 年 5 月 27 日。

黄玉浩:《"PX 项目"群体过敏症》,《新京报》2012 年 12 月 24 日。

刘国华、何思红:《应对矛盾凸显期的一把"金钥匙"》,《人民日报》2012 年 11 月 16 日。

刘伊曼:《中石油云南项目未批先改扩建:赌环保部不会叫停》,《南方都市报》2015 年 3 月 24 日。

沈彬:《面对"PX 恐慌"为何总无良策》,《东方早报》2014 年 4 月 1 日。

王慧敏、江南:《杭州解开了"邻避"这个结》,《人民日报》2017 年 3 月 24 日。

杨柳:《秦皇岛西部垃圾焚烧厂项目环评失实——环评机构竟这样造假》,《人民日报》2013 年 1 月 29 日。

七　网络文献

孟斯:《环境信息公开,有法难执行》,《中外对话》,https://www.chinadialogue.net/article/show/single/ch/4290-Access-still-barred,2016 年 12 月 27 日。

聂辉华:《斩断政企合谋的利益链条》,新浪财经,http://finance.sina.com.cn/roll/20091111/00026947639.shtml,2016 年 11 月 11 日。

彭利国、方芳:《三年等待,发改委终核准;半年欣喜,环保部再棒喝——最敏感 PX 项目环评违规始末》,《南方周末》,http://www.infzm.com/content/86048,2016 年 11 月 20 日。

彭利国:《中国 PX,再经不起爆炸声》,《南方周末》,http://www.infzm.com/content/93050,2016 年 11 月 20 日。

［英］山姆·吉尔、希尔顿·伊莎贝尔:《中国在危机时刻的环境治理》,《中外对话》,https://www.chinadialogue.net/article/show/single/ch/6962-Culture-of-secrecy-behind-China-s-pollution-crisis.71-72,2016年12月26日。

史颖:《环境危机迫在眉睫》,http://finance.sina.com.cn/g/20050527/15551631449.shtml,2017年3月10日。

唐昊:《邻避事件:中国环境权的倾斜》,《中外对话》,https://www.chinadialogue.net/article/show/single/ch/6051-China-s-nimby-protests-sign-of-unequal-society,2016年3月11日。

汪韬、何海宁、王亮:《11个月前消失的公函:环保部建议发改委撤销古雷石化规划批复》,《南方周末》,http://www.infzm.com/content/108724,2016年11月20日。

夏佑至:《邻避运动给中国带来了什么?》,《中外对话》,https://chinadialogue.net/zh/7/42367/,2017年10月26日。

周清树:《茂名事件:反PX诉求如何"跑偏"》,《新京报》,http://www.bjnews.com.cn/note/2014/04/11/312650.html,2016年3月7日。

后　记

　　一百多年前，韦伯对"自由学生同盟"演讲《学术作为一种志业》，谆谆告诫学生"学术生涯是一场疯狂的冒险"，并提出了直击灵魂的发问："你能够年复一年看着平庸之辈一个接一个爬到你的前面，而既不怨怼亦无创痛吗？"特别是在学问已经进入一个空前专业化的时代，从事你认为值得的事业，非抱有热情而不能，而热情也并不能保证必然会产生学术上的成果。由此，将学问作为一种志业，献身于学问的意义是什么呢？前人的看法是："只要发现美、善，或者例如勇气、灵魂，或任何事物的正确概念，就等于把握到这种事物的真实存在。"而在理性实验兴起之后，在理性化、理知化、祛魅的时代，韦伯认为，学术工作得出的结果，有其重要性，亦即"有知道的价值"，学问让我们得到关于技术的知识，好让我们通过计算，支配我们的生活，支配外在事物以及人的行为，学问还可以提供思想的方法，思考的工具与训练，学问还可以启人清明并唤醒责任感。因此，在韦伯看来，学术是一个进步的过程，将学术作为一种志业，可以获得自我的清明及认识事物之间的相互关联，通过学术，认识自己，做自己的工作，才能穿透黑夜。

　　十八年前，我面临学术方向的选择，我离经济学和管理学热门专业而去，跨学科选择法学作为研究生专业，我承认这是受到美剧和港台剧的影响，但选择环境法作为研究方向，则跌破了所有人的眼镜。十五年前，当我继续准备沿着环境法这一道路，并将环境法基础理论作为博士阶段的主攻方向时，这是我的自由心证，应当说，我是抱有热情的。虽不敢妄称韦伯意义上的"以学术为志业"，但一直在这条难走的路上孜孜探索。本书是国家社科的结项成果，也是我的第二本专著，也可以看作我的第一本专著《环境利益分配法理研究》的更深入探索，是以邻避风险为引子，研究基于环境利益分配的环境治理议题，从环境法权的规范设置开始，从治理模式、治理结构、治理制度等层面，反省了长期以来技术与行政官僚的风险权威决策体系，认为应当突破公私藩篱，推动科学民主化与扩大科学知识审查社群，提升决策效能。虽然自认为进行了积极有价值的工作，但正如韦伯所说，这也不一定会产生学术上的成果，也许对实践也没有真正的推动意义，从最纯粹的价值上来说，这些所谓的成就，"在十、二十、五十年内就会过时"，"这是学术研究必须面对的命运"。但是，就这样吧，在当下，认真了，真诚了，自我清明。

在国家社科的研究过程中，我得感谢很多人。邻避议题的资料收集实属不易，无论是文献整理，还是田野工作，好在经过努力，收获还算不错，感谢行政机关、法检系统，以及环保非政府组织等提供了大量一手资料，使得研究材料比较丰富。国家社科结项成果五位匿名评审专家给了非常中肯的评审意见，在对成果总体肯定的同时，也提出了修改完善的建议，最终以良好结项，让现在呈现在大家面前的这些文字少了些许瑕疵，从结构到内容更加合理完善，感谢评审专家。当然，一如成例，文责自负，有错讹，有歧义，有不周严的地方，请大家一定多批评，多提意见和建议。

感谢责任编辑梁剑琴女士严谨、高效、耐心、专业而卓越的工作，这件嫁衣的得体好看主要归功于她。距我第一本专著出版已经八年了，我也不知道下一本专著何时才能跟大家见面，能在什么出版社出版，能遇到谁是编辑，因此，我把所有对出版社与编辑的溢美之词都献上。

我的博士生导师陈德敏老师和亦师亦友的秦鹏老师是我学术志业上的领路人，时时督促我，使我在整个研究过程中，不至懈怠。2019—2020年，我在美国做访问学者，正值疫情，老师常常关心，多多嘱托，我不敢辜负老师的期许，虽常常后知后觉，但一直在点滴积累。本书中的部分内容，我在研究生的课堂上和我组织的"提灯"读书会上进行过讨论，很多同学发表了富有卓见的意见，帮我修正观点，完善内容，在此一并感谢同学们。

我的学术经历简单，除了在公务系统待过一年之外，从读大学开始，我就一直混迹于大学校园。从学生而老师，我体面地从事着一份我喜欢的工作，我的社会交往只有老师、同事和学生，老师、同事和学生们又很宽容我，因此，我常常是率性而为，不会刻意，不会迎合。我的学术志业也取得了一点小小的成绩，这些年承蒙一些期刊的错爱，也发表了一些小

文，大部分也收获了不错的引用率，也引起了学界的一些讨论，借此也向
这些期刊和这些期刊的编辑们说声谢谢，发表每每给我惊喜，激起讨论让
我觉得这条辛苦的道路是有价值的，自我清明，也启发社会。

　　我是幸运的，我的父母在任何时候都支持我。我的爱人王艳女士宽容
我的性格，也从不给我施加压力，她常常说，这样挺好的，我知道，她部
分出于真心，只要一家人在一起平安幸福就好，但更大程度上，她是安慰
我，虽然她自己的工作压力很大，但她很少抱怨。我的两个儿子，行之和
为之，他们是上天给我的礼物，正处于最调皮的时候，虽然很多时候很吵
闹，但他们给了我力量，累了、倦了，看看他们，我就能坚持下去。我的
兄姐妹，身处不同城市，他们鼓励我，支持我，在我需要帮助的时候，从
不吝啬。

　　能读喜欢的书，能和志趣相同的人交谈，实乃幸事，这本书若能激起
一些讨论，引发一些共鸣，甚至在某种程度上推进一些改变，也不枉浪费
纸张。

2022 年 3 月 16 日于重庆黄桷湖畔